公共部門のマネジメント

合意形成をめざして

樫谷隆夫 編著

財務省財務総合政策研究所 編

同文舘出版

【執筆分担】

序　章　樫谷隆夫・藤野雅史・松尾貴巳・大西淳也
第1章　松尾貴巳・藤野雅史・大西淳也
第2章　大西淳也
第3章　松尾貴巳
第4章　藤野雅史・松尾貴巳・大西淳也
第5章　荒井　耕
第6章　宮澤正泰
第7章　田中　啓
終　章　樫谷隆夫

はじめに

　本書は，財務省財務総合政策研究所において2016年2月から3月にかけて開催された「公共部門におけるマネジメントに関する研究会」の研究成果を取りまとめたものである。

　同研究会では，企業と比べて目標が多義的で，必ずしも明確ではないことが多く，市場メカニズムを利用することが一般的にできない公共部門において，組織内の合意形成や地域住民等を含めた社会的な合意形成に向けて，公共部門の財務情報・非財務情報といった計数情報を活用した公共部門の「計数的マネジメント」について検討を進めてきた。

　研究会での議論・検討を受けて，本書では，紙幅の制限もあり限られているものの，理論・事例の両面にわたる考察をまとめている。ここでは，国等の事例のみならず，国立大学法人佐賀大学医学部附属病院，習志野市などの地方公共団体，医療・社会福祉・社会資本分野におけるマネジメントの事例を挙げているが，これらはいずれも非常に印象的な事例である。とくに，第2章の国の地方支分部局についての事例は，わが国のホワイトカラー分野でみれば，官民を通じ，さまざまなところに配慮しながら，ここまでしっかりと効果的・効率的に業務を運営している例は，現在のところ他にはないと言い得るレベルのものである。

　これらの研究成果をとりまとめた本書が，公共部門のマネジメントに関する基礎的な情報提供と問題提起となり，公共部門における政策の企画立案・実施やその他のマネジメントに関する研究等の手掛かりを提供できるものとなることを祈念している。

　最後に，研究会等の場で議論を重ねてくださった研究会メンバーの諸氏，このような重要なテーマに関する研究会を企画，設置していただき，また，

本書のとりまとめにも多大なご尽力をいただいた財務総合政策研究所の皆様に厚く感謝を申し上げたい。

　2016年6月

　　　　　　　　「公共部門におけるマネジメントに関する研究会」座長
　　　　　　　　　　　　樫谷　隆夫（公認会計士・税理士）

もくじ

序章 問題意識と概観

I 公共部門のマネジメントに関する研究会の問題意識とその背景 ... 2

II 民間(企業)部門と公共部門とのいくつかの対比 ... 4

1. 2つの情報と2つの合意形成 ——— 4
   (1) 財務情報と非財務情報 4／(2) 組織内の合意形成と社会的な合意形成 5
2. 業績管理の2つの軸 ——— 7
   (1) 時間軸の視点 8／(2) 組織管理軸の視点 9

III 公共部門における計数的マネジメント ... 12

1. 原価に相当するものの管理 ——— 13
   (1) 財務会計（公会計）等 13／(2) 代替指標としての「事務量」概念 13
2. 売上（収益）に相当するものの把握・管理 ——— 14
   (1) 代替指標としての「便益」概念 14／
   (2) 代替手段としての「ロジック」概念 15
3. 分析の限界についての認識 ——— 15

第1章 一般行政分野における計数的マネジメント

I 「事務量」の重要性とワーク・ライフ・バランスの要請 ... 20

1. ロジック・モデル ——— 20

2．「事務量」の重要性 —— 22
3．ワーク・ライフ・バランスの要請 —— 23

II 事務量マネジメント —— 24

1．計数情報としての事務量 —— 25
(1) 事務量概念　25／(2) 事務量のマネジメント　26／
(3) ABM・ABCとの関連性　27

2．効率性向上のキーとなる標準の概念 —— 29
(1) 質の向上とコストの低減を両立させる標準の概念　29／
(2) 標準の改定活動としての事務改善　29／(3) 職員の意識づけ　31

3．効果性向上のキーとなる組織戦略 —— 32
(1) 指標間の関係性：目的・手段関係と因果関係仮説　32／
(2) 方針管理やBSCとの関係性　33／(3) 公権力性が強い場合に必須となるMBM　36

4．事務量マネジメントの全体的なイメージ —— 37

5．無駄の削減と事務量マネジメント —— 38
(1) 無駄の概念　38／(2) 絶対的な無駄の削減　40／(3) 相対的な無駄の削減　41／
(4) 無駄の削減とコストの削減との関係　41

III 組織の方向づけに向けて —— 42

1．組織の価値観 —— 43
(1) 事務量マネジメントの基礎となる組織の価値観　43／
(2) 行政組織と価値観　44

2．合意形成と組織の方向づけ —— 44
(1) 組織内の合意形成　45／(2) 組織の方向づけ　45

3．ミドル・アップダウンの重要性 —— 45
(1) 駆動力となるトップ・ダウン　46／(2) 重要なボトム・アップ　46／
(3) 最重要なミドル・アップダウン　47

IV 事務量マネジメントの導入プロセス —— 47

1．望ましい導入プロセス —— 48

(1) 基本的なパターン 48／(2) いくつかの留意点 49

2．よくみられる失敗のパターン ―――――――――――― 50
　　　(1) 正確性の過度な追求 50／(2) 遠い道のりとなるミクロからの導入 51／
　　　(3) 形式的な作文に終始しかねないマクロから導入 51

Ⅴ 事務量マネジメントがあてはまる行政分野 52

1．行政各分野の職員数 ――――――――――――――― 52
2．行政以外の公共部門の職員数 ――――――――――― 53
3．管理可能性のない議会周辺業務 ―――――――――― 54

Ⅵ 歳出合理化に向けて 54

1．インセンティブに配慮した予算・定員管理 ―――――― 55
　　　(1) 厳しいシーリングとインセンティブとしての例外措置 55／
　　　(2) 事務量マネジメントの評価方法 55
2．官民連携・官々連携による質の向上を通じた歳出合理化 ―― 56
　　　(1) 官民連携 56／(2) 官々連携 57
3．政治争点化の回避と社会的な合意形成 ――――――― 57
　　　(1) 思考停止が招く政治争点化 58／(2) マネジメントへの関心喚起の必要性 58／
　　　(3) 高品質なマネジメントの上に成り立つ社会的な合意形成 59

第2章 国の地方支分部局Ａの事例研究

Ⅰ 国のある行政組織におけるこれまでの取り組みの状況 62

1．国の行政組織Ｂについて ――――――――――――― 62
　　　(1) 国の行政組織Ｂについての若干の説明 62／
　　　(2) これまでの取り組みの全体像 63
2．事務改善提案制度 ――――――――――――――― 64

3．事務量の把握・分析 ——————————————————— 64
   4．特定事務にかかる事務量の確保 ——————————————— 65
   5．若干の考察 ———————————————————————— 65
     (1) 増加するその他の事務　66／(2) ワーク・ライフ・バランスの要請　66／
     (3) バラバラな取り組みに伴う問題　67

Ⅱ （X）年度におけるAの取り組み ——————————————— 67
   1．地方支分部局Aについて ———————————————————— 67
     (1) 地方支分部局Aについての若干の説明　68／(2) 職員のニーズ　68
   2．事務改善提案と事務量分析，少し遅れて組織戦略 ——————— 68
     (1) 事務改善提案の取り組み強化と標準の強調　70／(2) 事務量分析　74／
     (3) 事務量分析の拡張と一部のサービスにかかる原価計算　74／
     (4) 組織戦略の策定と徹底　75
   3．ワーク・ライフ・バランスと価値観から組織内の合意形成へ — 76
   4．トップの声がけ，ボトムの提案，ミドル主導の見直し ————— 77
   5．（X）年度における成果と課題 ————————————————— 78

Ⅲ （X＋1）年度におけるAの取り組み ————————————— 79
   1．効率化事務量の転換プロセスへの着目 ———————————— 79
   2．事務改善提案のさらなる有効活用 —————————————— 80
   3．一部のサービスにかかる原価計算の取り扱い ————————— 81
   4．投資意思決定への事務量分析の活用 ————————————— 81
   5．事務量の管理を通じた地方公共団体との連携 ————————— 81
   6．（X＋1）年度における成果と今後の見通し —————————— 82

Ⅳ 考察 ——————————————————————————— 82
   1．職員の主観への配慮 —————————————————————— 83
   2．メリットの還元：国民と現場職員との双方に ————————— 83
   3．汗をかくところが得をする構図 ———————————————— 84

第3章
地方公共団体における導入事例研究

I 地方公共団体と事務量管理 ……… 86

II 市川市の事例 ……… 87

1．導入の経緯 ——— 87
2．事務量管理の概要 ——— 89
  (1) 事務量管理の目的 89／(2) 事務量管理のプロセス（旧システム） 90
3．事務量管理の効果と課題（旧システム） ——— 94
4．事務量管理改善に向けた取り組み（新システム検討案） ——— 96
  (1) 変更のポイント 96／(2) 新しい事務量管理の検討 97／
  (3) 市川市における事務量管理と合意形成 103

III 北上市の事例 ……… 103

1．導入の経緯 ——— 103
2．事務事業管理の概要 ——— 104
  (1) 基本的な考え方 104／(2) データ収集の方法 106／
  (3) 事業別コストの計算 109
3．部門内ワークシェアの明確化と業務改善を目的とした日報管理 … 114
  (1) 日報管理の目的 114／(2) 日報管理の概要 114／
  (3) 日報管理の有用性 119
4．事務量管理の効果と課題 ——— 121
5．自治体における事務量管理の可能性と課題 ——— 122

第4章
社会福祉・社会資本分野における計数的マネジメント

Ⅰ 考察の対象としての社会福祉・社会資本分野 …… *128*

Ⅱ 社会福祉分野における計数的マネジメント …… *129*

1. 医療機関における計数的マネジメントと組織内の合意形成 ── *129*
   (1) コスト管理　130／(2) BSC　132／
   (3) 予算管理　133／(4) 組織内の合意形成　134／
   (5) 医療機関における計数的マネジメントの今後の方向性　135

2. 医療システムにおける計数的マネジメントと社会的な合意形成・*136*
   (1) 社会保障関係費と医療費の推移　136／(2) 費用対効果分析　138／
   (3) 医療システムにかかる社会的な合意形成に向けて　141

3. 地域医療における計数情報を通じた社会的な合意の形成 ── *142*
   (1) ポピュレーション・ヘルス・マネジメントに関する事例　142／
   (2) 北海道夕張市における医療の展開についての事例　144

Ⅲ 社会資本分野における計数的マネジメント …… *146*

1. 公共事業におけるB／C分析の進展 ── *146*
   (1) 公共事業費の推移　146／(2) 公共事業批判の高まりとB／C分析の導入　147／
   (3) B／C分析の進展と現状　148／(4) B／C分析の課題　150／
   (5) B／C分析の社会的な合意形成への役立ち　151

2. 公会計の整備 ── *152*
   (1) 公会計見直しの端緒　152／(2) 国における公会計の整備　153／
   (3) 地方における公会計の整備　156

3. アセット・マネジメントの進展と現状 ── *158*
   (1) アセット・マネジメントの導入と進展　159／
   (2) アセット・マネジメントの現状　160

4. 公会計とアセット・マネジメントの社会的な合意形成への役立ち ── *161*

(1)　施設白書の活用　161／(2)　福井県坂井市の事例　162
5．人口減少社会における社会資本にかかる計数的マネジメントの社会
　　的な合意形成への役立ち ──────────────────── 164
　　(1)　人口減少社会における社会資本　164／
　　(2)　計数的マネジメントの社会的な合意形成への役立ち　165

第5章
医療分野における管理会計の活用
―計数的マネジメントを通じた合意形成―

Ⅰ　はじめに ……………………………………………………………… *170*

Ⅱ　医療機関における管理会計の活用状況 ……………………… *172*

1．事業計画およびBSC：戦略遂行マネジメント ─────────── *172*
　　(1)　実施の現状　173／(2)　効果　176
2．責任センター別損益業績管理：責任センターマネジメント ─── *179*
　　(1)　実施の現状　179／(2)　効果と機能プロセス　184

Ⅲ　国立大学法人佐賀大学附属病院のテナント式損益管理
　　―計数情報による組織内合意形成を通じた現場自律性の促進― ……… *190*

1．経営方針への職員の合意獲得による現場自律的な経営管理の促進 ── *190*
2．部門間取引にもとづく収益・費用配賦 ───────────── *190*
3．重要業績指標としての負担すべき―稼働病床1日当たり費用 ── *192*
4．貢献利益による固定費回収計算方式 ────────────── *193*
5．テナント式損益管理の効果 ──────────────────── *195*

Ⅳ 地域連携バランスト・スコアカード ………… 197
　―計数情報による組織内外の社会的合意形成と合意事項遂行管理―

Ⅴ おわりに ……………………………………………………………………… 200

第6章 習志野市の事例研究

Ⅰ はじめに ……………………………………………………………………… 204

Ⅱ 体制整備と人材育成について …………………………………………… 205

1．プロジェクトの設置 ───────────────────── 205
2．タスクフォースの設置 ───────────────────── 207
3．経営改革推進室の設置 ───────────────────── 208
4．資産管理室の設置 ─────────────────────── 208
5．財務書類作成の所管としての会計課 ───────────── 209

Ⅲ 合意形成の道のり ………………………………………………………… 210

1．職員に対しての合意形成（職員の自主的な勉強会）─────── 210
2．住民に対しての合意形成 ─────────────────── 211
  (1) 住民対象の財政講座の実施　211／(2) 住民と協働の勉強会　212／
  (3) 行政問題学習会の実施　213／(4) 市主催のシンポジウムの実施　214／
  (5) 住民向け決算報告会の実施　216
3．議員に対しての合意形成（公共施設調査特別委員会の設置）── 217

Ⅳ 習志野市の取り組み事例 —————————— 218
1. 習志野市バランスシート探検隊 ————————— 218
2. 習志野家の家計簿チェック座談会 ———————— 227
3. 公共施設の再生計画について ——————————— 228

Ⅴ おわりに —————————————————— 231

第7章 公共部門の評価と計数的マネジメント

Ⅰ はじめに ————————————————————— 234

Ⅱ 公共部門の評価 ——————————————— 235
1. 公共部門における評価の普及 ———————————— 235
   (1) 地方自治体における評価 235／(2) 中央省庁における評価 237
2. 評価の普及促進要因 ———————————————— 239
3. 公共部門の評価の実態 —————————————— 242
   (1) 評価の特徴 242／(2) 評価の現状 247

Ⅲ 公共部門の評価と計数的マネジメント ——————— 250
1. 評価と計数的マネジメントの関係 ————————— 250
   (1) 評価と計数的マネジメントの概念上の類似性 250／
   (2) 評価と計数的マネジメントの実態面の相違点 251
2. 公共部門の評価における留意点
   ―計数的マネジメントとの関係に着目して― ———— 252
   (1) 評価にとっての計数的マネジメントの意義 252／(2) まとめ 255

終章
合意形成をめざして

公共部門のマネジメント
―合意形成をめざして―

序章

問題意識と概観

公共部門のマネジメントに関する研究会の問題意識とその背景

　公共部門のマネジメントに関する研究会では，報告書の表題を「公共部門のマネジメント研究―合意形成をめざして」としている。このことにみられるように，ここでの問題意識は，公共部門において，組織内の合意形成や，組織の内外を通じた社会的な合意の形成に向けて，マネジメント，とりわけ，財務情報，非財務情報といった計数情報[1]を用いたマネジメント（以下，計数的マネジメント[2]という）をいかに活用していくかということにある。

　本研究会において，計数的マネジメントという馴染みのない「くくり」で検討を進めることとしているのは，合意形成に向けて役立つマネジメントとはなにかと考えた場合，その手法の学問的な出自はいくつかの分野にまたがることとなり，適当な用語がみあたらないからである。これは，合意形成のあり方自体がさまざまな学問分野で論じられている[3]ことと表裏の関係にあると思われるが，手法それ自体の学問的な出自をみても，たとえば，経済学，経営学，行政学，財務会計（公会計）[4]，管理会計などにまたがることとなる。なお，ここでいう計数的マネジメントにおいては，効率化を志向する議論が多くみられるが，そのすべてにおいて，一定の質を維持・確保した上での効率化を意味することには留意を要する。

　また，本研究では最終的な目的を合意形成としている。公共部門においてはさまざまな要素を考慮に入れつつ合意形成を図らねばならないことから，

---

1) 計数情報には財務情報と非財務情報を含むものとする。
2) 本報告書では，計数情報を用いたマネジメントを計数的マネジメントという。考察の対象を財務情報に限定しない理由は，財務情報にはその原因となった非財務情報があることが多く，マネジメントにおいては，そのような非財務情報を含めてコントロールしていくことが必要となるからである。
3) 政治学，社会学，経営学はもちろん，管理会計の分野でもさまざまな議論がなされている。たとえば管理会計では，予算管理や戦略マネジメントの仕組みを使った計画や目標の部門間調整機能が議論されてきた。
4) 貸借対照表などの作成で議論される公会計は，現状では財務会計の範疇で議論されることが多い。したがって，本報告書では，原則として財務会計（公会計）という表記を用いる。

そこでの合意形成は一般的に困難なものとなりやすい。とりわけ，計数がない中での定性的な議論・論争は，合意形成をより困難なものとする。そうであるからこそ，合意形成に資する，信頼性の高い計数的マネジメントの実施や計数情報の活用が求められることとなると考える。

そして，本研究では，合意形成という用語を，合意の舞台により，組織内の合意形成と，組織内外を通じた社会的な合意形成という，2つの意味で用いることとする[5]。公共部門では，後述するとおり，目標利益の割りつけという意味での予算管理がないことが通常である[6]。その場合，組織内の合意形成，すなわち，職員意識を1つの方向にまとめあげる組織の方向づけの1つをとっても，それなりに工夫が必要となる。しかも，公共部門には組織内にそれなりの専門家集団を抱えていることが多いだけに，そのぶん合意形成にも工夫が必要となる。社会的な合意形成にいたっては，利害がより先鋭に対立しかねないだけに，計数情報にもとづいた冷静な議論も求められることとなるはずである。そこで，本研究では，計数的マネジメントが，この2つの意味での合意形成に役立つものであることを大きく描いていきたいと考えている。

最後に，このような研究が求められる背景には，厳しくなりつつあるわが国の財政事情がある。人口が増加しつつある成長経済においては，公共部門における資源配分も，増え続ける税収の配分（いわゆるパイの配分）という形となる。そして，予算における増分主義[7]とあいまって，予算の配分を通じた合意形成が行われることから，その政治的な調整は比較的容易であった。しかしながら，人口が減少しつつある，それほどの成長が望めない経済にお

---

5) 前述のとおり，合意形成のあり方にはさまざまな議論の蓄積があるが，ここではとりあえず暫定的な理解をもって論を進めたい。

6) 一般の行政部門では利益の概念がないので，ここでいう予算管理は成り立たないことが多い。一方，独立行政法人や地方公共団体の公営事業等，さらには本報告書では医療機関も公共部門に含めているが，これらの法人，事業，機関等において利益が存在する場合もあり，その場合には目標利益の割り付けという予算管理が成り立つことも考えられる。

7) 前年度予算額を出発点として，それへの上積みを考慮しつつ予算を編成する方法のこと。

いては，公共部門における資源配分もいわゆる負担[8]の配分という色彩を強く帯びる。このため，その合意形成は政治的に困難なものとならざるを得ない。したがって，政治的により困難となる，負担の配分という合意形成をいかに成し遂げるべきかという観点から，合意形成のための道具立てを考えていくことがきわめて重要になる。本研究がその一助となることを強く期待するものである。

民間(企業)部門と公共部門とのいくつかの対比

　ここでは，民間（企業）部門と公共部門とを対比させつつ，マネジメント上のいくつかの相違を概観したい。民間（企業）部門と比べた場合，公共部門では，財務情報と非財務情報の位置づけが異なり，組織内合意形成に比べ社会的な合意形成がより重要となる。また，公共部門の業績管理で採用されている予算管理は，民間部門での成果測定を目的とした目標利益の割りつけという意味での予算管理とは大きく異なっている。

1．2つの情報と2つの合意形成

　まず，財務情報と非財務情報の位置づけについて，民間（企業）部門と公共部門とを比較するとともに，合意形成についても，組織内の合意形成と社会的な合意形成との両者を取り上げ，両部門間で比べることとする。

(1) 財務情報と非財務情報

　民間（企業）部門においては，企業は期間の業績把握のために伝統的に期間損益計算を行い期間損益等を算定し，意思決定に必要かつ有用な情報を，投資家，債権者など，多様なステークホルダーに提供するという観点から，

[8) 社会福祉分野における保険料の引上げといった，新たに生じる負担という場合もあれば，社会資本分野における公共事業費の削減（あくまでもたとえである）など，これまでのなされてきた配分がより少なくなるという意味での負担という場合もある。

財務情報に注目が集まることが多い。しかしながら、企業経営においても、経営管理においては、品質や顧客満足度といった非財務情報も重要とされてきた。1992年には、非財務指標を業務管理システムの中に体系的に組み込んだBalanced Scorecard（バランスト・スコアカード。以下、BSCという）[9]が登場したほか、環境報告書やCSR報告書、さらに最近では統合報告にみられるように[10]、企業が投資家などに提供する外部報告においても、非財務情報の重要性がますます高くなってきている。そこでは、非財務情報は、企業の社会的責任を果たす役割のほか、投資家や債権者にとっては、成果指標としての財務情報の先行指標として位置づけられている。

これに対して、公共部門、とりわけ、一般的な行政分野においては、特別な場合を除いて、成果測定を目的とした利益の概念すらないので、期間損益を算定する必要はない。そのため、後述するように、目標利益の割りつけという意味での予算管理は採用できない。したがって、財務情報は成果指標としての位置づけにはならない。これらのことから、公共部門においては伝統的に非財務情報に注目が集まってきた[11]。公共部門では、成果指標としてより非財務情報に焦点が当たっていると考えられるのである[12]。

(2) 組織内の合意形成と社会的な合意形成

次に、民間部門と公共部門における2つの合意形成について考える。民間（企業）部門では、企業価値の向上とそのための利益獲得が重要な目標であ

---

9) 総合的な戦略マネジメント・システムであるとされるBSCは、財務指標と非財務指標、外部尺度と内部尺度、成果とプロセス、定量的な測定と定性的な測定とをバランスよくみていくものであり、財務、顧客、内部ビジネス・プロセス、学習と成長の4つの視点から評価していくものである。
10) 企業価値創造の源泉として有形資産のみならず無形の資産（インタンジブルズ）が重要となる中で、従来の伝統的な財務報告（有価証券報告書）では株主等のステークホルダーの要求を満たさなくなってきたことから、非制度的な報告として環境報告書やCSR報告書などが発表されてきた。統合報告は、従来の有価証券報告書に加えて、これらの非財務情報を統合して報告するものとして活用されるようになってきた。
11) 公共部門では、財務情報が使命達成のための手段とされることもある。
12) ただし、後述するとおり、財務会計（公会計）への取り組みという形で、財務情報への関心が徐々に高まっていることもあわせて指摘しておく必要がある。

るので,予算管理上,目標利益が部門ごとに定められる（割りつけられる）[13]。これを受けて,目標利益の達成に向けた組織内の合意形成が図られる[14]。目標利益は数字（金額）という形で一義的に定められ,目標が明確であることから,会社や事業部,部や課といった組織において,その方向づけをめぐる合意形成（組織内の合意形成）はこの意味では比較的容易である。

次に,民間（企業）部門における社会的な合意形成である。そこには,株主等のステークホルダーといった一定の範囲での社会的な合意形成と,より広い範囲での社会的な合意形成とがある。このうち,前者については,株主に対するスチュワードシップ（受託責任）にもとづくアカウンタビリティを果たす必要があり,株主総会の場などで合意形成が図られる。株主の期待にそった成果を出すことができなければ,経営者は解任されることになる。一方,後者に関しては,企業の社会的存在がより重要なものとなってきていることに伴い,近年,企業の社会的責任も重視されるようになってきており,CSR報告書なども作成され,公開されるようになってきた。このようなことから,企業経営においても社会的な合意形成とは無縁であるとはいいがたい。しかし,社会的な合意がなければ企業経営ができないというわけではないことから,企業経営において,ステークホルダーを超えた広い範囲での社会的な合意形成については,ステークホルダーとの関係に比べればより緩や

---

13) 詳細にみれば,欧米ではトップダウンの色彩が強く,対して,わが国ではミドルアップダウンの色彩を有する。その意味では,合意形成は,目標設定段階においても行われる。

14) たとえば,管理会計論では,伝統的に,予算編成段階において全社利益目標を達成するための販売部門予算および製造部門予算が両部門の調整を経て編成されることで,公式の合意形成が図られるとされてきた。それに対して,近年では,各部門に求められるのは予算を実行するだけでなく,環境変化に対応して継続的な相互作用を行っていくことが主張されている（Simons 1995; 廣本 2009）。そうした場合の合意形成には,目標値の公式の再設定やそのための諸会議という場が設定されることもあれば（Simons 1995）,メンバー間での非公式の集団規範や価値観が強く影響することもある（藤野・李 2016）。非公式の集団規範や価値観がどのように形成されてくるのかについては,ヨーロッパでの管理会計研究が進展してきており,互酬性のような社会秩序（Preston 1986）,ソーシャル・キャピタル（Chenhall, Hall and Smith 2010）,生産的な和解（Chenhall Hall and Smith 2013）といった概念が主張されてきている。

かなものとして議論されている[15]。

これに対し，公共部門では，組織として事務を行う以上，民間（企業）部門と同様に，組織内の合意形成が求められているが，目標が多義的で，明確ではないことも多く，利益の獲得という一義的な目的をもつ民間（企業）部門に比べ，組織内の合意形成はより困難なものとなる。

また，公共部門においては，サービスの受益者との合意形成において市場メカニズムを利用することが一般にできないため，社会的な合意形成の役割は大きな位置づけを占める。関係者が比較的かぎられる，身近な地域の問題についての社会的な合意形成もあれば，関係者が多数にのぼる大規模な公共事業や医療機関の再編などについての社会的な合意形成もある。そこでは，後述するように，さまざまな計数的マネジメントや計数情報を活用しつつ，社会的な合意形成が図られているところも存在する。

2．業績管理の2つの軸

民間（企業）部門のマネジメントにおいて，標準的な管理会計論にしたがえば，時間軸の視点と組織管理軸の視点との2つの観点[16]から整理されることが多い。これは，公共部門でもおおむね同じである。しかし，違いもある。その最も大きな違いは予算管理である。民間（企業）部門においては，時間軸の視点と組織管理軸の視点の結節点に，目標利益の割りつけとしての予算管理が存在する。しかし，成果測定を目的とした利益の概念がない行政の場合には[17]，この予算管理がミッシング・リンク（失われた環）となる。

---

15) 企業は一般に製品やサービス市場において競争しており，顧客ニーズに合わない製品・サービスを提供すれば市場から退出を余儀なくされる（市場メカニズムの存在）。このため，企業は，事業や組織のサスティナビリティを考慮することが重要となっており，製品・サービスの提供やそのプロセスにおいて環境などの社会的価値との整合性が求められる。つまり，顧客（潜在的顧客を含む）と企業との合意形成は製品・サービス市場を介して行われていると考えることができる。
16) 民間（企業）部門と公共部門の違いを際立たせる観点からの整理である。
17) 注6を参照のこと。

(1) 時間軸の視点

　櫻井（2015, pp.155-163）の整理によれば，民間（企業）部門のマネジメントにおいては，まず経営理念があり，これに従って長期ビジョンがつくられる。そして，それにもとづいて3年程度の中期経営計画がつくられる[18]。さらに，これに従って各事業年度の事業計画（利益計画）[19]がつくられる。これらを図示すれば図表序-1のとおりである。これらは，それぞれにPDCAサイクルがまわっていることが多い。なお，この利益計画で定められた目標利益が，次で述べる組織管理軸の視点でいう予算管理の基本となる。そして，民間（企業）部門のPDCAサイクルにおいては，成果指標としての財務情報の目標（利益目標）を設定し，計画や予算によってその達成を確保できるようにし，結果についてモニタリングされ計画と実績との対比が行われる。また，財務情報の裏づけとなる非財務情報についても目標を設定し，方針管理などの仕組みによってその達成を確保し，結果をモニタリングしていくという2つのプロセスが，おおむね一体となって展開されていることが多い。

　一方，公共部門においても，長期的な計画にもとづく行政運営が行われている。たとえば，国であれば，社会資本整備重点計画法にもとづき，5年単位で定められる社会資本整備重点計画などがある。また，地方公共団体においても，基本構想や総合計画などが定められていることが一般的である。

　しかし，公共部門においては，独立行政法人や地方公共団体の公営企業等の一部を除いて，目標利益を含む会計数値で表現された利益計画は存在しない。年度ごとに予算は定められるが，国の予算であれば，立法府から行政府に対する財政権限付与の一形式であり（小村 2002, p.161），立法府が行政府の経済活動に上限を設定したものである（貝塚 2003, p.40）とされている。民間（企業）部門とは異なり，成果測定を目的とした利益の概念がない行政

---

[18] 環境変化の激しい近年では，長期経営計画は作られないことも多い。
[19] 事業計画と利益計画は元来別のものであるが，同じ意味で使っている企業も多く，ここでは同一のものとして扱う。

図表序-1　長期ビジョン，中期経営計画，事業計画等の関係

出所：櫻井（2015），p.157，図6-1より著者修正。

の場合，この予算管理がミッシング・リンク（失われた環）となる。換言すれば，資源配分としての予算であり，業績や業績評価をもととしたPDCAサイクルが必ずしも連動しない。

(2) 組織管理軸の視点

次に，組織管理軸の視点である。民間（企業）部門においては，各事業年度の事業計画（利益計画）に従い，目標利益が割りつけられる形で部門別に予算管理が行われる。そして，この予算管理に従い，方針管理が行われる[20]。この方針管理に従って，あるいは，予算管理から直接に，各個人の目標管理が割り付けられる。なお，予算管理，方針管理，目標管理はレイヤー（層）構造ではなく，重畳的な適用もあり得る。

飯塚（1996, pp.13-15）によれば，方針管理は，予算管理から作られた方針を，PDCAで回す（管理する）ことを意味する。そして，この方針は，目標（goal, target）と，それを達成する手段つまり方策（method, means）からなる。さらに，この目標と方策を組織の階層に従って展開することを方針

---

20) 企業により，方針管理に従って予算管理がなされる場合もある。

図表序-2　目標と方策の下方展開

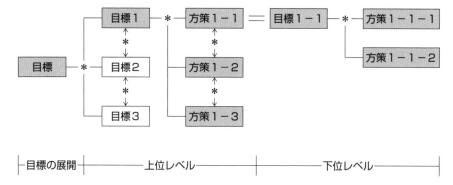

出所：飯塚（1996），p.15, 図1-3より。

展開と呼び，目標のブレークダウン（目標の展開）と，目標から手段（方策）への展開がある。一般に目標が大きければ，まず目標の展開を行い，絞り込まれた目標に対し方策を考案し，次にこの方策を目標とみなし，さらにそのための方針を展開する。これにより，図表序-2のように，ちょうど目的・手段関係の連鎖のような構図になる。

ここで，方針管理と目標管理との違いについて言及する。方針管理の起源をたどると，1954年にPeter Druckerが『現代の経営』で提唱した目標管理（Management By Objectives）に出会うとの指摘もなされる（飯塚 1996, p.1）。目標管理はその管理対象を主に個人レベルとし，目標の種類も個人の業績目標のみならず能力目標も含む。これに対し，方針管理はその管理対象を組織レベルとし，あくまでも業務目標が対象となる。そして，方針管理は方針展開のような下位階層への展開を含んでいるなどの違いがあるとされる（飯塚 1996, p.10）。

この組織管理軸の視点に関連して，近年では，事業部などの部門別のマネジメントにおいて，BSCを用いている企業も存在する。なお，BSCについては第1章で述べる。

また、民間（企業）部門の組織管理においては、責任会計の考え方[21]を踏まえ、組織構造と会計責任が対応するように展開されてきた。たとえば、事業部制における責任会計では、事業部が製造部門（コスト・センター）や営業部門（収益センター）を統括する権限をもっていることに対応し、利益センター（プロフィット・センター）として機能している[22]。

一方、公共部門においては、個人の業績目標や能力目標を対象に目標管理は行われている[23]。計画等の個別分野への展開は行われているものの、用語としての方針管理は使われていない。

公共部門においても、民間（企業）部門と同様、一部ではBSCも試行されている。しかし、現在のところ、マネジメント・ツールとして普及したとはいえない状況にある。

また、公共部門のうち一般の行政部門においては、ほとんどの組織が職能別にわけられており、政策体系と連動していないことが多い。各部門に成果責任を跡づけようとすると成果およびコストの複雑な割り当てが必要となり、逆に、政策体系を各部門に落とし込もうとすると、かなりの重複がでてきてしまうこととなる。このため、部門と連動するように成果・コストをより細かく割り当てていこうとするのか、責任共有のような形をとるのか、（いずれか一方ということではなく）そのバランスについて慎重な検討が必要になる。なお、責任共有の形をとる場合であっても、結果としてどの部門も責任をとらないことがないよう、目標達成をどのように動機づけ、モニタリングしていくのかが課題になる[24]。

---

21) 責任会計とは、会計システムを管理上の責任に結びつけ、職制上の責任者の業績を明確に規定し、もって管理上の効果をあげるように工夫された会計制度のことである。
22) 広義の利益センターの概念には、投資責任を負うインベストメント・センターの意味が含まれる。
23) 現在の実施状況を踏まえた課題等の議論は横におく。
24) 組織構造と会計責任を一致させるというのは、遅くとも1960年代から指摘されてきた伝統的な管理会計論の考え方の1つである。しかし、近年では、あえて組織構造と会計責任を一致させず、組織単位がオーバーラップして会計責任を負うという考え方が主張されている（Dent 1987; Frow, Marginson and Ogden 2005; Simons 2005; 李 2011）。

図表序-3　民間（企業）部門と公共部門とのいくつかの対比

		民間（企業）部門	公共部門
情報		・成果指標（目的）としての財務情報。 ・先行指標（手段）としての非財務情報。	・成果指標（目的）として非財務情報に着眼。
合意		・組織内の合意形成は重要。 ・株主等ステークホルダーといった一定の範囲での社会的な合意形成も重要。	・組織内の合意形成は必要だが，目標が多義的で，困難なことも多い。 ・社会的な合意形成は広狭あるが，ともに重要。
業績管理	時間軸	・長期ビジョン，中期計画，事業計画等。 ・目標利益の割りつけとしての予算管理。	・長期計画や総合計画等。 ・左記の意味での予算管理は存在しないことが多い。
	組織管理軸	・重畳的に，方針管理，目標管理，BSC。 ・組織構造と会計責任がおおむね一致。	・目標管理等。 ・責任会計の構築が困難な場合もある。

出所：著者作成。

　そして，民間（企業）部門との最大の違いは，一般の行政分野であれば，上述のとおり，目標利益の割りつけとしての予算管理が存在しないことにある[25]。繰り返しとなるが，民間（企業）部門のマネジメントにおいて，予算管理は，時間軸の視点と，組織内への展開という組織管理軸の観点との結節点に位置づけられていた。この予算管理が，一般の公共部門ではミッシング・リンク（失われた環）となるのである。

　本節では，民間（企業）部門と公共部門とのいくつかの対比について述べた。以上を図示すれば，図表序-3のとおりである。

公共部門における計数的マネジメント

　公共分野のうち，目標利益の割りつけという意味での予算管理が存在しな

---

[25] さらにいえば，その基礎となる責任会計の構築も困難なものとなっている。もちろん，一部でのBSCの試行にみられるように，責任の分割・割り当てがまったく行われていないわけではない。

い一般の行政分野であっても，財務情報，非財務情報といった計数情報を用いた計数的マネジメントは行われている。そこでは，「売上（収益）－原価＝利益」という式は成り立たないものの，原価に代わる計数情報や売上（収益）に代わる計数情報が用いられている。

1．原価に相当するものの管理

まず，原価に相当するものの管理である。一般の行政分野においても，原価に相当するものの把握は可能である。財務会計（公会計）は施設整備等の減価償却等をより把握しやすくフルコストでの原価把握という観点からも，財務会計（公会計）や複式簿記の導入が議論されている。また，これとは別に，職員の人手（ひとで）や手間（てま）といった人件費に関連する「事務量」に着目する考え方もある。

(1) 財務会計（公会計）等

社会資本分野などでは大規模な公共施設等が建設される。現金主義にもとづいた従来の予算・会計制度においては，当該施設等の資産価値や減価償却費等が認識しにくいという問題があった。そのような中，発生主義にもとづく財務会計（公会計）については1990年代後半から議論されるようになり，三重県などの一部の地方公共団体によって先行的な取り組みが行われた。その後，2000年頃から国・地方公共団体ともに導入に向けた取り組みが本格化した。このような財務会計（公会計）への取り組みをうけて，維持修繕費やライフ・サイクル・コストも認識されやすくなり，各国における動きもあいまって，アセット・マネジメントが議論されるようになってきた。本報告書では，この財務会計（公会計）やアセット・マネジメントに関する議論については，第4章や第6章を中心に述べることとしたい。

(2) 代替指標としての「事務量」概念

人手（ひとで）を要する一般の行政分野や社会福祉分野では，職員の人件

費が大きな比率を占める[26)]ことから,定員(定数)管理が重視されている。そこでは,人手(ひとで)や手間(てま)といった活動,すなわち,「事務量」が人件費を費消するという関係にたつ。したがって,この「事務量」をどのように使うかが決定的に重要となる。そして,「事務量」の使い方に関しては,管理会計論の応用により議論を展開することができる。そこで,これについては,第1章から第3章を中心に,一部は第4章や第5章で論じることとしたい。

2.売上(収益)に相当するものの把握・管理

次に,売上(収益)に相当するものの把握とその管理である。一般の行政分野において,最も困難なものが,売上(収益)に相当するものの把握である。民間企業が採用する売上という具体的な収益を把握し,人件費等の費用と対比する費用・収益分析とは異なり,経済学的手法である費用便益分析等においては,バーチャルな(仮想上の)「便益」という概念が用いられている。また,効果にいたる論理的な道すじを示した「ロジック」で代替されることもある。

(1) 代替指標としての「便益」概念

公共事業で用いられる費用便益分析[27)]は,1990年代後半に本格的に導入された。通常,費用対効果分析とも,B/C分析(BバイC分析)ともいわれる。また,医療においても,同じような分析が最近,行われるようになり始めており,そこでは費用対効果評価という用語が用いられている。いずれにおいても,「費用」の見積もりはそれほど困難ではないが,「便益」の見積もりはバーチャルなもの(仮想上のもの)とならざるを得ない。公共事業であれば,走行時間の短縮効果などから便益額を算出している。医療であれば,質調整生存年という概念を用いて便益を算出している。

---

26) 一般の行政分野では多くの場合その過半が,医療機関においては約半分が人件費である。
27) 経済学上の用語である。

このような指標には，測定が十分なものかなどの課題も指摘されている。しかし，売上（収益）に相当する指標はほかにはないことから，その代替指標として用いざるを得ない。費用便益分析などの「便益」に着目した議論については，本書においては第4章を中心に展開することとしたい。

(2) 代替手段としての「ロジック」概念

指標ではないが，売上（収益）に代替する手段として「ロジック」もあげられる。民間（企業）部門においては，BSCにみられるように，指標間の関係について，因果関係仮説や目的・手段関係といった「ロジック」で考えるようになってきている。公共部門においても，第1章で述べるようにロジック・モデルが議論されることも多い。また，一部ではBSCも試行されている。そこでは，因果関係仮説や目的・手段関係が重視されることとなる。この「ロジック」に関する議論については，第1章や第2章で必要に応じ言及することとしたい[28]。

以上，予算管理がない場合の公共部門における計数的マネジメントについて述べてきた。ここで，その内容を図示すれば図表序-4のとおりである。

3．分析の限界についての認識

民間（企業）部門における利益等の会計数値は客観的かつ正確に算定することができる。これに対し，予算管理のない公共部門，一般的な行政分野においては，「便益」等は正確性という点で残念ながら多くの課題を有する。この点に関連して西尾（1990, p.292）は，「分析評価とその成果の正しい活用方法とは，一方で，必要以上に労多く精度の高い分析評価を要求せず，他方で，その成果をその精度に見合う程度以上の用途に使わないこと，これにつきるであろう」と述べている。したがって，西尾の指摘するとおり，ほど

---

[28] 政策のPDCAサイクルを考える場合にも「ロジック」が基本となると思われるが，本書は政策それ自体のマネジメントを論じるものではないので，ここでの言及は必要最小限にとどめる。

図表序-4　予算管理がない場合の公共部門の計数的マネジメントのイメージ

原価に相当するものの管理	・財務会計（公会計） ・アセット・マネジメント　等	・ハコ物等 ・社会資本分野　等
	・代替指標としての「事務量」概念	・職員の人手（ひと）や手間（てま） ・一般行政分野，社会福祉分野　等
売上(収益)に相当するものの管理	・代替指標としての「便益」概念	・公共事業のB／C分析でのBenefit ・医療の費用対効果評価での効果　等
	・代替指標としての「ロジック」概念	・指標間の関係性（因果関係仮説，目的・手段関係） ・ロジック・モデル　等

（注）　BSCは組み立て方により上下両段に関係する。
出所：筆者作成。

ほどの精度の分析でよしとし，その精度以上の使い方を求めないことが望まれる。これは，分析に積極的な組織，担当者ほど，おちいりやすい点である。本書の第7章では，第6章までとは異なり，この分析の限界を意識しつつ，計数的マネジメントと評価との関係について論を進めたい。

参考文献

飯塚悦功監修，長田洋編著（1996）『TQM時代の戦略的方針管理』日科技連出版社。
小村武（2002）『予算と財政法（三訂版）』新日本法規。
貝塚啓明（2003）『財政学（第3版）』東京大学出版会。
櫻井通晴（2015）『管理会計（第6版）』同文舘出版。
西尾勝（1990）『行政学の基礎概念』東京大学出版会。
廣本敏郎編著（2009）『自律的組織の経営システム―日本的経営の叡智』森山書店。
藤野雅史・李燕（2016）「水平的相互作用における管理会計の利用―互酬性にもとづく相互作用」『メルコ管理会計研究』8(2)(近日刊)。
李燕（2011）「責任会計による水平的相互作用の促進」『企業会計』63 (7), pp.152-158。
Chenhall, R., M. Hall and D. Smith（2010）Social capital and management control systems: A study of a non-government organization. *Accounting, Organizations and Society*. No. 35, pp.737-756.
Chenhall, R., M. Hall and D. Smith（2013）Performance measurement, modes of evaluation and the development of compromising accounts. *Accounting, Organizations and Society*. No. 38, pp.268-287.
Dent, J.（1987）Tensions in the design of formal control systems: A field study in a

computer company. In W. Bruns and R. S. Kaplan (Eds), *Accounting and Management: Field Study Perspectives*. Boston, MA: Harvard Business School Press.

Frow, N., D. Marginson and S. Ogden (2005) Encouraging strategic behavior while maintaining management control: Multi-functional project teams, budgets, and the negotiation of shared accountabilities in contemporary enterprise. *Management Accounting Research*. No.16, pp.269-292.

Preston, A. (1986) Interactions and arrangements in the process of informing. *Accounting, Organizations and Society*. 11(6), pp.521-540.

Simons, R. (1995) *Levers of Control: How managers Use Innovative Control Systems to Drive Strategic Renewal*. Boston, MA: Harvard Business School Press.

Simons, R. (2005) *Levers of Organizational Design: How Managers Use Accountability Systems for Greater Performance and Commitment*, Boston, MA: Harvard Business School Press.（谷武幸・窪田祐一・松尾貴巳・近藤隆史訳（2008）『戦略実現の組織デザイン』中央経済社。

第1章

一般行政分野における計数的マネジメント

Ⅰ 「事務量」の重要性とワーク・ライフ・バランスの要請

　第1章で考察対象とするのは，職員の人手（ひとで）や手間（てま）が中心となる行政分野（後述の社会福祉分野や社会資本分野と区別する観点からこれを一般行政分野とよぶ）である。成果測定を目的とした利益の概念がなく，目標利益の割りつけという意味での予算管理もない公共部門である。そこでは，職員の人手や手間を中心に構成されるサービスが提供される。ここではまず，公共部門でしばしば言及されるロジック・モデルについて述べる。次に，「事務量」の重要性について言及する。最後に，少し異なった角度からとなるが，昨今きわめて重要となったワーク・ライフ・バランスの要請について述べる。「事務量」をきちんと考えていくことは，現在では時代の要請とも位置づけられるのである。

1. ロジック・モデル

　公共部門においては，図表1-1のようなロジック・モデルがしばしば言及されてきた。Hatry (1999) によれば，彼の知るかぎり，最初にロジック・モデルという用語が使われ，例が示されたのは1979年にさかのぼる[1]。その後，政策現場に役立つように体系化された業績測定におけるポピュラーな枠組みとして用いられている（田辺 2002, p.45）。

　ロジック・モデルでは，すべての政策には必ず，その活動を行うことによって，どのような成果を生みだすのかという手段・目的の連鎖が仮説として存在することを前提とする。ロジック・モデルはこうした仮説を明確に示すためのツールでもある。そして，この手段・目的の連鎖をセオリーと呼び，行政内部の事象と行政外部の事象の2つにわけることができる。

　行政が人的・資金的資源を投入し（インプット），その結果として財やサ

---

[1] Hatry（1999; 訳書p.64）は，Wholey S. Joseph, *Evaluation: Promise and Performance*, Washington, D.C.: Urban Institute, 1979. とする。

図表1-1　ロジック・モデルの概念図

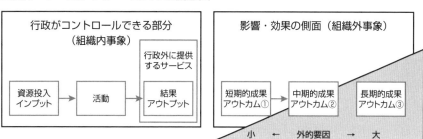

出所：McLaughlin & Jordan（2004）および三菱UFJリサーチ（2006）を参考に，筆者作成。

ービスが産出されるまでが行政内部の事象であり，この部分の連鎖をプロセス・セオリーと呼ぶ。そして，財やサービスの提供後から政策の効果（アウトカム）が発現するまでの過程が行政外部の事象であり，この部分の連鎖をインパクト・セオリーと呼ぶ。この連鎖（セオリー）は，因果関係仮説として示されることが一般的である。

　ロジック・モデルは業績測定のために用いられることが多いが，ここで政策分析やプログラム評価といった類似の手法についても説明する。これらの用語は，政策評価の文脈で指摘されることが多い。まず，政策分析は費用対効果分析[2]（以下，B／C分析という）などを意味する。また，プログラム評価は，社会調査法等を駆使して厳密な評価を試みるものである。それに対して，業績測定は，行政活動の特定の側面を測定することを主眼とする手法とされる。田中（2014, pp.130-131）は，政策分析とプログラム評価は専門知識が必要になることから専門家が行うべきものであり，行政自らが行い得るものは業績測定であるとする。そして，実務では，その簡便性から，政策分析のうちB／C分析と，業績測定とが多用されている。

---

[2] 経済学的には費用便益分析（cost-benefit analysis）のこと。一般にはB／C（BバイC）分析といわれる。

2．「事務量」の重要性

　一般行政分野においては，ロジック・モデルにもとづいて，成果（アウトカム）をいかに高めるかという議論が多くなされてきた。成果が定量的に示されれば，行政分野の業績として一般にもわかりやすいという長所がある。成果につながる連鎖の仮説を常に検証しながら，より精度を高めていくことをおろそかにしてはならないが，成果そのものは行政にとってコントロール不能であることが多い。

　一方で，行政内部におけるインプットからアウトプットへの変換のプロセスについては，とくにわが国では相対的に軽視されることが多かった。その結果，行政内部で，どのようなプロセスで事務がながれているのか，ブラック・ボックスとなりやすい。もちろん，アウトプットを定量的に示す何らかの指標が定められていることは多い。しかし，行政内部のプロセス，とりわけ，次に述べる事務量とはつながっていないこともまた多いのである。このため，インプットとしての資源がどのように使われ，アウトプットとなっていくのかがわからないこととなる。

　この行政内部の変換のプロセスにおいて，最も重要な構成要素となるのは職員の人手（ひとで）や手間（てま）である。職員の人手・手間を介在して，インプットがアウトプットに変換されることになるからである。この職員の人手・手間は，職員の労働時間によって定量的に測定され，それがすなわち事務量である。事務という活動が，人件費という資源を費消する関係にたっている。そこでは，人員の定数管理といった伝統的なマネジメントに加え，事務量という活動そのものをどのようにマネジメントしていくかということが重要になるのである。事務量の測定を通じて個々の活動やプロセスを考えていくことにより，業務プロセスの革新（リエンジニアリング）も行いやすくなる[3]。

3）ハマーとチャンピーによるリエンジニアリングが有名である。議論の系譜などは，頼（1994）を参照のこと。

そして，事務量を適切にマネジメントするためには，投下された事務量の計測，すなわち，時間記録による事務量の可視化が必要となる。ここに，時間記録という，事務量をマネジメントしていく際の最大の難問が存在する。しかし，その先には，高品質のマネジメントの世界が広がっている。企業とは異なり，成果測定を目的とした利益が認識できない，したがって，目標利益の割りつけという意味での予算管理が行われてこなかった一般行政分野であっても，インプットである事務量を基礎にすることにより，一般行政分野にふさわしい計数的マネジメントが可能である。第1章においては，この計数的マネジメントの姿を描いていきたいと考えている。

3．ワーク・ライフ・バランスの要請

　政府においては，わが国社会を持続可能なものとする観点から，国民全体の仕事と生活の調和（以下，ワーク・ライフ・バランスという）の実現に向けて，2007年12月18日に「仕事と生活の調和（ワーク・ライフ・バランス）憲章」が策定された。そこでは，ワーク・ライフ・バランスが実現した社会とは，「国民一人ひとりがやりがいや充実感を感じながら働き，仕事上の責任を果たすとともに，家庭や地域生活などにおいても，子育て期，中高年期といった人生の各段階に応じて多様な生き方が選択・実現できる社会」をいう。具体的には，(1)就労による経済的自立が可能な社会，(2)健康で豊かな生活のための時間が確保できる社会，(3)多様な働き方・生き方が選択できる社会，とされている。

　このように，ワーク・ライフ・バランスが強く求められる昨今，官民を問わず，性別を問わず，いわゆる時間当たり生産性[4]を向上させ，残業を極力少なくし，総労働時間の圧縮を図らねばならないことはいうまでもない。これは，育児，介護などの課題を抱える社員・職員にとっては，そのニーズが本当に高いところである。

---

[4] 時間当たり生産性は，(付加価値／労働時間)となるが，行政の場合，付加価値がそもそも計測できないことも多いので，ここでは「いわゆる」としている。

ワーク・ライフ・バランスの実現と働き方の見直しとは車の両輪である。この点に関連して，財務総合政策研究所の研究会における安藤哲也・NPO法人ファザーリング・ジャパン代表理事の発表[5]から一部を紹介する。

　働き方がワーク・ライフ・バランスの問題のボトルネックであり，このため，「イクボス」をツールとした意識改革を行っている。慢性化した長時間労働は，母親となった女性のみならず，最近では育児に積極的な男性（イクメン）も働きづらいといい始めている。男性の働き方が変われば社会が変わるのである。男性が育休を取得できるよう会社全体が取り組むことで，男性の働き方が見直され，結果的に人材育成や女性の活躍につながる。男性も柔軟に休むことができる職場では，情報が共有化され，引き継ぎ体制も強化される。これは，誰が休んでも仕事が滞らない仕組みとなることにほかならない。組織がマルチ・タスク化して，各人が業務を分担しやすい職場作り，相互理解の風土ができる。そのことで女性が働きやすい職場になるとする。

　そこでは，密度濃く仕事をし，残業をなくし，育児等に起因する突然の休みにも対応できるような働き方が求められているのである。このような働き方の改革は，事務量そのものを可視化し，これをマネジメントしつつ，いかに効率的，効果的に働くかについて考えていくことと同じである。そこで，次節では，この事務量のマネジメントについて論じることとしたい。

事務量マネジメント

　本節では事務量を効率的，効果的にマネジメントしていくための方法論について整理する。ここでは既存の管理会計手法と重なり合うところがあるので，必要に応じて関係する手法にも言及する。最後に，コスト削減との関係

---

[5] 2015年10月16日に財務総合政策研究所で開催された「女性の活躍に関する研究会（座長：加藤久和明治大学政治経済学研究科教授）」の第2回会合における安藤哲也代表理事のプレゼンテーション「上司が変われば組織が変わる！　働き方が変わる！〜少子化・女性活躍時代におけるイクボスのすすめ〜」http://www.mof.go.jp/pri/research/conference/fy2015/zk105_02.htm（2015年11月アクセス）より．

について述べる。

1．計数情報としての事務量

　事務量を計数的にマネジメントしていくに際しては，事務区分ごとの投下事務量（人日）を把握する必要がある。そして，事務量を計数情報として可視化し，PDCAサイクルで管理することが基本となる。

(1) 事務量概念

　事務量を計数情報として把握するためには，まず，各人が従事する事務にどのようなものがあるのかを示す事務区分表が必要となる。事務区分は，製造業であれば，たとえば，受付，生産計画策定，クレーム対応などからなる。アクティビティといわれることも多い。そこでは，大項目から詳細項目までいくつかのレイヤー（層）構造で考えることもできよう。

　そして，それぞれの事務区分にどの程度の時間を従事したのかについて記録する（時間記録）。これにより，事務区分ごとに投下事務量が可視化されることとなる。この時間記録においては，職員個人の動きを別の人間が記録するといった時間記録の方法はコストの点で問題がある。したがって，職員それぞれが日々，従事した事務を記録していく事務日誌のようなものを，多少の厳密さを欠いたとしても記録していく必要がある。定型的な業務であり，時点による違いが少なければ，特定の時点での計測をもって代えることも考えられないではない。しかし，一般行政分野では，職員それぞれがさまざまな業務に従事しているのが通常であり，時期による変動もあることから，このような例はきわめて少ないと思われる。このため，職員それぞれが日々，事務日誌のようなものを記録していくことが望ましい。

　一般的な行政組織であれば，職員1人の稼働日が休日と有給休暇を除いて年間200日，職員数が100人であれば年間2万人日となる。これが，たとえばAからXまでの26の事務区分ごとに（あるいは，大項目として5区分，詳細項目として大項目それぞれに数区分の計26の事務区分ごとに），どの程度の

事務量を投下したかが計測され，可視化されることとなる。行政組織によっては，このような投下事務量を「人日」（にんにち）と呼んでいる。

時間記録の単位としては，論理的には分単位も考えられるが，そのような詳細さを求めることは通常人の能力をはるかに凌駕してしまう。したがって，適当と考えられるのは1時間単位ないし30分単位であろう。事務区分も常識的な数にとどめる必要はあろう。時間記録の単位や事務区分の数については，各職員の記録という手間から常識的なものにしておく必要があるのである。いずれにせよ，このようにして事務量が人日のような形で，計数情報として可視化されることとなる。

(2) 事務量のマネジメント

計数情報としての事務量（人日）は，日々の時間記録を行っていることから，一定のサイクルで新たな計数を把握できることとなる。ここに，事務量が計数（人日）という形で可視化され，PDCAサイクルでマネジメントしていくことが可能となる。そして，次のサイクルにおいて，特定の事務区分の事務量を増減させる，たとえば事務区分Aの事務量を減らし，事務区分Bの事務量をその分増やすことなどが考えられるようになる。また，たとえば，事務区分Cへの投下事務量がそもそも多すぎるのではといったことが考えられるようになる。すなわち，可視化により，無駄（かもしれないところ）がみえてくるという効果もあるのである。

このような事務量の把握は，正規職員のみならず，アルバイト職員も対象とする必要がある。後述するが，正規職員間，正規職員とアルバイト職員との間，アルバイト職員間で，それぞれに事務の調整を行う以上，取り扱いに差異を設けることは適当ではないからである。

ただし，後述するが，このようなPDCAサイクルに実効性があるのは，行政機関自ら管理可能な事務についてだけである。たとえば，議会での質問対応のような，そもそも管理可能性がない議会周辺業務については除いて考える必要がある。

(3) ABM・ABCとの関連性

　以上のような事務量のマネジメントは，管理会計手法の活動基準管理（Activity-Based Management：以下，ABMという）や活動基準原価計算（Activity-Based Costing：以下，ABCという）を連想しやすい。そこで，これらとの関連性について端的に言及する。

　ABMはABCから生じたという経緯があることから，ABCからみる。ABCは個別の製品が個々の業務といった活動を消費し，その活動が人件費などの資源を消費するという考え方のもと，資源を活動に，活動を製品にと2段階で割りあてて（配賦して）原価を集計していく手法である。原価計算の分野において，間接費を製品に精緻に配賦していくために1980年代後半に提唱された。1990年代前半には，以上のようなABCをもとに，活動などを分析し，原価低減を図っていくABMが編みだされた。ABCは製品の原価算定が中心で，測定の視点にたつ技法であるのに対して，ABMでは，非付加価値活動をしぼりだすなど，業務改善の視点が求められる。これを図示すれば図表1-2のとおりである。

　以上のように，ABCは，本来は間接費の精緻な配賦方法として発展してきた。その一方で，直接費についても業務改善に着目し，ABMを考えていくという立場（Johnson 1992）もある。間接費の配賦を中心に考える前者の立場にたてば，事務量のマネジメントはABC・ABMではないこととなるが，業務改善を中心に考える後者の立場にたてば，直接費もABC・ABMに含められることとなる。

　事務量のマネジメントをABC・ABMと理解する場合の最大の問題は，製品やサービスのアウトプットの原価情報の精度向上を目的として，間接費の精緻な配賦方法として発展してきた経緯をそのまま受け入れてしまうことにある。すなわち，間接費の配賦というミクロの正確性を追求してきた過去の蓄積に引きずられ，事務量のマネジメントでも，業務改善の視点が忘れられやすくなる。アウトプットの平均的なコスト情報を重視する結果，業務レベルのコストは，コスト算定の手段になる可能性があり，原価管理の段階にお

図表 1-2　ABCとABMとの関係

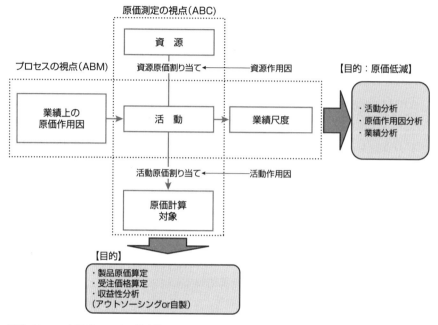

出所：Turney（1991），p.92より筆者修正。

いては業務レベルに注意がむくことは少なくなる。また，業務レベルの管理はアクティビティに関連した配賦レートの変更時にのみ管理されることになり，この機会にABMの視点にもとづく業務改善が行われなければ，業務レベルに注意がむくことはない。換言すれば，業務改善の視点が過度に簡略化されたものとなってしまうという問題があるのである[6]。

　もちろん，一般行政分野でも個別の行政サービスのコストを算出しなければならない場合もある。行政サービスのコストを算出し，そのコストの低減を図っていくような場合である。そこでは，確かにABCの配賦方法が参考になろう。したがって，ABCは必要に応じて有用性を検討する程度で考え

---

[6] 後述するが，時間記録の正確性に限界がある以上，精緻さの追求には距離をおく必要があろう。

ていくのが現実的だと思われる[7]。

2．効率性向上のキーとなる標準の概念

　ここでは，まず，質の向上とコストの低減を両立させる標準の概念について述べる。次に，事務改善活動は，標準の改定作業という形で行われるべきことに言及する。そして，事務改善活動は多くの職員を巻き込む必要があることから，職員の意識づけが重要となることについて述べる。

(1) 質の向上とコストの低減を両立させる標準の概念

　事務量のマネジメントにおいては，事務区分ごとに，まずは事務フローを設定し，必要に応じて細部の作業について標準を定めることが必要である。これにより，作業等のバラツキがなくなり，コストが一定になるとともに，品質についてもバラツキがなくなり，質が一定になる。そして，この事務フローや標準，あるいは作業手順書やマニュアル（以下では，これらをあわせて標準，あるいは作業の標準という）について，よりミスが少なくなり，より効率的なものに改定していくことを通じて，質の向上とコストの低減を両立させることが可能となる。

　このような標準の概念は，製造業の工程分析や稼働分析などをイメージするとわかりやすい。事務を対象とした事務工程分析という言葉がある（石渡 1984）ように，一般行政分野においても適用可能である。

(2) 標準の改定活動としての事務改善

　標準の概念ができれば，これを踏まえて，事務改善活動を行うことが考えられる。この事務改善活動は，標準の改定をめぐって行われる必要がある。なぜならば，標準の改定を伴わない事務改善活動の場合には，すぐに手戻りが発生し，単なる声がけに終わってしまう可能性があるからである。一般行政分野でも事務改善活動が行われている例はよく耳にするが，往々にして標

---

[7] 管理会計手法との関係については，大西（2010a）がある。

準が意識されておらず，単なる声がけ，あるいは，単なる運動論に過ぎない例も多いように思われる。

そして，標準の改定活動としての事務改善活動においては，現場の職員からの事務改善提案を活用することが考えられる。現場の職員によるQC（Quality Control）サークル運動のような活動がイメージされよう。そして，現場の職員からの提案に際しては，どのような視点が望ましいかなどの着想のヒントを周知しておくことが適切である。この点は，QCサークル活動を実践している製造業などが多く，また，そのための普及機関もあるわが国の状況を踏まえれば，これらの関係者に活躍してもらうことは容易であろう。

次に，事務に未熟な職員でも，この標準に従うことにより，事務を覚えることができる。すなわち，標準の設定には教育効果を期待することができる。標準の設定による教育効果は，公権力性の強い事務を除いて，正規職員からアルバイト職員に事務を移す事務再配分の際に効果を発揮する。標準があることにより，事務に未熟なアルバイト職員でもすぐに熟達することができるからである。

そして，このような標準があれば，アウトソーシングもしやすい。どこからどこまでの事務を，どのように処理するかも含め，明確となっているからである。改善活動をある程度経た事務であれば，少なくとも無駄を無駄のままアウトソーシングすることは避けられよう。

これらは言葉を換えれば，非定型業務の定型化である。非定型業務は経験のある正規職員が行わざるを得ないことが多い。しかし，定型化されれば，不慣れな若手職員やアルバイト職員の活用，さらには，外部へのアウトソーシングが可能となる。もちろん，ITの活用[8]もこの延長線上にあろう。

標準の設定による教育効果は，職員の多能化[9]を促進する。正規職員であれ，

---

[8] 大きなシステムであれば，現行の事務をそのまま標準化してITを活用するのか，ITを使いこなせるように，標準を設定し直してIT化するのかが論点となるが，ここでは深くは立ち入らないこととする。

[9] 製造業でいう多能工化と同じである。トヨタ生産方式では，職工に担当工程だけでなく，前後の工程もできるようにさせ（多工程持ち），生産量に応じて職工の配置を変えている（藤本 2001, pp.166-168）。

アルバイト職員であれ，多能化は可能である。そして，この多能化は，職員間の繁閑調整をきわめて容易にする効果を有する。繁閑調整を密に行えば[10]，特定の職員に事務が集中する（当然，残業を伴う）ことも防げることとなる。この繁閑調整は，職員個々の時間に事務量をはめ込むことを意味する。従来は，担当を割り振ることが通常であった。これは，職員個々人に事務を（担当として）割り振ることを意味する。当然，事務ごとに事務量には多寡がある。事務量が多い事務を担当として割り振られた職員は，残業することとなり，事務量が少ない事務を担当として割り振られた職員は，いわばゆっくりと仕事をすることになりやすいという問題があった。このように，多能化を基礎にして行われる繁閑調整は，残業時間を削減し，ワーク・ライフ・バランスの徹底につながる大きな可能性を秘めていることは容易に理解されよう。

(3) 職員の意識づけ

現場の職員からの事務改善提案にもとづく事務改善活動を行うにあたっては，多くの職員を巻き込む必要がある。改善提案がそもそもなされないような状況であれば，事務改善活動の推進力もなくなるからである。したがって，現場の職員の意識づけが非常に重要となる。

この点に関連して，昨今のワーク・ライフ・バランスの要請は，非常に強い推進力となる。誰しもが自らのこととして，育児・介護の問題を考え，無駄な事務を削減し，残業等を圧縮したいと考えるからである。一時に比べ，残業は相当程度減少しているとは思われるが，昨今のワーク・ライフ・バランスの要請はそれをより一歩進め，働き方をどう改革していくかという議論となっている。繰り返しになるが，事務改善に対するワーク・ライフ・バランスの推進力は非常に強いというべきであろう。

加えて，Ⅲ．で述べる組織の価値観なども重要な役割を果たす。どのよう

---

10) 職務内容にもよるが，仮に繁閑調整を日々行うことができれば，育児等の必要からの急な休暇の取得にも対応できよう。

な行政組織であれ，それぞれの組織には価値観がある。たとえば，小学校であれば，児童との時間が大切であり，これに比べれば，単なる事務作業は優先順位が低いこととなる。事務作業をいかに合理的に，無駄を省いて行うか，総論としてこれに反対する人はいないであろう。ましてや，日々の時間記録を行っている場合，自らの時間への感受性は高まっていると思われるので，このような組織の価値観にもとづいた職員からの反応も，より鋭敏にでてくると思われる。

3．効果性向上のキーとなる組織戦略

　ここでは，それぞれの組織において，どのような考え方（戦略）のもとで事務量を使っているのか，戦略と事務量の使い方をどのように合致させていくのかについて述べる。事務量マネジメントは組織戦略にもとづいてなされる必要がある。そして，戦略においては，目的・手段関係と因果関係仮説が何よりも重要である。そこで，まずはこれらから言及する。

(1)　指標間の関係性：目的・手段関係と因果関係仮説

　一般行政分野においては，それぞれの組織に使命が定められていることがほとんどである。その使命を果たすために，実現すべき目的をどのように設定するのか，そこにいたる道筋をどのように定めるのか，その道筋における道標（マイル・ストーン）をどのように設定するのか，それぞれの道標実現のためにどのような手段をとるのかなどを考えていかなければならない。このような分野は通常，戦略論で扱われる。したがって，ここでは，組織戦略という語をあてることとする。

　組織戦略は通常，いくつかの目標で示されることが一般的である。目標ごとに計測可能な指標が定められることが多い。目標となる指標は，いくつかの指標に分解される場合（要素分解）もある[11]。そして，それぞれの指標について，それを目的とした場合に，その手段となる指標を探しだして設定す

11）この要素分解の過程がない場合もあろう。

る場合(目的・手段関係)もあれば,それぞれの指標が結果となる場合に,その原因となり得る指標を探しだして設定する場合(因果関係仮説)もある[12]。

因果関係仮説について若干説明を加える。実務では,ある程度の確からしさがあれば,これを因果関係仮説として仮説・検証しながら使っていくというのが現実的である。統計的に厳密に立証できる因果関係を求めてしまうと,そこにばく大なエネルギーが求められることとなる。これは,実務上は実行が困難となり,現実的ではない[13]。

いずれにせよ,組織戦略を作成するにあたっては,最終的な目標となり得る指標をいくつかの指標に分解する。そして,それぞれに,目的・手段関係や因果関係仮説を念頭において,さまざまな先行指標を探しだし,相互に関係づけることが必要となろう。

事務区分やその事務量については,必要に応じて,それぞれの指標に関係づけることにより,組織戦略にもとづいた効果的な事務量のマネジメントが可能になる。事務区分ごとの事務量は,職員1人ひとりの日々の時間記録にもとづく。各職員の日々の事務が,組織全体の戦略と関係づけられることとなる。これにより,職員の方向づけの基盤が整うこととなる。

(2) **方針管理やBSCとの関係性**

指標間の関係性を考える場合,管理会計論で言及される方針管理やBSCが参考になる。

まず,方針管理とは,序章でも述べたように,標準の維持・管理を行う日常管理から離れ,大きな改善・革新を行う方針について,PDCAで回す(管理する)ものである。この方針は,目標とその手段たる方策からなり,この目標と方策を組織の階層に従って方針展開する。これは,ちょうど目的・手

---

12) 両者の違いはわかりにくいが,ここでは,目的・手段関係は先に目的があってそれを達成するために手段があること,これに対して,因果関係は先に原因がありそのあとに結果がでてくることをいうと理解している。
13) 巨大プロジェクトなどの場合には異なる。

段関係の連鎖のような構図になる。少し戻るが，図表序-2を参照されたい。

次に，BSCである。BSCは，総合的でバランスのとれた戦略マネジメント・システムであるとされる（櫻井 2015）。BSCは，財務指標と非財務指標，外部尺度と内部尺度，成果とプロセスおよび定量的な測定と定性的な測定とをバランスよくみていくものであり，財務の視点，顧客の視点，内部ビジネス・プロセスの視点および学習と成長の視点の4つの視点から評価していく。

BSCで最も重要であるのは，図表1-3のように4つの視点の間にみられる因果関係である[14]。この因果関係は必ずしも統計的な厳密性をもつわけではなく，因果関係仮説というレベルのものも含む。そして，このような4つの視点の因果関係の全体像を示すものが戦略マップである。

そして，因果関係で示された各項目には，図表1-4にあるように，戦略テーマから戦略目標，目標値および実施項目に下方展開（図では右方展開）する流れがある。これらは目的・手段関係にたつ（櫻井 2008, pp.36-38）[15]。

このように，BSCは，組織全体の戦略実現に向けて指標間の関係を因果関係仮説や目的・手段関係で考えていくものである。大西・福元（2016）で述べているように，管理会計論においては，BSCが登場して以降，指標についての議論が大きく変わった。複数の指標を選び，その間の関係性を考慮に入れ，そこに戦略実現のプロセスについて因果関係仮説や目的・手段関係をみていくようになった。その意味では，ここにBSCの革新性があるものと思われる。

しかし，行政実務で活用する場合，このBSCには留意すべき点も残る。BSCはきわめてよく考えられており，戦略と業務を相互に関係づける完成度が高いものだけに，思考の枠組みをはじめから重要な範囲に限定してしまう傾向がある。さまざまな要素を考慮しなければならないと考える傾向のある一般的な行政関係者には，このような思考に対して限定的な枠を設定され

---

14) BSC本来の活用方法としては，このような因果関係仮説の構築，指標の測定，因果関係仮説の検証により，PDCAサイクルをまわすことを予定している。しかし，公共部門においては単に測定のみを行うBSCも見受けられる。

15) ここでいう下方展開（右方展開）の流れを因果関係で説明する説もある（長谷川 2002）。

図表1-3　BSCにおける因果関係

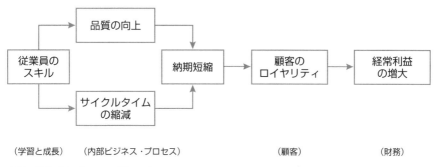

（学習と成長）　（内部ビジネス・プロセス）　　　　　（顧客）　　　　　　　（財務）

出所：櫻井（2015），p.617，図19-2より。

図表1-4　戦略テーマ，戦略目標，目標値，実施項目

視点	戦略テーマ	戦略目標	目標値	実施項目
財務の視点	売上高増大	年々の売上伸び率	+25%	×
	↑	新製品からの売上	30%	×
顧客の視点	革新的製品	顧客の定着率	80%	関係管理の実態
	↑	顧客のシェア	40%	成果給の導入
内部の視点	新製品開発	市場への投入率	75%	見本市での出展
	↑	市販の時期	9カ月	BPRの実施
学習の視点	能力の高い従業員	専門職の利用可能性	100%	教育・訓練
		優秀な職員の保持率	95%	給与制度の改革

出所：櫻井（2015），p.622，表19-2より。

ることには，強い違和感をもつこともやむを得ないと思われる[16]。

　したがって，組織戦略の実行のために複数の指標で考えるにあたっては，BSCそのものにはとらわれず，指標間の関係性を因果関係仮説や目的・手段関係を中心に考えていくことが適切であると考える。その上で，BSCについては，必要に応じて有用性を検討する程度で考えていくことが現実的で

---

[16] BSCは可塑的なものである（Hansen and Mouristen 2005）。本来であれば，柔軟に考えてもよい。しかし，BSCの機械的な適用におちいった場合には，ここでいうような問題が深刻化しよう。

あろう[17]。

　管理会計手法との関係では，先に，ABC・ABMについて，精緻な計算への拘泥になりかねないという問題点を述べた。ここでは，BSCについて，思考に枠をはめかねないという問題点を指摘した。いずれも，既存の管理会計手法に対してはメリットだけでなくその限界も踏まえて適用を検討することが求められるということである。

(3) 公権力性が強い場合に必須となるMBM

　以上で述べてきた内容に関して，行政機関については，行政固有の事情を考慮する必要がある。なぜならば，計測可能な数値による指標を目標そのものとした場合（以下，数値目標という），公権力性が強いケースでは適切ではない場合もあるからである。たとえば，極端な例として，刑事警察の一部の場合があげられよう。

　このような観点から参考になるのが，機械論的な計数管理を重視する結果による管理（Management by Results：以下，「MBR」という。）と全体システムに焦点を当て，自律的な自己組織化や相互依存税の視点を重視する手段による管理（Management by Means：以下，「MBM」という。）という概念である（Johnson and Bröms 2000）。廣本（2004）によれば，両者は，図表1-5のように整理することができる。

　以上のような組織観に加え，行政の場合には，とりわけ専門性の高い職員が多い。それゆえ，上位者からの押しつけと受けとられかねないような場合，数値目標への反発は強いものがあろう。したがって，どのような手段を想定し，どのような数値目標を定めるのかについては，慎重な判断が必要となる場合が多いものと思われる。そこでは，Ⅲで述べる組織の価値観等への十分な配慮が求められるものと考える。

　換言すれば，マネジメントを要素還元的に考えれば考えるほど，部分それ

[17) BSCと事務量マネジメントの両者がともに活用される場合，BSCの内部ビジネスプロセスの視点などに，部品として事務量マネジメントが組み込まれることも考えられよう。

図表1-5　MBRとMBM

	MBR (Management By Results)	MBM (Management By Means)
プロセス	・組織内各部分の業績が焦点。 ・目的が最優先。	・目標達成の手段が焦点。 ・手段自体が機能していることが目的。
組織観	・企業は，各部分のパフォーマンスの最適化を通じて全体業績を向上させる機械。	・企業は，従業員同士，従業員と顧客，コミュニティ，環境システムを結びつけるパターンと関係のネットワーク。
部分と全体	・各部分の業績に焦点。	・全体システムの業績に焦点。
利益	・利益は会社全体の目標。 ・何よりも利益最大化が重要。	・利益は会社の存続のために必要だが，存在理由ではない。
コントロール	・集権的な意思決定と目標設定を強調。システムの部分は，外部の力に反応するのみ。	・ローカルな意思決定と責任を強調。システムの部分は，それ自身英知をもつ。

出所：廣本（2004）より筆者修正。

ぞれの業績に注目が集まり，MBRの側面が強まる。そして，組織上位者からの押しつけと受けとられやすくなる。そこで，価値観等にもとづき目的意識をもち，手段に注意を払いつつ，職員個々人が仮説・検証を繰り返して目標を達成することが重要になるのである。

4．事務量マネジメントの全体的なイメージ

ここで，事務量のマネジメントの全体的なイメージを描いてみる（図表1-6）。真ん中にあるのが事務量である。左側に，相対的にミクロと位置づけられる，標準と事務改善活動がある。右側に，相対的にマクロと位置づけられる組織戦略がある。個々の要素としてはめずらしいものはないが，時間記録を中心に，全体が連動していることが注目される。ここで示したような事務量を基礎としたマネジメントを，以下では，事務量マネジメントと称する。

このような事務量マネジメントは，多くの一般行政分野に適用することができると考える。職員数が一定以上の行政組織では，ここでいう事務量マネジメントのように，事務量という計数情報をもとにした計数的マネジメントを行うことが可能であろう。その一方で，職員数が少ない場合には，マネジ

図表1-6　事務量マネジメントの全体的なイメージ

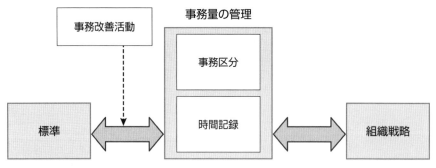

出所：筆者作成。

メント層が概念的に使う（思考の枠組みとして使い，現場にも理解を求めていく）ことが適当であろう[18]。

5．無駄の削減と事務量マネジメント

ここでは，無駄の削減と事務量マネジメントとの関係について述べる。まず，無駄の概念について，井堀（2008）を参考に整理する。次に，絶対的な無駄と相対的な無駄のそれぞれについて，事務量マネジメントとの関係を示す。そして，無駄の削減とコストの削減との関係について述べることとしたい。

(1)　無駄の概念

井堀（2008）は，無駄を大きく3つ，細かくは4つの類型にわけている。まず，「絶対的な無駄」であり，それは2つにわけられるとする。「絶対的な無駄：その1」は，「公共サービスの質を劣化させないで削減できる歳出」とする。15の便益を生む歳出を，5の費用（歳出）でできるにもかかわらず，10の費用で行っていた場合などが該当する。そして，「絶対的な無駄：その2」は，「歳出それ自体の便益がマイナスであるもの」である。井堀（2008）は，環境破壊を伴い地域住民にマイナスをもたらす公共事業を例としてあげてい

---

18) 事務量で考えていくことは，10数人という組織（チーム）においても有益である。

一般行政分野における計数的マネジメント 第1章

る。次に,「相対的な無駄」である。これは「相対的な意味での無駄」であり,「公共サービスの便益が,その財源調達費用（コスト）よりも小さい」場合が相当するとする。10の便益を生みだすのに,20の費用が必要な場合などである。井堀（2008）は,多額の建設費用の割にあまり効果を生まない公共事業や,医療における過剰な検査・薬漬け,裕福な高齢者への公的年金給付,豊かな地域や人への補助金などを例としてあげている。最後に,「結果としての無駄」であり,これは「事前には必要な歳出が事後的に不必要になる」場合であるとする。井堀（2008）は,大地震,台風,テロなど,大きな災害が起きる場合の備えとして準備した非常用の食糧備蓄,公共事業,治安対策などを例としてあげている。

以上が井堀（2008）の整理であるが,ここでは外部性を考慮に入れた経済分析モデルに立ち入るわけではないため,「絶対的な無駄：その2」を相対的な無駄に含め,絶対的な無駄と相対的な無駄の2区分で考えることとする。図表1-7では,井堀（2008）の整理と対比させつつ,絶対的な無駄と相対的な無駄との関係を示すとともに,少し議論を先取りすることとなるが,それぞれに対応する無駄削減の考え方を記載している。

図表1-7 絶対的な無駄と相対的な無駄

（井堀,2008）の整理		本報告書における整理	
分類	定義と例	分類	想定されるマネジメント
絶対的な無駄：その1	公共サービスの質を劣化させないで削減できる歳出（費用が10だが,5でもできる）	絶対的な無駄	・事務量マネジメント　等
絶対的な無駄：その2	歳出それ自体の便益が▲（便益自体が▲10）	相対的な無駄	・事務量マネジメント ・費用対効果の考え方（B/C分析等） なお,発生確率考慮で左記「結果としての無駄」もカバー 　　　　　　　　　　　等
相対的な無駄	便益が費用よりも小さい歳出（便益10で費用20）		
結果としての無駄	事前に必要な歳出が事後的に不必要になるもの。ただし,非常時の便益の過大見積は,相対的な無駄に（確率0.9で不必要になる歳出10,確率0.1で必要になる便益200）		

出所：井堀（2008）,p.37より筆者修正。

(2) 絶対的な無駄の削減

　まず，公共サービスの質を劣化させずに削減できる歳出である絶対的な無駄について，その削減をどう考えるかを述べる。絶対的な無駄でよく例にあがるのが，国家公務員・地方公務員の人件費である。確かに，民間企業との比較もしやすく，なによりわかりやすい。公共部門全体をみれば，行政だけではないので，金額も非常に大きい。公務員給与等が世間の耳目を集めることは理解できる。

　以上のような観点から，アルバイト職員の活用，すなわち，事務を正規職員からアルバイト職員に移す等の取り組みが行われている。これは時間当たり給与でみれば，単価の切り下げといい得るものである。

　しかし，事務の無駄を残したまま，正規職員からアルバイト職員にその事務を移したところで，無駄が無駄のまま残ることに変わりはない。無駄を行うための単価が切り下げられただけである。事務を現場に立ち入って詳細に観察しなければ解決にはいたらない。

　事務量に伴い人件費は費消される。無駄な事務に使われる事務量は，無駄に費消された人件費である。したがって，絶対的な無駄の削減を人件費で考えていく場合，無駄な事務や無駄な事務量の削減がいわゆる本丸となる。ここに，事務量マネジメントの意味がでてこよう。

　事務量マネジメントでは，さまざまな行政事務が事務量という単一の数値に変換される。みただけで，多すぎる，少なすぎるという判断もある程度は可能であるが，数値をもとに無駄とは何か，あるべき業務フローとは何かを考えようとすることで，さまざまな改善のヒントが見いだせることが多い。

　また，事務量マネジメントでは，標準の概念が重要であり，その改定をめぐって事務改善活動も行われることは先に述べた。事務改善活動は，標準の改定を伴う。この標準の改定により，無駄が徐々にではあるが着実に削減されていく。これが無駄削減の本流である。

　絶対的な無駄に関連して，施設の配置や使いやすさも指摘しておく必要がある。施設配置などから無駄な動きが求められる場合，事務量も無駄に費消

されていることとなる。一般に，施設は相当の期間にわたり供用されるのに対して，事務の流れは年々歳々見直される。このため，施設設計においても，どのような事務の流れになろうとも，無駄な動きを生みださない設計が求められることとなる。

(3) 相対的な無駄の削減

　次に，相対的な無駄である。これは，得られるであろう効果（便益）から，かかるであろう費用を控除して，マイナスとなる場合に生じることとなる。井堀（2008）の指摘する「絶対的な無駄：その2」と「相対的な無駄」に該当する。また，発生確率の考え方を考慮に入れれば，大災害用の備えなどの「結果としての無駄」も，（効果×発生確率−費用）で考えることができよう。いずれにせよ，ここには，費用対効果にもとづくB／C分析のような計数的マネジメントが適用できることとなる。

　加えて，事務量マネジメントにおいても，たとえ同じ事務量をかけるにしても，より効果のある事務運営としていくことは，概念的にいえば，効果から費用を控除した結果の値がマイナスからプラスに，あるいは，プラスがより大きなプラスになる場合を意味する。これなども相対的な無駄の削減といえるであろう。効果がないとはいえない事務量を，より効果が期待できる事務量に替えていくこととなるからである。したがって，事務量マネジメントのうち効果性の向上につながる組織戦略について，これをよりよいものにしていくことは，同じ事務量でより効果を発揮させることを通じて，相対的な無駄を削減していくことを意味することとなろう。

(4) 無駄の削減とコストの削減との関係

　無駄の削減とコストの削減は同じ（無駄の削減＝コストの削減）ではない。無駄を削減しても，より効果の高い事務が行われるだけで，人件費等のコストが変わるわけではないからである。その一方で，国・地方の財政事情を考えれば，コストの削減につながる取り組みが求められることは必定である。

しかし，コストの削減，とりわけ人件費の削減ありきでは，いわゆる首切りを連想させ，職員の協力が得られにくい。そこで，無駄の削減からコストの削減にどのようにつなげるのか，現実的な方策が求められることとなる。後述する論点を先取りする部分も出てくるが，ここで，この方策を描いてみることとしたい。

　事務量マネジメントにおいて，あとで述べる組織の価値観等を強調し，これをエネルギーとして，無駄を削減し，同じ事務量で，より効果のある事務運営を行っていくことは可能である。その過程で，こなすべき事務が異なる場合には，まずは同じ組織内で事務量を融通しあうことが求められる。そして，その次の段階としては，組織内での配置転換が求められることとなる。ちなみに，地方公共団体においては，担うべき事務の範囲が広いので，このような配置転換は容易であろう。

　その上で，Ⅵ 1.(1)に述べるように，予算や定員において，全組織一律に，原則としては厳しいマイナス・シーリングを設け，その一方で，事務量マネジメントをしっかりと行っている組織には，インセンティブとしての例外的な優遇措置を講じることが考えられる。そのような中で，組織間の配置転換も考えていくこともできよう。いずれにせよ，厳しいシーリングにより，全体的なコスト削減を行うのである。

　個別組織における事務量マネジメントに加え，このような厳しいシーリングとインセンティブとしての例外措置により，このような事務量マネジメント（計数的マネジメント）が一般化するとともに，無駄の削減をコストの削減につなげていくことが可能となるものと考える。なにもせず，政治へのアピールだけが得意な組織が得をする構図だけは作らないことが重要である。

Ⅲ　組織の方向づけに向けて

　ここでは，まず，事務量マネジメントを推進するエネルギーとなる組織の価値観について述べる。そして，これを基礎に，組織内の合意形成と組織の

方向づけが可能となることに言及する。最後に，職員への働きかけとして，トップ・ダウン，ボトム・アップ，ミドル・アップダウンのそれぞれの重要性について述べる。

1．組織の価値観

　企業組織であれ，行政組織であれ，組織の価値観は重要である。とりわけ行政組織の場合には，何を行うべき組織なのか，法令で定められていることから，組織の価値観としての出発点は明確になっていることが多い。

⑴　事務量マネジメントの基礎となる組織の価値観

　事務量マネジメントでは職員の方向づけが重要な役割を果たすが，それに際しては，組織の価値観がきわめて重要となる。逆にいえば，組織の価値観に立脚したものであれば，職員の方向づけや，組織内の合意形成も大きな抵抗感なく進めることができる。

　加えて，事務量マネジメントにおいては，たとえば，組織内部での事務など，一部の事務を合理化しつつ（当該事務にかかる事務量を削減しつつ），その一方で，当該組織にとっていわゆる付加価値が高いと思われる一部の事務にかかる事務量を拡充することが必要となる。この場合，どの事務を削減し，そして，どの事務を拡充するかについては，それぞれの行政組織における価値観から導き出されることとなる。

　わかりやすい例として，小学校の教員を考えてみる。教員として奉職した以上，児童に時間を使うことをいやがる教員はほぼ皆無であろう。その一方で，さまざまな関係先への報告書の作成等の事務作業には大きなストレスを感じるものと思われる。このような場合，事務作業を合理化・削減し，その分の時間を児童にまわす（しかも，その過程で，ワーク・ライフ・バランスも期待できる）ことは，小学校の教員にとって，この上ない喜びとなろう。このように，児童を大切に思う価値観は，小学校の教員として，受け入れやすいもののはずである。このような組織の価値観は，事務量マネジメントに

とってまたとない推進のエネルギーとなると考える。他方，報告書の作成などの事務作業に時間を費やすだけで仕事をしているという意識をもった組織は問題があろう。このような場合は，組織の価値観を変えなければ，事務量マネジメントは有効に機能しないおそれがある。

(2) 行政組織と価値観

いうまでもなく，行政組織は法令に則り運営されている。何を行うべきかは法令で定められており，その趣旨を考えれば，どのような価値観にもとづいているのかは比較的明らかである。価値観は，組織ごとに定められている使命からも導きだしやすいであろう。企業組織の場合，このような価値観は人為的に定めねばならないことが多い。これに比べれば，行政組織の場合には判断に迷うことは少ないものと考えられる。

その一方で，行政組織の場合には，組織の価値観の徹底を阻害する要因もある。近年目立つものが，行政は非効率だという国民の意識を反映し，あるいは，このような国民の意識をマスコミが増幅し，その結果，そのような意識が行政に返ってくることも多い。繰り返し報道されれば，それを信じてしまうのもやむを得ない。このため，行政においても，われわれは非効率でも仕方がない，非効率でも当然だという自己イメージができやすい。このような自己イメージは，自らの事務を考えるにあたっても，非効率でもあきらめるしかないという思考停止をもたらす。弊害といってもよいであろう。したがって，事務量マネジメントを行うにあたっても，このような自己イメージは阻害要因となり得る。

2．合意形成と組織の方向づけ

ここでは，組織内の合意形成と組織の方向づけについて述べる。合意形成は大きな方向性をめぐるものであるのに対して，組織の方向づけは具体的な方向に向けて職員どうしがいかに力を合わせるかということである。

(1) 組織内の合意形成

　まず，組織内の合意形成についてである。一般に行政職員は専門職としての意識が高いとされるため，組織の価値観が強調されれば，組織の大きな方向性についての合意は形成しやすい。先の小学校の教員の例で示せば，児童を大切に思う価値観を基礎に，大きな方向性として，事務作業の無駄を削減し，その時間を児童に使う時間にまわしていこうという合意形成には大きな困難を伴わないと考えられる。

　組織の価値観は法令などから導かれる。これに対して，組織内の合意形成は，価値観から生まれる大きな方向性について，職員がこれを支持することにより達成されるものと考える。

(2) 組織の方向づけ

　法令から導かれる組織の価値観を基礎に，職員の支持を得てなされる大きな方向性をめぐる組織内の合意形成がある。その上で，組織構成員である職員が，いかに力を合わせて，同じ具体的な方向で努力するかということ（以下，方向づけという）が課題となる。事務量マネジメントは，具体的な方向性を指標間の目的・手段関係や因果関係仮説などで示すものである。したがって，事務量マネジメントにより，職員が，同じ目的・手段関係や因果関係仮説で示される具体的な方向に沿って，力を合わせ努力することができることとなる。仮に，このような事務量マネジメントがなければ，組織が今後進むべき方向について，それぞれの職員の理解が違うこととなる。しかも，個々の職員の事務との関係性が希薄となることにより，日々の担当事務と組織の具体的な方向との関係が分断されることとなってしまう。このため，事務量マネジメントがない中での組織の方向づけは非常に困難なものとなろう。

3．ミドル・アップダウンの重要性

　組織の価値観を基礎に，職員の支持を伴う合意形成がなされ，組織が具体的な方向に向けて方向づけされる過程では，職員への働きかけが必要となる。

そこでは、まず、動き始めるための駆動力として、組織のトップ・マネジメントからのトップ・ダウンが重要である。そして、事務改善活動などの観点からボトム・アップの取り組みが重要となる。その上で、効果性向上の観点からの取り組みにあたり、ミドル層からのミドル・アップダウン（Nonaka・Takeuchi 1995; 梅本訳 pp.188-194）が求められることとなる。

(1) 駆動力となるトップ・ダウン

行政組織の場合、誰がトップなのかが一見するよりも悩ましい問題である。制度上は政治的に選出されたトップが存在する。権能が大統領型で規定されている知事等をいただく地方公共団体の場合は、任期が長いこともあり、知事等のリーダーシップを期待することはできる。しかし、国の各省においては、政治的に任用されたトップの任期も一般には地方公共団体ほどには長くなく、また、事務方のトップも政治との調整を本業とする場合が多い。国の場合でも地方支分部局などではそのリーダーシップは比較的明確であるが、その任期は一般に短い。このような問題はあるが、ここでは総称的にトップ・マネジメントという表現を使うこととする。

事務量マネジメントを行うにあたり、最初の駆動力になるのは、トップ・マネジメントのリーダーシップであり、そこから発せられるトップ・ダウンのメッセージである。下位レベルからボトム・アップで上げた場合、組織内の合意形成などが求められる事務量マネジメントにおいては、なにはともあれ反対という意見も考えられ、合意形成にいたるまでに混乱がみられるであろうことは必定だからである。組織のマネジメントの経験を有する者であれば、この点には違和感はないものと考えられる。

(2) 重要なボトム・アップ

事務量マネジメントは、現場の職員の参画が求められる事務改善活動を伴う。QCサークル活動のような事務改善活動による効率化がなければ、効果性向上のための組織戦略を実行に移すためのいわば財源すら確保できないこ

ととなる。したがって，現場の職員による自発的な参画を通じたボトム・アップは，事務量マネジメントの必須の条件となる。

　この点に関連して，昨今のワーク・ライフ・バランスの要請は，現場の職員のニーズが非常に高いところである。誰もが育児や介護などを抱える可能性がある中で，ワーク・ライフ・バランスへの関心は非常に高い。それを実現するための手段としての効率性の向上は，現場の職員にも浸透しやすい。ワーク・ライフ・バランスの要請は，ボトム・アップの重要な推進力となるのである。

(3) **最重要なミドル・アップダウン**

　最も重要なのはミドル・アップダウンである。事務改善活動等による効率性の向上に伴い生まれたいわば財源を，組織戦略に合致するようにいかに組み立て直すかを考えるにあたり，日々の実務から組織戦略の弱点などを感じとっているミドルの役割は大きい。効果性向上のための新たな方策を上にあげ説得する（アップ）とともに，下にその実行を徹底させる（ダウン）ことができるのもミドルである。

　昨今の状況を踏まえると，トップ・ダウンで始まり，ワーク・ライフ・バランスの要請からボトムに火がつく（ボトム・アップ）。そして，その動きをみていたミドルが新たなアイデアを提案・実行していく（ミドル・アップダウン）。このようなイメージがあてはまる場面は多いと考えられる[19]。

　事務量マネジメントの導入プロセス

　以下では，事務量マネジメントを導入する場合の手順について述べる。そして，留意点とともに，よくみられる失敗例について言及する[20]。

---

19) あくまでも 1 例である。Simons（1995）のインタラクティブ・コントロールで整理することも可能であろう。
20) 関連として，大西（2010b）がある。

1．望ましい導入プロセス

　事務量マネジメントの導入プロセスは，まずは，事務区分表の作成から始まる。そこから時間記録にもとづく事務量の把握，そのPDCA，さらには事務改善活動や組織戦略への展開が望まれる。そこでは，いくつかの留意点が指摘できる。

(1) 基本的なパターン

　事務量マネジメントの導入は，まずは，事務区分表の作成から始まる。現場の職員であれば，自らが担当する事務にどのようなものがあるのか，大体のグルーピングはできるはずである。事務区分表を作成するにあたり，このような感覚が基礎になるものと考える。事務区分は時間記録のもととなるものであることから，現場の職員に馴染みやすい区分である必要があろう。

　行政組織により事務区分表は異なるが，職員個々人が時間記録を行うことを考えれば，職員ごとに大きく数個，そのそれぞれに数個の，計30～40程度の区分から始めることが適当である。それ以上に数が多いと煩瑣に感じられ，時間記録を期待し得なくなるからである。もちろん，職員が慣れてくれば，その数を増やすことは十分に考えられよう。

　事務区分表の作成ののちには，時間記録が必要となる。行政組織においては，さまざまな事務を行うのが通常であるので，職員個々人が日々，記録を行うことが望ましい。その場合，分単位などでは煩瑣に過ぎるので，1時間単位や細かくても30分単位などが適当である。時期による変動のない定型的な業務であれば，随時の記録で十分な場合もあろう。

　事務区分表と時間記録により，事務量が把握され，可視化される。これにより，たとえば特定の事務区分の事務量が多すぎるとか，少なすぎるといった判断が可能となり，PDCAサイクルで見直していくことが可能となる。

　次に，現場の職員を巻き込んだ事務改善活動である。これは，作業の標準をめぐって行われる。事務改善提案を通じた標準の改定により手戻りを防止

しつつ進められる。事務改善活動を通じた効率化等により，組織内に余裕をつくり，行政の新たな展開に向けたいわば資源としていくことができよう。

そして，組織戦略に従って事務を組み立て直すことが求められる。どのような組織戦略のもとで，どのように事務量を使っていくのか。目的・手段関係や因果関係仮説を考えつつ，指標を選びだし，事務量と関連づけることが必要となる。

(2) いくつかの留意点

以上が事務量マネジメントの望ましい導入プロセスであるが，いくつかの留意点もあげられる。まず，事務量マネジメントの基本形は以上のとおりであるが，細部においてはいろいろな形があり得る，多様なものであり得るということである。なぜなら，事務改善活動といったボトム・アップの動きであれ，組織戦略づくりのミドル・アップ&ダウンの動きであれ，そこには，さまざまな関係者がさまざまなアイデアを出してくる。そのアイデアの範囲を，あらかじめ区切ってしまうことは適切ではないと考えられるからである。

次に，事務量マネジメントでは，事務区分，時間記録，事務量，そしてミクロの事務改善活動，マクロの組織戦略というように，さまざまな論点が連動する。したがって，全部をいっせいに導入すると，関係者も多いだけに，混乱が生じかねない。したがって，全体像を見定めつつ，ある程度のスピード感のある順次の導入が望ましいと考える。

さらに，行政組織，とりわけ国の行政組織は，先述したように，トップ・マネジメントの任期が短いことが多い。事務量マネジメントを導入しようとする場合，この短い任期中に，主要なプロセスを終えることができるかが重要である[21]。この主要なプロセスとは，事務区分の作成，時間記録，事務量の把握はある程度完成させ，その上で，標準を中心とした事務改善活動が開始され，組織戦略と事務量との関係が考えられ始めた段階までが想定される。

---

21) 任期は短くとも，人事権を有する場合には，トップ・マネジメントのリーダーシップはそれなりに強力である。

この段階にいたれば,全体像がみえてくるので,その後はある程度,自律的に動き出すように思われる。いずれにせよ,短い任期中に,全体像がみえてくるような主要なプロセスまで進めるかどうかがポイントとなろう。

そして,組織内外からの支持の獲得である。事務改善活動などがある以上,組織内の職員の支持の獲得が重要であることはいうまでもない。加えて,組織外からの支持も非常に重要である。組織外からの支持は,とりわけ地域住民との一体感の強い地方公共団体などではきわめて重要な論点となると考える。なぜなら,地域住民の理解は,職員の心に火をつけるからである。そして,組織外からの支持を獲得する過程では,事務量マネジメントの取り組みを公表することも求められることとなる。この公表は,取り組みそのものの手戻りを防止する効果[22]を有する点も留意すべきである。

2．よくみられる失敗のパターン

ここでは,よくみられる失敗例をあげる。正確性の過度な追求の結果,負荷がかかりすぎた例や,事務改善活動から始めて飽きがきてしまった例,そして,単なる作文づくりに終始してしまった例をあげる。

(1) 正確性の過度な追求

事務量マネジメントは,正確性の点で,事務区分の総数や時間記録の粗さが全体の制約要因となる。細部にいたる正確性を追求するような分析はそもそも必要不可欠なものではない。常に,有効桁数の問題がつきまとうからである。

そうであるにもかかわらず,事務量マネジメントにおいては,ミクロの正確性にこだわる方向で自然とドライブがかかる傾向は,どのような組織であれ,どうしても否めない。担当者は自然とそのような方向に引きずられてしまうのである。しかし,このような傾向に身を委ねてしまうと,膨大な数の

---

[22] 組織内部で深く潜航した取り組みは,反対派に,さまざまな困難を理由にした取りやめの方向で動く格好の材料を提供する。

事務区分からの記録を求めたり，分単位での時間記録を求めたりしかねない。また，会計数値の正確性にこだわり，発生主義の数値を用いるために膨大な時間をかけることも考えられる。あるいは，個別サービスの単価をABCの考え方にもとづいて正確に算出しようとして，膨大な配賦計算（しかも2段階にわたる計算である）に拘泥してしまうことも考えられる。すべての取り組みには目的がある。作業は目的から必要な範囲にしぼるのが鉄則である。したがって，このようなことはなんとしても避けるべきである。

(2) 遠い道のりとなるミクロからの導入

　事務量マネジメントを導入していくに際して，現場の事務改善活動から始めた場合，活動が迷走しやすいという問題がある。まず，第1に，事務改善活動において作業の標準が意識されていなければ，単なる声がけ運動のようなものになってしまう。その結果，少し経てば，もとの木阿弥になってしまうという例が多い。第2に，事務改善活動から始めた場合，組織戦略にいたるまでには非常に長い道のりとなる。事務量を可視化して，それを組織戦略とつなげるという作業が必要となる。しかし，そこにいたる道筋には遠いものがあり[23]，なかなか組織戦略とはつながらない。すなわち，効果がはっきりわからない作業（事務改善活動）を営々と続けることとなってしまい，運動の勢い（モーメンタム）を失いやすいという問題がある。

(3) 形式的な作文に終始しかねないマクロから導入

　一方，組織戦略から始めた場合にも，単なる作文づくりに終始してしまいかねないという問題がある。公共部門は，とりわけ形式的な作文に長けている。しかし，効率化を伴わない組織戦略づくりは，それを実現していくために必要となる，新たな余裕，いわば資源を作りこむことができないことを意味する。余裕の作りこみがない，活用できる新たな余裕がない中での新規施

---

[23] これまで述べてきたように，事務区分，時間記録，事務量の山を越える必要があるからである。

策の実施は,現場の負担感をいたずらに高め,そのような組織戦略づくりを無意味なものにしてしまうことが多いであろう[24]。

事務量マネジメントがあてはまる行政分野

ここでは,このような事務量が中心となる国や地方の一般行政分野を概観する。ここでは,暫定的に,行政に属する分野と,行政以外で公共部門に属する分野に分けることとする。そして,本省の一部や首長部局のごく一部等の議会周辺業務については,行政側に管理可能性がないため,このような事務量マネジメントには馴染まないことを述べる。

1.行政各分野の職員数

2015年3月現在,国家公務員の定員は約56万6千人である[25]。その内訳は,国の行政機関が約29万7千人であり,そのほか,自衛官約24万7千人,その他裁判所等の特別機関等が約3万2千人となる。

そして,国の行政機関に所属する約29万7千人のさらなる内訳は,治安約7万6千人,国税約5万6千人,河川・道路・港湾等約2万4千人,防衛(自衛官を除く)約2万1千人,労働約2万1千人,農政約1万1千人,登記等約9千人,国有林野約5千人,その他約7万4千人となる[26]。

また,2014年4月現在の地方公共団体における普通会計の職員数は約238万4千人である[27]。そのうち,一般行政は約90万9千人(一般管理約54万4千人,福祉関係約36万5千人),教育は約103万2千人,警察は約28万4千人,消防は約15万9千人となる。

---

24) 余裕の作りこみがなければ,事務が瞬間的にでも,組織の処理能力を超えてオーバー・フローしてしまう可能性すらあるからである。
25) 内閣人事局「国家公務員の定員(平成22年度〜27年度)」http://www.cas.go.jp/jp/gaiyou/jimu/jinjikyoku/files/000249692.xlsx(2016年3月アクセス)。
26) 内閣人事局「国の行政機関の分野別定員(平成27年度)」http://www.cas.go.jp/jp/gaiyou/jimu/jinjikyoku/files/000249695.pdf(2016年3月アクセス)。
27) 総務省(2015)。

以上のうち，行政各分野のうち，事務量で考えていくことができるのは，自衛官の一部や警察・消防の一部などを除き，ざっくりとみて200万人は越えるレベルであると思われる。もちろん，たとえば，河川・道路・港湾等であれば，人件費以外に施設整備等に多くの費用がかかっており，これらの費用についても別途考えていく必要はある。しかし，そうではありながらも，職員数も多いことから，その稼働こそはマネジメントの重要課題であり続けることとなる。

2．行政以外の公共部門の職員数

　次に，行政以外の公共部門についてである。国の場合には，2015年1月現在，国立大学法人等に約11万5千人が，独立行政法人に約17万1千人が所属する[28]。

　また，2014年4月現在の地方公共団体における公営企業等会計の職員数は約35万9千人である。そのうち，病院に約20万2千人，水道に約4万5千人，下水道に約2万8千人，交通に約2万6千人，その他に約5万9千人となる[29]。

　さらに，本報告書でいう公共部門には，医療機関や介護施設も含めて考えているが，これら施設の常勤換算従事者数は，2014年10月現在で，医療施設で約204万3千人[30]，介護施設で約188万7千人[31]となる。

　したがって，以上をあわせれば，国と地方公共団体における行政以外の公共部門に60万人程度，公共部門のうち民間の医療・介護分野で400万人程度が，事務量という汎用性の高い尺度を基礎として考えられることとなろう。

---

[28] 内閣人事局「省庁再編以降の国の行政組織等の職員数の動向」http://www.cas.go.jp/jp/gaiyou/jimu/jinjikyoku/files/000249693.pdf（2016年3月アクセス）。
[29] 総務省（2015）。
[30] 厚生労働省（2015a）。
[31] 厚生労働省（2015b）。

3．管理可能性のない議会周辺業務

　本省の一部や首長部局のごく一部等の議会周辺業務については，行政組織の側に管理可能性がない。たとえば，国会や地方議会における答弁等の業務には，行政組織の側に選択の余地がない以上，そもそも，当該業務を管理していく裁量の余地がない。事務次官であれ，局長であれ，管理できないことに変わりはない。このような業務は，目立つだけに，過去ここが問題とされることが多かった。もちろん，たとえば答弁作成作業について，部分的に事務改善活動を行うなどのことは可能であるし，現に行われているところでもある。今後とも少しずつであれ，改善がなされることが期待されるところでもある。しかし，このような部分的な対応を除いて考えれば，そもそも管理可能性のない，このような業務は，本来的には事務量マネジメントには馴染まないといえよう。事務量マネジメントとして分析してもどうしようもない，民主主義のコストとして割り切ることも必要である。

　なお，将来的には，議会が，自らの活動に伴い行政組織に生じるコストについて理解が深まることも考えられる。そのような段階においては，議会の理解を得つつ，行政組織において，議会周辺業務についても事務量マネジメントを順次導入していくことは考慮に値しよう。

歳出合理化に向けて

　ここでは，事務量マネジメントを通じて，歳出の合理化にどのようにつながるのかを描くこととしたい。まず，インセンティブに配慮しつつ，厳しいシーリングをかけていくことが必要であることを述べる。そして，官民連携や官々連携による質の向上が可能であることに言及する。最後に，質の高いマネジメントを行うことにより，政治争点化の回避と社会的な合意形成が促進されることを述べる。

1. インセンティブに配慮した予算・定員管理

　まず，厳しいシーリングとインセンティブとしての例外措置が必要であることに言及する。そして，査定当局が事務量マネジメントを評価する方法について述べる。

(1) 厳しいシーリングとインセンティブとしての例外措置

　以上のような事務量マネジメントの導入にはそれなりのエネルギーが必要であり，実施する組織に追加的な負担が生じることは否めない。したがって，このようなマネジメントを行わず，なんにもしない行政組織が得をする構図になってしまうと，「正直者が損をする」あるいは「悪貨は良貨を駆逐する」こととなる。

　このため，努力している組織のインセンティブを優遇していくことが必要である。そこでは，予算管理や定員管理において，原則として一律に厳しいシーリングをかけつつ，ここで示したような努力をしている組織に対しては多少配慮していくことが望まれる。たとえば，一律に各年▲1％としつつ，これを優遇する場合には各年▲0.2％とすることなどが考えられよう。

　このように，インセンティブに配慮した取り扱いとすることにより，一般行政分野においても事務量マネジメントが浸透していくことが期待できる。そして，その結果，一般行政分野においても計数的マネジメントの質の向上が期待できるものと思われる。

(2) 事務量マネジメントの評価方法

　以上のような事務量マネジメントが機能しているかどうかを，査定当局が評価できるかという問題も考えられる。そこで，ここでは，2つの点で査定当局が評価可能であることを述べる。

　査定当局はまず，そもそも合理的なマネジメントとして組み立てられているかという点をみていく必要がある。なにが合理的なマネジメントかどうか

ということは，ある程度の知見をもった者がみれば把握可能である。査定当局に知見がない場合には，管理会計研究者等の専門家の知見を活用することも考えられよう。加えて，事務量マネジメントを的確に実施している行政組織が査定当局の近くにあれば，そこでの知見を活用することも考えるべきである。

また，事務量マネジメントには，組織内の合意形成や方向づけが求められる。実効的なマネジメントであれば，行政組織内で合意形成や方向づけに関してみるべき議論が行われているはずである。査定当局がこの点を評価するのは容易である。行政組織は，さまざまな情報伝達や意思決定を会議を通じて行っているはずであり，このため，行政組織内部の会議においてどのような議論がなされているのかを確認することは可能である。通り一遍の扱いか否かは，きちんとみればわかるであろう。そして，必要があれば，出向者等の派遣といった手だても考えられよう。

2．官民連携・官々連携による質の向上を通じた歳出合理化

事務量マネジメントは，官民連携や官々連携における質を向上させる。したがって，これを通じて，歳出の合理化を促進することができることを述べる。

(1) 官民連携

民間企業へのアウトソーシングを含む官民連携を考えるにあたり，事務量マネジメントは効果的である。なぜなら，行政組織のどのような事務をアウトソーシングするのか，明確だからである。民間企業にやみくもにアウトソーシングすればいいというものでもない[32]し，公権力性の強い業務など，質的に不適当なものもある。

---

[32] 作業の標準をしっかり作りこみ，改善活動をきちんと行い，アルバイト職員を最大限活用すれば，企業側の管理コストなどがない分だけ，アウトソーシングを行うよりも一般的には安価となろう。

行政組織内部で事務量マネジメントを行っている場合には，時間記録にもとづく事務量が把握され，事務区分ごとに作業の標準が定められている状況にある。したがって，企業との官民連携，アウトソーシングを行ったとしても，企業が確保すべき事務のサービス・レベルなどを特定することは容易であろう。そして，将来においては，事務を受託した企業自体のマネジメントについて，行政組織がそれを評価するということも考えられよう。あるいは，行政組織の事務量マネジメントと受託企業の事務量マネジメントを連接させ，全体としてマネジメントしていくことも考えられよう。

(2) 官々連携

　たとえば，国と地方公共団体とでは似たような事務を行っている場合も多い。これまでも必要に応じ官々連携は行われてきた。しかし，そのような場合であっても，ともに事務量マネジメントを行っていれば，双方の事務が可視化されることとなり，その官々連携もより効果的なものとすることができる。なぜなら，双方で得意とするところを持ち寄り，補い合うことにより，事務の重複を避けつつ，効率的に業務を遂行することができることとなるからである。

3．政治争点化の回避と社会的な合意形成

　定員削減のような歳出合理化が議論になると，職員数削減はすなわち質が低下するという理解のもと，政治的な争点となりやすい。しかし，ここでみてきたように，事務量マネジメントが適切に機能すれば，職員数が削減される中でも質の低下は避けられる可能性が高い[33]。したがって，なにより，マネジメントへの関心を高めることが望まれる。行政組織が高品質のマネジメントを行うことができれば，わが国財政の持続可能性に関する社会的な合意の形成も容易になると期待されることを述べる。

---

[33] 事務量マネジメントのような計数的マネジメントの導入効果を考えれば，もう少し強く表現してもよいと思われる。

(1) 思考停止が招く政治争点化

　職員数の削減のような歳出の削減は，すなわち質の低下を招くという議論がよくなされる。これを自明のこととする思考，換言すれば，アプリオリな思考は，政治的な争点をより先鋭化してしまう。わが国の経済社会状況を踏まえると，利益の配分が困難となる中で，いわゆる負担の配分が争点となることが多い。したがって，負担の配分を決めるだけに，ここで述べたようなアプリオリな思考では解決が困難なものとなってしまうことになる。

(2) マネジメントへの関心喚起の必要性

　マネジメントのよろしきを得れば，職員数が削減されても，行政の質の向上を実現できる可能性もある。したがって，いわゆる負担の配分を考えざるを得ない現下の状況であるからこそ，マネジメントへの関心を喚起する必要があると考える。

　この点に関しては，マネジメントの重要性についての関心の薄いマスコミの責任もあろう。職員数の削減が質の低下につながるというアプリオリな思考にもとづいて報道することは，社会的にそのような認識を強める効果を有し，解決をより困難にするだけである。

　マネジメントに関する議論においては，確かに，民間企業のノウハウにみるべきものは多い。しかし，それを要素分解すれば，主なものは以上のとおりである。事務量マネジメントといった形で，行政組織でも相当程度のマネジメントが可能であると考える。

　そしてなにより，マネジメントに社会的な関心が向けば，必要以上の政治争点化も緩和されよう。なぜなら，それぞれの行政組織で現状のマネジメントに問題があり，それをどのように改善するかに関心が移るからである。

　なお，このようなマネジメントの改善は，職員のワーク・ライフ・バランスに資することには留意が必要である。事務量マネジメントの導入は，そこで働く職員にとってもメリットが享受できるものである。この点は最大限強調されてよいであろう。

(3) 高品質なマネジメントの上に成り立つ社会的な合意形成

　仮に，ほとんどの行政組織において，高品質なマネジメントが行われるような状況となった場合，行政組織はそれなりの信頼を確保できることとなる。これは第1章の事務量マネジメントについてのみならず，後述するように，第4章で示すような計数的マネジメントにおいても同様である。

　そして，行政組織への信頼が確保されれば，行政へのバッシングのような形で議論がそれることが少なくなるだけに，わが国財政の持続可能性に関する社会的な合意の形成は，より容易なものとなることが期待されるのである。

参考文献

井堀利宏（2008）『「歳出の無駄」の研究』日本経済新聞出版社。
石渡淳一（1984）『新現場QC読本9　現場のIE（Ⅰ）―工程分析』日科技連。
大西淳也（2010a）『公的組織の管理会計』同文舘出版。
大西淳也（2010b）「公的組織における管理会計手法等の導入にかかる論点の整理」『PRI Discussion Paper』No.10A-11。
大西淳也・福元渉（2016）「KPIについての論点の整理」『PRI Discussion Paper』No.16A-04。
厚生労働省（2015a）「平成26年（2014）医療施設（静態・動態）調査」。
厚生労働省（2015b）「平成26年介護サービス施設・事業所調査」。
櫻井通晴（2015）『管理会計（第6版）』同文舘出版。
総務省（2015）「平成26年地方公共団体定員管理調査結果」。
田中啓（2014）『自治体評価の戦略』東洋経済新報社。
田辺智子（2002）「政策評価の方法―アメリカの評価理論と実践をもとに―」『季刊行政管理研究』No.97, pp.37-54。
長谷川惠一（2002）「バランスト・スコアカードと予算管理」『會計』161(5), pp.68-82。
廣本敏郎（2004）「市場・技術・組織と管理会計」『一橋論叢』132(5), pp.583-606。
藤本隆宏（2001）『生産マネジメント入門Ⅰ（生産システム編）』日本経済新聞出版社。
三菱UFJリサーチ＆コンサルティング（2006）『欧米先進国における有効性検査の手法と事例に関する調査研究　平成17年度会計検査院受託業務報告書』。
頼誠（1994）「〈研究ノート〉リエンジニアリングと管理会計：ハマー＆チャンピー（1994），加登（1993）をめぐって」『彦根論叢』（滋賀大学経済学会）No.289, pp.127-147。
Hansen, A. and J. Mouristen (2005) Ch.7 Strategies and Organizational Problems: Constructing Corporate Value and Coherence in Balanced Scorecard Processes, in Chapman, C. S., ed., *Controlling Strategy –Management, Accounting and Performance Measurement*, Oxford University Press. 澤邉紀生・堀井悟志監訳（2008）『戦略をコン

トロールする―管理会計の可能性』中央経済社。
Hatry, P.H.（1999）Performance Measurement: Getting Results, Urban Institute Press. 上野宏・上野真城子訳（2004）『政策評価入門―結果重視の業績測定』東洋経済新報社。
Johnson, H.T.（1992）It's Time to Stop Overselling Activity-Based Concepts, *Management Accounting*. 74(3), pp.26-35.
Johnson,H.T and A. Broms（2000）*Profit Beyond Measure*, Free Press.（河田信訳（2002）『トヨタはなぜ強いのか―自然生命システム経営の真髄―』日本経済新聞社。
McLaughlin and Jordan（2004）Using Logic Models, in Wholey, Hatry & Newcomer, *Handbook of Practical Program Evaluation*.
Nonaka, I. and H. Takeuchi（1995）The Knowledge-Creating Company: How Japanese Companies Create the Dynamics of Innovation, Oxford University Press, Inc. 梅本勝博訳（1996）『知識創造企業』東洋経済新報社。
Simons, R.（1995）*Levers of Control*, Boston, MA: Harvard Business School Press. 中村元一ほか訳（1998）『ハーバード流「21世紀経営」4つのコントロール・レバー』産能大学出版部。
Turney, P.B.B.（1991）*Common Cents: The ABC Performance Breakthrough*, Cost Technology.

第2章

国の地方支分部局Ａの事例研究

国のある行政組織におけるこれまでの取り組みの状況

　第2章では,事務量マネジメントに相当する取り組みを行った例として,国の地方支分部局Aについての事例研究を記述する。この地方支分部局Aが属する国の行政組織Bにおいては,これまでも,事務改善活動,事務量の把握・分析,特定の事務にかかる事務量確保等の取り組みが行われてきた。しかし,そこには,それぞれがバラバラに考えられてきたという問題も存在した。そこで,まずは,国の行政組織Bについての状況を述べる。

1．国の行政組織Bについて

　ここでは,国の行政組織Bについて,若干の説明を加える。その後,これまでの取り組みの全体像について,概略を述べる。

⑴　国の行政組織Bについての若干の説明

　国の行政組織Bは,全国で数万人の職員が所属する大きな組織である。それが,数県単位で構成されるいくつかの地方支分部局に分かれ,そのもとに各々数十の事務所が存在する。事務所を全国でみれば,数百という数になる。そして,その予算は,全体の8割が職員の人件費となっており,残りがシステム関係費などの物件費となっている[1]。

　そこでの行政事務はいくつかの事務系統に区分されることから,職員も原則として,いくつかの事務系統に分かれて所属している。事務系統間において,一定期間にかぎった交流や片道での異動も行われている。

　そして,この事務系統とは別に,事務の性質による区分もある。そこでは,大きく2つの事務に分けられる。まず,事務所外で行われることが多く,かつ,公権力の行使という側面が非常に強い特定の事務(以下,特定事務という)である。次に,それ以外のその他の事務となる。このその他の事務の中

---

[1] ほかの行政機関と同様,アルバイト職員の賃金は物件費に含められている。

にも，公権力の行使を伴う事務が数多く含まれている。なお，これらは事務の違いであり，上下の関係にあるわけではない。

　この行政事務の対象となる関係者は非常に数が多く，国民の中に占めるその比率も相当に高いものとなっている。そして，これら関係者に一定のルールに従ってもらう必要があることから，ルールの周知・徹底とともに，特定事務の的確な実施が重視されている。また，関係者がきわめて多数にのぼることから，その他の事務においても適正な事務処理が強く期待されている。このため，その他の事務にも重要な位置づけが与えられている。

(2)　**これまでの取り組みの全体像**

　国の行政組織Bにおける事務運営で特徴的な点は，職員の稼働状況について，事務量という形で把握していることにある。そこでは，事務系統ごとそれぞれに，そこでの事務を大中小の分類からなる100以上の事務区分に分け，1時間といった単位で各自が時間記録を行っており，それが集計されることにより，事務量という形で把握されている。

　また，職員からの改善提案を受け付ける事務改善提案制度も設けられている。そこでは，大きな改善から細かい改善まで，範囲を限定することなく，さまざまな提案が受け付けられている。

　そして，関係者へのルールの徹底の観点から，特定事務の強化はこれまでも強調されてきている。そこでは，特定事務の事務量確保およびその事務のやり方・組み立てについては，従来より課題であり続けてきた。

　以上が，これまでの取り組みの全体像であるが，ここでの問題は，これらの取り組みがそれぞれバラバラなものと捉えられてきたことにある。いうなれば，事務量は事務量としてたんたんと把握され，事務改善提案制度は改善提案がたんたんと受け付けられる一方，特定事務の強化はそれなりに関心をもたれつつも，それだけで議論される傾向にあった。以下，順に述べる。

2．事務改善提案制度

　事務改善提案制度においては，事務の適正化を第1の目的に，事務の効率化を第2の目的として，特段の限定を設けずに，職員からの改善提案を受け付けている。この提案制度は数十年という非常に長い歴史を有している。

　個々の職員の自発性に立脚するものであり，かつ，歴史の長さは逆に慣れを生みやすいものだけに，この事務改善提案制度には形骸化しやすいという問題もある。本来であれば，職員による自発的な改善提案に向け，マネジメント層がそれを掘り起こしていくことが望まれる。しかし，現状では，残念ながら，自然体に委ねているところが多いように見受けられる。

3．事務量の把握・分析

　上述のとおり，国の行政組織Bにおいては，各事務系統ともに，大中小の分類による100以上の事務区分について，1時間等の単位で時間記録を行い，事務量を把握・分析している（以下では，事務量分析という）。昔に比べると，残業の観点もあり，この事務量分析の精度は向上してきている。

　この事務量分析には，職員の行動を管理するというイメージが，どうしても付随する。このため，事務量分析のそもそもの目的が明確でない中で，この分析のやみくもな強調は，誰しもが躊躇するところである。

　その一方で，事務量を適正にうまくコントロールすることができれば，抽象的な言い方ではあるが，全体の業績を向上させることができることとなる。業績がほぼできあがってきた時点で無理やりにコントロールしようとするのではなく，そのはるか以前の段階で事務量の配分等をコントロールすることにより，自然と望ましい業績が出てくるようにできるからである[2]。しかし，現在のところ，事務量をそのような観点からみる意識は，残念ながら，ほとんど見受けられない。

　事務量分析は，マネジメントという点で非常に可能性のあるツールである。

---

[2] 抽象的な表現ではあるが，川下ほど摩擦が大きく，川上ほど摩擦は小さい。

しかし，現状では上記のように認識されており，ツールとしての可能性を十分に発揮できていない状況にある。

4．特定事務にかかる事務量の確保

　特定事務については，関係者へのルールの徹底の観点から，これまでも重視されてきている。そこでは，まずは量がなければなんともならないことから，投下事務量そのものの確保が重視されてきた。また，同時に，質の向上も図らねばならないことから，特定事務の仕事のやり方・組み立てといった点も重視されてきた。これらは，これまでも繰り返し侃々諤々の議論が行われてきたところである。

　しかし，特定事務は，国の行政組織Bにとってきわめて重要な事務であるにもかかわらず，組織全体の事務運営の中では，それのみが単独で考えられてきたように思われる。特定事務がきわめて重要な事務であれば，その事務量を捻出するために，その他の事務においてどのような工夫を行うか，あるいは，特定事務における貴重な事務量の効果を最大化させるために，ほかにどのような施策を講じておくかなど，幅広い視点からのいろいろな創意工夫もまた必要となるはずである。これは換言すれば，特定事務を組織全体の組織戦略の中にどう位置づけるかということであるが，そもそも，組織戦略という用語自体が，これまでのところ，行政に馴染みのない用語であったこともあり，このような視点は弱かったように思われる。

5．若干の考察

　以下では，国の行政組織Bについて，若干の考察を行う。そこでは，増加しつつあるその他の事務により，組織そのものが押し潰されそうになっている中で，総事務量を減少させる効果を有するワーク・ライフ・バランスの要請が徐々に強まってきていることを述べる。そして，これまで述べてきた取り組みが，それぞれバラバラに取り組まれてきていることについて，若干の解説を加える。

(1) 増加するその他の事務

　行政組織は通常，データや紙を用いて膨大な事務処理を行う。このため，大きな行政組織ほど，適正な事務処理は大きな課題となる。これは，国の行政組織Bであっても変わらない。

　あってはならないことだが，このような事務処理にはミスの可能性が伴うことは否めない。その一方で，このようなミスに対する世間の反応は，非常に厳しい。昔に比べ，年々厳しくなってきているようにも思われる。したがって，ITあるいはそれ以外のシステムを構築しつつ，ミスが生じないよう何重にもわたって考えておく必要がある。換言すれば，ミスの発生をゼロとするよう努力する必要があるのである。

　国の行政組織Bにおいても，ミス・ゼロに向けた取り組みは行われている。しかし，これは，その裏側で，事務量でみれば，その他の事務を中心に事務量を大きく増やす効果を有する。ミス・ゼロを目指せば目指すほど，チェックした上でチェックする，チェックしたことをチェックするなどの，三重にも四重にもわたるチェックが求められることとなり，その結果，その他の事務の事務量が増える結果となるからである。

(2) ワーク・ライフ・バランスの要請

　昨今，ワーク・ライフ・バランスの要請が強まってきている。働き方を見直し，残業ゼロを含む残業の削減推進や，有給休暇の取得促進などが求められている。事務量の観点からこれらをみると，総事務量を大きく削減させる方向で働くこととなる。その結果，国の行政組織Bにおいても，総事務量が削減される中で，なんとか業績を向上させるべく模索しなければならないこととなる。

　加えて，育児や介護を抱える職員にとっては，急に休暇を取得しなければならないことも多い。性別を問わず，年齢を問わず，これは必要となる。したがって，いずれの行政組織においても，急な休暇取得に対応できるような事務運営の構築が求められることとなる。総事務量が減る中で，急な休暇取

得，すなわち，事務量の突然の変更にも対応できるような事務運営が求められているのである。

(3) バラバラな取り組みに伴う問題

事務改善提案制度，事務量分析，特定事務の事務量確保といった取り組みは，上述のとおり，バラバラに取り組まれている。現状では，相互の関連はそれほどには考えられていない。

しかし，状況は厳しい。その他の事務を中心に事務は増え続ける，その一方で，総事務量は減少させねばならない，加えて，事務量の突然の変更にも対応していかなければならない。これらは，1つひとつが前提条件を変えるような大きな問題である。したがって，国の行政組織Bにおける上記の取り組みも，1つひとつで対応できるようなものではなく，本来は，すべてを連動させ，関連づけて考えていくことが必要となると思われる。

Ⅱ （X）年度におけるAの取り組み

地方支分部局Aでは，増加するその他の事務に対応するとともに，職員ニーズの高いワーク・ライフ・バランスの要請にもこたえる観点から，新たな取り組みを行った。そこでは，Ⅰ.の各々の取り組みをつなげて考えるとともに，あわせて，組織の価値観を強調することにより職員への浸透を図った。そして，その際には，職員のニーズが大きいワーク・ライフ・バランスとも関連づけ，組織内の合意形成（方向づけ）の徹底を図った。その結果，その他の事務の効率化，残業等の減少，特定事務の事務量増加について目途を立てることができたとのことである。以下ではこれらについて述べる。

1．地方支分部局Aについて

まず，地方支分部局Aについて若干の説明を加える。そして，職員のニーズについて若干言及する。

(1) 地方支分部局Aについての若干の説明

　地方支分部局Aは，国の行政組織Bに所属する，いくつかある地方支分部局の1つである。職員数は，国の行政組織Bの数万人に対して数千人で，全国の数パーセントを占める。数十の事務所をもって，数県を所管している。比較的広い地域に，小規模の事務所がパラパラと点在している。

(2) 職員のニーズ

　職員のニーズでまずあげられるのが，ワーク・ライフ・バランスへの切実なニーズである。育児はいうに及ばず，介護にも相当のニーズがある。共働きが一般化しつつある中では，女性のみならず，男性にも相当のニーズがあるようである。これまで手をあげにくかったことが，十分想像できたとのことである。加えて，マネジメント側の要請もある。女性の活躍という文脈から，女性職員の登用が課題となる中，まずは女性職員自身に自らの登用を希望してもらう必要がある。そのためには，マネジメント側としても，育児等を抱えた職員にも十分に働いてもらえる環境をつくっていくことが重要となる。

　また，マスコミによる行政へのバッシングや批判的な報道が続く中，職員にもその影響が及んでおり，若手・中堅職員を中心に，士気が低下しているように思われた。現状では，単なるお題目ではない士気高揚策が求められており，職員の間にもそれを吸い込む素地が形成されているように思われたとのことである。

2．事務改善提案と事務量分析，少し遅れて組織戦略

　ここでは，(X) 年度における地方支分部局Aでの具体的な取り組みの全体像を整理して述べる。さまざまな取り組みが行われたが，そのすべての間

を事務量がとりもっていることが注目される[3]。

　まず，なにはともあれ，事務を効率化し，事務量を捻出しなければなんともならないことから，最初に，事務改善提案の掘り起こしに努め，改善提案にもとづく事務の効率化に取り組んだ。そののち，事務を効率化し，そこで削減できた事務量を，ワーク・ライフ・バランスにこたえる観点から，残業の削減や有給消化の促進に活用するとともに，その事務量のいくぶんかを特定事務にまわし，特定事務にかかる事務量を増やすべく取り組んだ。

　その一方で，新たな問題も観察された。すなわち，特定事務にかかる事務量を増やすことはできると見込まれたが，それが組織戦略とは十分に関連づけられたものではなかったことから，いわば遊びのふう[4]が出てきてしまったのである。これを防ぐためには，捻出された事務量について，どのような組織戦略に従って，具体的にどのように使うのかを，事前に十分に考えておく必要があったとのことである[5]。

　そこで，捻出できた事務量をもって，特定事務をどのようにこなし，それをもって，関係者に対してどのようにルールを徹底してもらうかについて，事前に十分に考えてもらうようにしたとのことである。この組織戦略の具体策の構築にあたっては，地域差があることから，各事務所の所長を中心に考えてもらうこととしたとのことである。すなわち，捻出できた事務量を，各事務所の状況にあわせて，どのように使うのかについて，各事務所長に，あらかじめ準備しておいてもらうようにしたのである。

　そして，事務の効率化は，その裏側で，アルバイト職員の活用を伴うことも多い。アルバイト職員の稼働状況についても，見えにくくなっていることが想定された。このため，事務量分析をアルバイト職員にも拡張することとした。

---

[3] 事務量，すなわち，職員の稼働状況に着目した取り組みは（X-1）年度から始まっており，そこでは各種体制の変更が中心であった。重要な見直しではあるが，本章ではマネジメントに着目しているため，言及しない。
[4] 事務所内の各事務系統がバラバラの方向に向かってしまうこと等をいう。
[5] この論点は（X+1）年度でも大きな課題であった。後述する。

図表2-1 （X）年度におけるAの取り組みの全体像

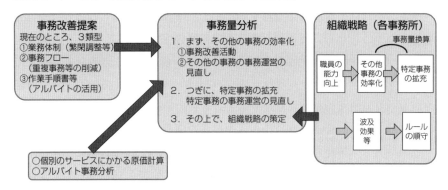

　また，従来，関係者の一部に対しては，制度上定められた個別のサービスを提供してきていた。そこで，そのサービス提供体制の効率化の観点から，事務量分析を活用し，そのサービスにかかる原価計算を試行した。

　以上の取り組みをまとめれば，（図表2-1）のとおりである。相互に関連づけて考えられていることが注目される。

　地方支分部局Aの（X）年度における具体的な取り組みの状況は，（図表2-1）のとおりである。以下では，個別の取り組みについて順に述べる。

(1) **事務改善提案の取り組み強化と標準の強調**

　まず，事務改善提案にかかる取り組みの強化である。事務改善提案制度は職員からの自発的な提案を基礎とするものであることから，最初に職員への働きかけが求められる。その働きかけに際しては，その他の事務を効率化し，ワーク・ライフ・バランスに活用するとともに，特定事務の事務量の確保等を図る旨を徹底することに留意したとのことである。これは，趣旨等をしっかりと伝えなければ，職員の自発性を引きだすことはできないと考えたからである。

　そして，事務改善提案への積極的な取り組みを呼びかけるにあたっては，作業マニュアル等といった標準の改定に留意するよう強調した。これは，標

準の改定を伴わない形での事務改善活動には，改善案に従って現場の動きを固定し，もとへ戻ることを防止する歯止めの効果がないからである。換言すれば，もとの木阿弥に戻ってしまわないようにするためである。

　これらの結果，事務改善提案には相当程度の反応があった。各事務所等からの事務改善提案を整理したところ，わずか2ヵ月で以下の3類型がみられるようになった[6]。これは，自然発生的に，帰納的に出てきたのである。ちなみに，事務改善提案は例年400件前後のところ，この時期以降倍増し，年ベースで800件超となっている。加えて，（X）年度においては，従来は廃案としていたものを積極的に拾いあげ，地方支分部局の担当課サイドからの助言により，生かす方向で検討するといった工夫をこらした。

　事務改善提案の3類型であるが，まず，第1に，効率的な業務体制の確立と整理できるグループがある。ここにはさまざまなものがあるが，たとえば，業務の見える化・情報の共有化による繁閑調整の密なる実施があげられる。これを図示したものが図表2-2である。繁閑調整を密に行えば，特定のグループに事務がかたよることもなくなり，残業の削減が可能となるとともに，一部の要員に急な休暇等が生じても，それをカバーするシフトが組みやすいといった利点が生じる。これは，事務運営の効率化のみならず，職員ニーズの切実なニーズにもこたえることができる方策である[7]。

　また，そのほかの例として，職員の多能化の1例ともいうべきものもあげられる。遠隔地への出張は移動に伴う時間のロスが生じることから，遠隔地出張に際しては，事前に情報の共有化を行い，出張者がついでに複数業務をこなすことで，移動にかかるロスを解消しようというものである。ちなみに，これで100人日（年間稼働200日として0.5人相当分）の事務量が捻出できる見込みである。

　そして，第2の類型として，事務フローに着眼するグループである。業務

---

[6] これらによる効果については，ほかの取り組みとあわせて後述する。
[7] 組織が人間集団である以上，職員のライフ・ステージにこたえることのできる，このような部門は必要であろう。

図表2-2 業務の見える化・情報の共有化による繁閑調整

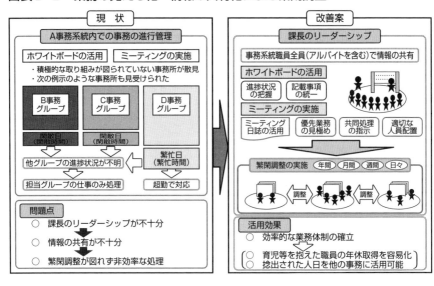

全体で合理的な事務フローの確立を目指すもので，自部門や他部門との間の無駄とりを内容とする。具体的には，ついでにできる事務や重複作業を見いだすとともに，並行作業や共同作業を実施するものである。省略・簡略化やシステム化といった手法をとる。たとえば，提出された書類の受け渡しの際のひと手間の実施により，あと工程の手間を削減することがあげられる。これを図示したものが図表2-3である。ちなみに，これで150人日（年間稼働200日として0.75人相当分）の事務量が捻出できる見込みである。

　第3の類型として，作業手順書等の作成に着眼するグループである。これは，従前の作業マニュアルには，細部がわかりにくく，初心者等には扱いづらいという問題があった。このため，従来の作業マニュアルよりも細かい作業手順書等を作成し，アルバイト職員への事務のシフトや新規職員の研修に活用するものである。たとえば，事務所内で行うある事務について，いくつかの事務系統が一緒に同じ場所で行うことにより，事務系統間での書類の行き来をなくし，かつ，アルバイト職員の活用を図ろうとするものがあげられ

る。これを図示したものが図表2-4である。ちなみに，これで1,800人日（年間稼働200日として9人相当分）の事務量が捻出できる見込みである。

図表2-3　書類受け渡しの際のひと手間実施

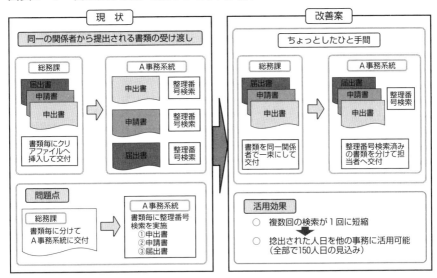

図表2-4　作業手順書等によるアルバイト職員の活用

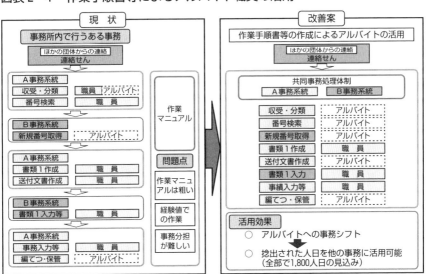

(2) 事務量分析

次に,事務量分析である[8]。事務量に影響を与える要因は,3つに分かれる。第1には,上記のとおり,事務改善提案による事務の効率化・削減によるものである。第2には,事務改善提案とは別に,その他の事務にかかる事務運営を見直すことにより,事務量を捻出するものである。第2の要因の効果は,第1の要因ほどではないものの,それでも相当程度のものとなることが見込まれる。第3には,特定事務にかかる事務運営を見直すことによるものである。これは,特定事務の事務量そのものを増やすものではなく,そのやり方・組み立てを変えるものであるが,それなりの効果が得られるものと見込まれている。

この分析に際して留意した点は,通常であれば,その他の事務を効率化すると,そこにかかる定員を削減しようとすることが多いが,これでは部門の組織縮小という結果を招き,担当者のインセンティブを失わせることとなる。あえて組織改編の問題とし,摩擦を起こす必要もないことから,部門間・事務系統間の応援という形をとることとした。これにより,比較的スムーズな実施が可能となったとのことである。

(3) 事務量分析の拡張と一部のサービスにかかる原価計算

さらに,事務量分析のアルバイト職員への拡張である。アルバイト職員の活用は,事務を正規職員からアルバイト職員に振り替えることを意味する。その際,アルバイト職員を単に増やすことは望ましくない。その稼働状況が見えにくいものであった場合,今度はその不稼働が問題となるからである。そこで,アルバイト職員にも,事務量分析,具体的には事務区分ごとの時間記録を求め,その稼働状況の見える化を図ることとした。

また,関係者に提供する個別のサービスについては,制度上求められるものであり,実施しなければならないものである。しかし,同時に,そのサービスの提供のために配分しているリソースは,職員の稼働時間といった人件

[8) これらによる効果については,ほかの取り組みの効果とあわせて後述する。

費を含めば，非常に多額なものになっており，その効率化は喫緊の課題であった。そこで，事務量分析のデータを活用して，活動基準原価計算（ABC）の考え方を踏襲し，（X-1）年度（前年度）に提供した個別のサービスの原価を計算した。その際には，計算の対象を活用目的から必要な範囲にかぎり，かつ，活用目的を考えて現金主義でよしとして原価計算を行った。そして，そこから得られた原価等を参考にして，（X）年度のサービス提供体制に工夫を加えた[9]。

(4) 組織戦略の策定と徹底

以上では，事務改善提案の掘り起こし，その他の事務の効率化・削減，そして，その他の事務にかかる事務運営の見直し，これらを通じた特定事務の事務量確保，さらには，特定事務にかかる事務運営の見直しなどの取り組みについて述べてきた。ここでのさまざまな取り組みは，最後には，特定事務の実施を通じた関係者へのルール順守の徹底に行きつく。ここでは，そこにいたる因果関係仮説と目的・手段関係を総称して組織戦略と呼んでいるが，この組織戦略の策定にあたっては，上述のように，事務所ごとの地域差があることから，各事務所長に考えてもらうこととしたとのことである。

そして，この組織戦略の徹底にあたっては，組織戦略について，個々の職員の事務と関連づけることに留意したとのことである。これは，特定事務の的確な実施が組織的な重点事項の1つであるところ，たとえば，その他の事務の担当者であれば，一見すればその重点事項とは関連づけられないとみえたとしても，実際のところ事務量という形でつながっているからである。職員自らの働きが組織戦略に直接つながることを意識させることで，職員個人の動機づけの1つになればと考え，組織戦略と個人の事務とをリンクさせるべく努めたのである。

---

[9] 物件費にかぎって1サービス当たりの平均単価を比較するという取り組みは，すでに全国的に行われており，そこでの成果も活用することができた。

3．ワーク・ライフ・バランスと価値観から組織内の合意形成へ

　（X）年度における地方支分部局Aでのさまざまな取り組みは，その実施にあたり，職員1人ひとりに積極的にかかわってもらう必要がある。この職員1人ひとりの積極的な関与は，換言すれば，組織内の合意形成が必要になるということである。組織内で合意が形成されると，これは自然と，職員1人ひとりが同じ方向を向いて努力すること（方向づけ）につながり，それが職員1人ひとりの積極的な関与という結果に結びつくからである。

　組織内の合意形成に際しては，職員1人ひとりの感情が関係するものであるだけに，職員1人ひとりの主観的なものへの働きかけが非常に重要になる。そこでは，まずは，職員の切実なニーズのあるワーク・ライフ・バランスがあげられる。この観点に言及することで，多くの職員の賛同を得ることができよう。

　加えて，組織内の合意形成に際しては，価値観のようなものの働きも無視し得ない。行政組織にはそれぞれ，組織の価値観ともいうべきものが付随していることが多い[10]。国の行政組織Bであれば，たとえば，「正直な方には尊敬される存在たれ。そうでない方には恐れられる存在たれ」といった趣旨の言葉がある。職員であれば，入所以来，なんども聞いてきた言葉である。これなども組織の価値観に含められよう。

　地方支分部局Aにおける取り組みにあたっても，この言葉の効果は絶大であったとのことである。情緒的な言い方であるが，職員感情自体，こういった組織の価値観に関連する言葉に対しては，非常に可燃性の高いものである中で，職員1人ひとりの心に点火させる効果があったことが推察されたとのことである。

　すなわち，ワーク・ライフ・バランスと組織の価値観を背景に，組織戦略を中心とした組織内の合意が形成される。同時に，職員1人ひとりの事務と組織戦略との関係がみえるようになる。そのような中で，職員1人ひとりの

---

[10]　行政組織は法令でやるべきことを定められているので，特定の価値観をもちやすい。

積極的な関与が期待できることとなるのである。

4．トップの声がけ，ボトムの提案，ミドル主導の見直し

　ここでは，以上の取り組みが，どのような働きかけの中で形づくられていったのかという点について，時系列を意識しつつ整理する。まず，最初に動きがあったのはトップからの声がけであった。これは（X）年度が始まって2ヵ月ほど経った時点であった。そこでのトップの声がけの内容は，特定事務の事務量確保に向け，事務量分析が重要であることを強調しつつ，事務改善提案の積極的な掘り起こしを呼びかけるものであった。その際には，職員の主観的なものへの働きかけに対して，とくに配意したとのことである。

　このトップからの声がけを受けて，現場職員からの事務改善提案が積極的に行われるようになった。先述のとおり，トップからの声がけの2ヵ月ほどのち（年度開始4ヵ月後）には，事務改善提案も3類型がでそろい，相当な効果が見込まれるにいたった。現場職員を巻き込む必要があるものであるだけに，相当の時間が必要かと予想されたが，いくつかの事務所幹部の積極的な掘り起こしにも大いに助けられ，結果としてみればきわめて早期の立ちあがりとなったとのことである。

　そして，最後に，事務の流れ等の詳細に一番くわしいミドルからのダメ押しである。ミドルからは，その他の事務や特定事務にかかる事務のやり方・組み立てについて，さまざまな提案がなされるようになった。それまで個人的には疑問に思ってきたことなどについて，積極的に机上にのせて検討することができるようになった。これがなされたのは，トップからの声がけの7ヵ月ほどのち（年度開始9ヵ月後）であった。

　以上，（X）年度においては，時間を追って，トップの声がけ，ボトムの提案，ミドル主導の見直しがきれいに観察された。その一方で，当初のトップからの声がけに際しては，特定事務の事務量増加と組織戦略との関連づけが弱かった。このため，途中のプロセスでは，先述したような課題が見受けられることとなり，急ぎ組織戦略の検討を追加した。このプロセスにより，

2ヵ月ほどの時間的なロスも生じたように思われたとのことである。

ともあれ，国の行政組織Bにはすでに全国共通のさまざまな取り組みがあったことから，これを基盤に，地方支分部局Aにおける取り組みは1年という短い期間でそれなりの完成形にもっていけたように思われるとのことである。

なお，組織内の意思疎通は効果的に行う必要があるが，そのためには，簡潔なメッセージであることの重要性が観察された。簡潔・明瞭に，疎にしてもらさずという形で，いかに短いメッセージをつくるかは，これは非常に難しい課題である[11]。

5．（X）年度における成果と課題

（X）年度における取り組みの成果は以下のとおりであった。事務所において効率化された（削減された）事務量は，そこに所属する人員との比較でみれば5％程度であった[12]。そのうち15％程度が（X）年度に捻出され，残りの85％程度が（X＋1）年度に捻出された。便宜のため，架空の数字を用いつつ，これを人日で示すと，たとえば，（X）年度において3,000人日（職員数換算で15人分），（X＋1）年度で17,000人日（職員数換算で85人分）という形で効率化できたこととなる[13]。Ⅱ 2.(1)でみたような小さな事務改善が集積し，塵も積もれば山となるかのごとく，大きな成果が得られたのである。そして，この事務量が，残業の削減等のワーク・ライフ・バランスの実現と，特定事務の事務量の増加にあてられたのである。

これらの事務効率化にかかる効果は，（X）年度における取り組みの過程で予想した数字におおむね沿うものとなった[14]。なぜなら，これらの数字は

---

11) ワン・フレーズのような短い言葉は，伝達がラクであるが，表層のみにとどまり，往々にして「やまびこ」のようなことになりかねない。一方，多すぎる言葉は，組織に無用の混乱をきたしかねない。
12) Ⅱ 2.(2)の区分でいえば，第1の事務改善提案による事務の効率化・削減によるものと，第2のその他の事務にかかる事務運営の見直しによるものの両者が含まれている。
13) 繰り返しとなるが，この人日にかかる数字は架空である。
14) 個々をみれば多い少ないがあり，100％想定どおりというわけではない。

事務量分析にもとづいており，相当程度きちんと把握ないし予想できていたからである。

　その一方で，大きな課題も観察された。効率化された（削減された）事務量は，その捻出のされ方を十二分に踏まえて，あてるべき事務をあらかじめ想定しておく必要がある[15]。そこでは，ロットもタイミングも非常に重要な要素である。後述するように，この点は（X＋1）年度における取り組みの重要なポイントとなっていったのであるが，（X）年度においては取り組み初年度でもあり，まずはやってみなければわからないというような感じであったとのことである[16]。

（X＋1）年度におけるAの取り組み

　本節では，（X）年度の翌年度である（X＋1）年度におけるAの取り組みの状況について記述を進める。（X＋1）年度においては，まず，効率化された（削減された）事務量を特定事務の事務量に転換していくプロセスそれ自体が着目されてきている。次に，事務改善提案がこれまで以上に徹底的に活用されてきている。そして，一部のサービスにかかる原価計算は，使う側のわかりやすさから，事務量をベースにしたものが主に活用されてきている。また，投資意思決定の材料として事務量分析が活用されてきている。さらには，事務量分析を通じて地方公共団体との連携が模索されてきている。それぞれに特徴的な取り組みである。そして，最後に，（X＋1）年度における成果と今後の見通しについて言及する。

1．効率化事務量の転換プロセスへの着目

　効率化事務量の特定事務への転換プロセスについては，（X＋1）年度で

---

15) これは，Ⅱ 2．の指摘ともつながる論点である。
16) 現場の一部では早い段階からこの問題に徐々に気づいてきていたとのことであると書かねば，記述のバランスを失しよう。

図表2-5　効率化事務量の特定事務への転換プロセス（例）

項目	事務効率化日数 (a)	他系統への応援等日数 (b)	転換率 (b/a)	特定事務投入日数 (c)	活用率 (c／b)	インプット/アウトプットの効率 (c／a)
全事務所計	人日 17,070.3	人日 16,802.9	% 98.4	人日 14,634.8	% 87.2	% 85.8

は以下のように考えられている。まず、それぞれの事務系統において[17]、効率化できる（削減できる）事務量を人日で把握する（a）。そして、このうちほかの事務系統の事務に対する応援として投入できた事務量を人日で把握し（b）、実際に転換できた率（b/a）を転換率として把握する。その上で、特定事務に追加的に投入できた事務量を人日で把握し（c）、応援投入事務量のうち実際に活用できた率（c/b）を活用率として把握する。最後に、インプットからアウトプットへの効率として（c/a）を把握する。これを図示すれば図表2-5のとおりである。

ちなみに、この転換プロセスは、残業の削減等への活用のほか、タイミングやロットがうまく合わないといった事情から、転換率であれ、活用率であれ、100%になることはない。プロセスの途中で雲散霧消してしまう事務量（ロス）はある程度生じるのである。そこで、ここでは、実績をきちんと記入し、現状把握のためのツールとして最大限活用し、ロスを最小限にしていこうと考えられているとのことである。

2．事務改善提案のさらなる有効活用

事務改善提案についても、さらなる有効活用の方向で見直しが進められている。前述のとおり、現場からの事務改善提案は、そのまま活用されるものに加えて、少し手直しすれば活用可能なものについては地方支分部局サイドからの助言による活用がなされていた。（X＋1）年度においては、地方支分部局サイドでワーキング・グループをつくり、再考すれば活用できるもの

[17) その中心は、その他の事務であるが、特定事務も対象とする。

は活用する方向で検討している。これにより，800余件の改善提案をほとんど活用することができ，廃案となったのはわずか30件程度であった。提案を使い切るという考え方で，ほとんどがなんらかの形で実施されるようになってきたのである。

3．一部のサービスにかかる原価計算の取り扱い

　関係者に提供する個別のサービスについては，（X）年度において原価計算を試行した。その後，サービス1件当たりの原価（金額）での表示ではわかりにくいという現場からの指摘があった。このため，（X＋1）年度においてはサービス当たりの事務量（人日）で表記するものも併用されるようになった。そこでは正規職員，アルバイト職員，関係機関の職員等の事務量（人日）も合算して計算している。サービスの効率をあげるという観点からは，金額換算の原価よりも，事務量に着目する方が，現場では理解しやすいとのことである。

4．投資意思決定への事務量分析の活用

　国の行政機関Bでは，その他の事務を，一部の事務所に集中化することについて，全国的に検討が進められてきている。この論点の検討にあたり，地方支分部局Aでは，（X＋1）年度において，初期投資のコストと集中化による効率化効果とを事務量（人日）で試算している。すなわち，集中化という投資意思決定について，初期投資コストと効率化効果を金額によって回収期間を計算するのではなく，代わりに事務量（人日）によって計算しているのである。

5．事務量の管理を通じた地方公共団体との連携

　国の行政機関Bでは，その事務実施にあたり，地方公共団体と連携をとることが多い。地方支分部局Aにおいては，地方公共団体においても事務量分析を行い，国と地方の双方とで事務量を把握することにより，より高いレ

ベルの連携・協調を図ることができないか検討を進めている。たとえば，重複事務を解消し，共同事務を推進するとともに，お互いに得意な分野で役割を分担するといったウィン・ウィンの関係の構築を目指しているとのことである。地方公共団体への働きかけは（X）年度に頭だしされたが，（X＋1）年度においては，その働きかけをより一層強めている。

6．（X＋1）年度における成果と今後の見通し

（X＋1）年度における成果であるが，事務所において効率化（削減）できそうな事務量は，そこに所属する人員との対比でみれば，現在のところでは2％程度と想定される[18]。（X）年度の成果に比べ若干小さくなっているが，初年度効果と考えれば，これはやむを得ないと思われる。

そして，今後の見通しである。マイナンバーの実施に伴い，多くの行政機関において事務の見直しが行われると想定される。多くの行政機関と同様，国の行政組織Bにおいても，さまざまな事務の流れが見直され，新たに策定されると予想される。この事務の流れの見直しや新たな策定にあたり，地方支分部局Aでは，（X）年度，（X＋1）年度と続いた取り組みを踏まえ，現場からのさまざまな提案・提言を行い，より効率的な，完成度の高い事務の流れを構築することができればと考えているとのことである。

Ⅳ 考察

最後に，本事例をもとに，若干の考察を行う。いずれも忘れられやすい論点である。まず，事務量マネジメントという計数的マネジメントそれ自体では用は足らず，職員の主観的なものへの働きかけは必須である。そして，そこでは，事務効率化のメリットは，国民と現場職員との双方に還元してこそ，はじめて機能する。最後に，このような取り組みを行うことにはそれなりの努力が必要であることから，汗をかく組織が得をする構図がかならずや必要

18）（X＋2）年度に得られる効果を含む。

となる。以下，順に述べる。

1．職員の主観への配慮

　事務量マネジメントという計数的マネジメントは，事務量を中心に据えた非常に合理性の強いマネジメントであり，いわば組織を機械的に動かすようなイメージがもたれやすい。しかし，Ⅱ．で述べてきたように，実際には，組織の価値観のようなものなどを通じて，職員の主観に対して働きかけ，その合意を取り付けなければとても機能し得ないものである。

　この職員の主観に働きかける言葉や方法は，行政組織によって異なることとなると想像される。経緯も機能も異なる組織だからである。それぞれの組織にあった働きかけを探し出す必要が出てこよう。その際，職員のライフ・ステージへの配慮[19]とともに，職員のキャリア・パスへの配慮[20]もまた求められると考える。機械をどう動かすといった感覚から組み立てたマネジメントではまったく用をなさないであろう。人間集団である以上，人間の主観に配意した取り組みは必須であると考える。

2．メリットの還元：国民と現場職員との双方に

　冒頭に述べたように，事務効率化のメリットは，国民と現場職員との双方に還元してこそ，はじめて機能する。まず，国民にとってのメリットである。事務効率化のような議論は，往々にして職員数の削減で成果を測ろうとする。しかし，無駄な事務を削減し，その分を，より効果の高い事務にまわすことも，国民にとってメリットとなるはずである。やみくもな職員数の削減では，ある事務を増やせば効果が高いとわかっていても増やせないという事態を招く。効果の高い事務の実現といったようなことも広く国民のメリットとして捉えていくことが望ましい。

---

19) 結婚，出産，育児，子育て，介護などである。ワーク・ライフ・バランスにも関係する。
20) ゼネラリストであれ，スペシャリストであれ，その退職後も含めた職員の職業人生をいかに構築するかという点も関係しよう。

次に，現場職員にとってのメリットである。ワーク・ライフ・バランスのような現場職員にとってメリットは非常に重要である。事務効率化のメリットの一部を現場職員に還元することは，企業であれ，行政であれ，同じように求められる[21]。往々にして事務の効率化効果をすべて吸い上げようとする。しかし，これでは現場職員の支持を失わせしめ，逆効果である。人間集団である以上，人間のインセンティブに配意した取り組みは必須であると考える。

3．汗をかくところが得をする構図

　最後に，このような取り組みを行うことには，いずれの行政組織であれ，それなりの努力が求められる。そこでのマネジメント層は，それなりにリスクをとり，部内を説得し動かしていくことが求められる。現場の職員もまた，それにあわせて自発的に動いていく必要がある。これらの動きに伴う汗の量は相当なものである。したがって，事務量マネジメントのような計数的マネジメントを広めていくためには，汗をかくところ，汗をかく組織が得をする構図がかならずや必要となる。汗をかいても得をしなければ，誰しも動こうとしないからである。人間集団である以上，集団の，組織のインセンティブに配意した取り組みは必須であると考える。

---

21) 効率化の取り組みは，わが国では製造業の生産現場がとくに進んでいるが，そこでも効率化メリットの一部は現場に還元している。

第3章

地方公共団体における導入事例研究

地方公共団体と事務量管理

　地方公共団体（以下，自治体という）の総職員数は，1994年をピークに減り続けてきた。1994年と2015年の比較では，職員全体で17％，一般行政職は22.6％減少している（2005〜2015年では13.3％減少している）（総務省，2015）。この間，地方財政規模はほぼ横ばいに推移しており，また人口が減少傾向に転じた自治体もあるが，行政事務量が大きく減少したとは考えにくい。むしろ，行政ニーズの多様化，地方分権，地域主権，とくに最近では地方創生の政策などによって，事業数や事務量が増える側面もある。人件費を削減する必要から職員数が削減される中で，同じ業務をより少ない職員で実施することが求められたことで，業務を改善し，業務の効率性・生産性を高める必要性が高まってきたといえるだろう。

　業務の効率性・生産性を高める上では，個々の職員の能力を高めることも重要であるが，標準化しやすい業務や公権力行使に関わらない業務を抽出し，非常勤職員の活用やアウトソーシングなども用い，職員の配置や業務の分担を変えることで，組織として業務の平準化や生産性の向上を実現することが求められている。

　また，事務事業の提供方法や事業の継続そのものを見直すことで，職員に負荷がかかる業務量を低減することも必要となった。つまり，業務を改善する視点には，事業に着目し事業単位で業務量の抑制を検討する視点と，組織や事業を構成する多様な業務の性質に着目して業務の改善策を検討する視点があるといえる。そしていずれの視点の検討においても，課題を明らかにし合理的な意思決定を行ううえで，事務量を把握することが重要となる。どの事業，業務がどの程度資源を利用しているか，改善すべき課題はどこにあるかについて，組織として共通した認識をもつためには，事業や業務のプロセスを分解し，プロセスの要素ごとに資源消費量を可視化することが求められる。そして，業務プロセスの変更やアウトソーシング等の対象となる業務の

人員換算数を合理的に見積もり，業務改善やプロセス変更の意思決定の合理性や正当性を確保しようとすると，客観的な数値を用いて合意形成をはかる必要がある。

部門内の業務をプロセスや業務の種類ごとに詳細に分析し，その事務量を担当部門の職員が共有することで業務の改善をはかろうとしたのが，以下で取り上げる千葉県市川市の事例である。同様の事例は，仙台市などでもみられ，仙台市のケースでは，最も詳細な業務レベル（例えば，「ごみ分類推進の広報」など）では，その数は市役所全体で13,533に達した（松尾 2009, 144）。また，事務事業に焦点を当て，事務事業よりは少し細かい事業単位（細事業）で，人件費，事業費，間接費を含む包括的な投入資源（コスト）分析を行い，行政評価で行われる事務事業単位でのアウトプット，アウトカムの評価との関係において資源配分の最適化を目指そうとしたのが以下で取り上げる岩手県北上市の事例である。このケースでは，事務量の把握は，事務事業ごとに精度の高い人件費を算出するために使用されている。

以下では，事務量管理を導入し，その改善にも取り組んできた市川市と北上市の事例について説明する。市川市では約10年間詳細な事務量管理に取り組んできたが，統一性が低下し部門横断的な課題認識や全市としての取組が難しくなったため，2015年に見直しを行っている。事務量管理プロセスを2ステップに分け，課題の認識は事務事業レベルで統一的に行い，次のステップで詳細に分析するアプローチに切り替えた。北上市では事務事業単位の包括的コストマネジメントを志向した結果，業務の詳細分析は困難であった。このため，一部の門で日報管理を試行している。

 市川市の事例

1．導入の経緯

1990年代初頭のバブル経済崩壊以降，市川市では市税収入の落ち込みが続

いていた。市川市は類似団体の中でも歳入に占める市税収入の割合が高かったため，行政改革，財政改革の必要性が強く認識されていた。「歳入に見合った歳出」への転換をはかるために，人件費，扶助費，公債費といった義務的経費をはじめ全事務事業について見直しが求められるようになった（市川市 2006, pp.11-12）。

市民満足度の向上と財政の健全化の両立をはかるため，新たな行政運営システムを構築しようとしたのが，2000年ごろからの取り組みである「市川市ダイレクト・ダイナミクス」であった。限られた資源をより効果的な活動に使うために，人事権や予算権について分権化をはかることで資源配分の柔軟性を高めるとともに，組織全体の資源配分の効果を高めるためのトップマネジメント改革とBSC（バランスト・スコアカード）の導入による戦略マネジメントシステムを導入した。そして，個別の戦略課題について，どの活動に資源を使うことが効果的なのか，効率的にサービスを提供するためにはどのようにすればよいかを考える必要が生じたため，そのための分析ツールが必要となった。行政サービスの提供プロセスを可視化し，プロセスを構成する諸活動の資源消費を最適化しようとした結果，業務活動別の事務量管理システムである「市川市版ABC」の導入につながった。

市川市版ABCは2002年に検討が開始され，2003年に取り組みを開始した。2003年から2006年までは，パーソナル・コンピュータにインストールされている表計算ソフトウエア（エクセル）を用い，各課で入力されたファイルを集め事務量データを集計し，分析を行い各課にフィードバックした。2006年以降は，庁内ネットワーク上で入力を行い，自動的に集計されたデータをグラフ等で確認できるようにシステム整備が行われた。このシステムは2015年まで使用され続けてきたが，システムが老朽化したこと，情報活用が十分行われていない等の問題が認識され今後の情報活用の方向性を検討する必要が生じたため，システムの運用はいったん中止されることになった。そして，再び表計算ソフトウエアを使ったデータ収集，分析に戻した上で，情報活用，各課へのフィードバック方法について新たな方法を検討した。

２．事務量管理の概要

(1) 事務量管理の目的

　市川市版ABCには，「ABC（活動基準原価計算）」という原価計算に関する用語が使用されているとおり，コスト情報に関する次のような用途が示されている（市川市 2003, p.1）。

　①内部コストの状況を把握し，業務効率化の手がかりを得る。
　②手数料算定の合理的な根拠とする。
　③民間に業務を委託する場合の委託費の算出，公民のコスト比較を行う。
　④議会や市民への情報をわかりやすく公開する。

　分析の視点は「職員活動の結果が直接市民サービスに結びつく活動と，直接には影響を与えない内部管理事務，間接経費に大きく区分し，その割合が適正かどうかを判断していきます。これまで漠然と言われ続けてきた『行政事務は内部管理コストが大きい』ということを，実際に目で見えるように写し出してみようとするものです。そして，事務の合理化，効率化によって創出した経営資源（人材）を，市民サービスに直結する活動に重点配分していきたい」（市川市 2006, pp.49-50），とあるように，市川市の課題は，限られた資源をより価値を創出する活動にシフトさせることで市民サービスを向上させることにあった。

　このために，市川市版ABCは，ABCシステムのアウトプットを，①従来からの事業単位の人工数把握，②業務フローで分割した事業の内部活動単位の人工数把握，③職員個人，グループまたは職種ごといった組織編制単位の人工数把握の３種類に絞り込んだものとなっており（市川市 2006, p.50），事務量管理によって，人的資源がどのように消費されているかを可視化するツールとなっている。職員の労働時間の各事業，業務への投入時間管理に焦点を当てたものであり，活動に着目することで間接費と製品・サービスとの関連づけを精緻に行い，製品・サービス別のフルコストの原価情報の精度を高めようとする一般的なABCの考え方，計算プロセスとは異なるものである。

(2) 事務量管理のプロセス（旧システム）

Ⅱ 1.の概要で説明したとおり，市川市の事務量管理の取り組みは，2002年から2003年までの検討・試行段階と，2003年から2015年までの事務量管理システムの本格導入・実施段階，2015年からのシステム改善検討段階に分けることができる。そこで，以下では，2015年までのシステムを「旧システム」，2015年以降の取り組みを「新システム案」と呼ぶことにする。

市川市版ABCの旧システムのデータ収集，分析のステップは次のとおりである。

①それぞれの所管課における業務フローの作成
②課員データ，事業データの編集
③活動従事割合の入力
④データ分析

第1のステップは，それぞれの所管課で業務を分析し，業務フロー図を作成することである。業務フローの考え方は，大きな活動の流れと，各活動を構成する作業項目の2層構造で捉えることが求められた。検討・試行段階では，本システムの推進部門であった行政改革推進課が業務フローを作成したが，本格導入・実施段階では，各課において業務分析を行い，業務フローを作成していった。業務フローの設定は，柔軟性の高い仕組みとなっており，前年の分析結果を参考に，業務の切り分けを統合，分解することができるようになっていた。

第2のステップは，課員データ，事業データ編集である。各課では，管理対象とする業務を設定し，業種（庶務，議会対応などの共通事務，細かい作業に分解可能な定型度の高い業務，事業単位で把握する定形外の事務），業質（予算事業，予算外事業）を設定する。また，定型事務については，活動従事割合を入力時に選択するための，あらかじめ30種類の活動項目が設定されており，関連する活動をあらかじめ登録する。

図表3-1　業務フローの構造

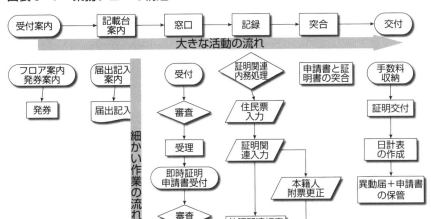

出所：市川市（2003），p.2。

図表3-2　活動項目

(1)庁内調整・連絡　(2)事業実施　(3)企画・立案　(4)相談　(5)内部審査・事務　(6)現場調査　(7)申請・届出受付　(8)データ処理（入力等）　(9)市民への説明　(10)契約・公告・進達等内部事務　(11)各種送付（通知）業務　(12)書類作成　(13)庁内決定（決裁等）　(14)会議実施　(15)交付業務　(16)市民協働作業　(17)支払い（清算）　(18)徴収　(19)指示・指導　(20)監督・監視　(21)労務職作業　(22)他市・県との協議　(23)検査　(24)苦情処理　(25)歳入事務　(26)準備　(27)施設管理・施設業務　(28)関連団体との連携　(29)施工・監理　(30)その他

出所：市川市資料をもとに筆者作成。

　第3のステップは，各職員による活動従事割合の入力である。調査年度における総従業量を100％（＝1人工）として，自分の該当する事業，活動に時間を配分する。入力データの特徴は，実績時間数の入力ではなく，活動割合の入力になっている点である。

第4のステップは，データ分析である。検討・試行段階においては，行政改革推進課が表計算ソフト（エクセル）に入力されたデータを集計・分析しフィードバックしたが，2003年以降は，自動集計され，各課において分析結果を自動的に確認できるようになった。分析結果は次の6項目である。
　①課全体の活動従事量一覧
　②事業別所員従事データ
　③事業別年間グラフ
　④事業別月間グラフ
　⑤事業別活動内容別グラフ
　⑥活動項目別内容グラフ

　特定の事業に関する課全体のデータが集計されることで，図表3-3のように，課内の各業務にどのように時間が配分されているかを可視化し，各業務の処理件数などのデータと関連づけることで，業務の効率性を評価するこ

図表3-3　支所市民課の年間従事量

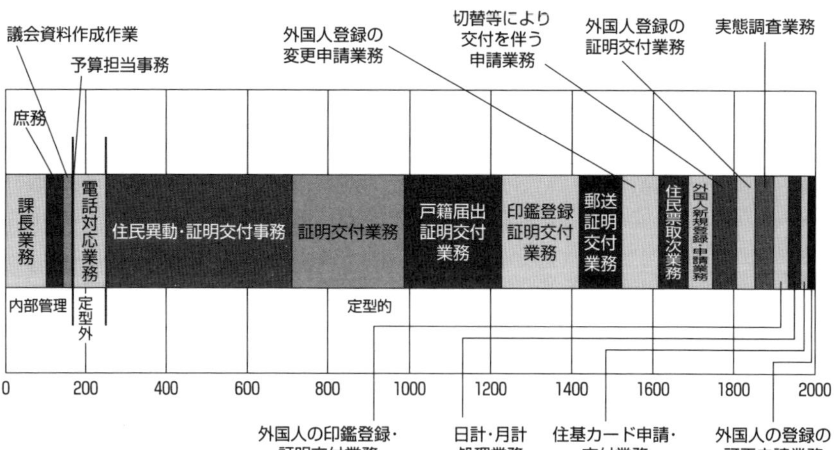

出所：市川市（2003），p.6。

とが可能になった。

また，各業務は図表3-4のとおり，活動項目に分解することが可能であるため，内部管理業務の割合や他の部門と比較することで，どのような活動が業務量増加の要因になっているのかを分析することが可能であり，外部委託の可能性等を検討することができる。また，図表3-5のように課内における事業別担当者別従事割合のデータや月間別のデータを分析することで，各月ごとにどのような業務分担で事業を実施することが最も効率的かを検討することが可能である。

図表3-4　活動別業務量割合

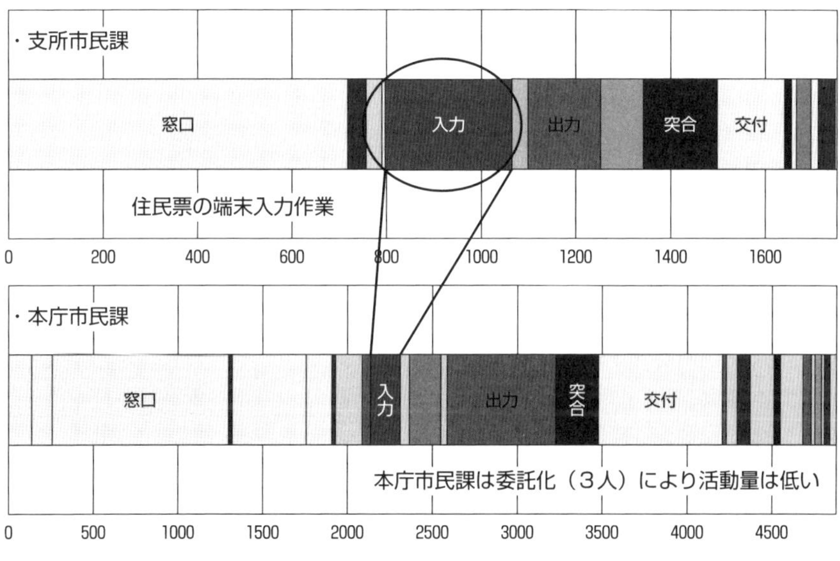
・支所市民課
窓口
入力
出力
突合
交付
住民票の端末入力作業
0
200
400
600
800
1000
1200
1400
1600
・本庁市民課
窓口
入力
出力
突合
交付
本庁市民課は委託化（3人）により活動量は低い
0
500
1000
1500
2000
2500
3000
3500
4000
4500

出所：市川市（2003），p.7。

図表3-5　担当者別事業負荷

事業名	人工	定数外	課長	受付担当	記録担当	外国人登録
外国人登録の訂正申請業務	15					15
住基カード申請・交付業務	18			15	3	
議会資料作成作業	25				25	
日計・月計処理業務	28			28		
外国人の印鑑登録・証明交付業務	36			1	5	30
庶務	45				45	
実態調査業務	46			21	25	
外国人登録の証明交付業務	47			2		45
切替等により交付を伴う申請業務	60					60
外国人新規登録・申請業務	61			1		60
住民票取次業務	73	10		15	58	
電話応対業務	77			5	72	
外国人登録の変更申請業務	90					90
課長業務	100		100			
郵送証明業務	106	30			106	
印鑑登録・証明交付業務	194			176	18	
戸籍届出・証明交付業務	239			232	7	
証明交付業務	276	40		258	18	
住民異動・証明交付業務	464			246	218	
計	2000	80	100	1000	600	300

出所：市川市（2003），p.8。

3．事務量管理の効果と課題（旧システム）

　データ分析のシステムにより業務が可視化されたことで，各課において課題が認識され，業務分担の見直し，非常勤職員の活用，アウトソーシングの検討が行われることが期待された。2003年の分析では，25の課の定型的業務443人工の業務プロセスを見直し，改善案は，29人分の人的資源の創出と

1,850万円の歳出削減の財政的効果があったと評価されている（市川市 2003, p.10）。

　課別，事業別の負荷状況が定量的に把握できるようになったことで，事業の統廃合，組織の変更，統廃合を行う際に異動する人員の見積もりが合理的にできるようになった。このため，定員管理を行う上で有用なツールとなった。また，標準的な勤務時間を基準とすることで，人件費を算出することができるため，事務事業別の人件費を把握するためにも活用された。活動従事割合の入力は年に1度であり，入力の負荷は大きくなかったため，データの入力は10年以上継続的に実施することができた。

　その後，2015年まで運用が継続されたが，各課における情報活用と改善に向けた取組みが十分行われていないことが問題視されるようになった。情報システムが安定しなくなったこともあり，2015年に運用を一旦休止し新たな管理方法を検討することになった。情報活用が十分行われない要因として，旧システムの特徴である次のような点も影響したと認識されている。

①旧システムは，各課任せで運用することになったため，業務（事業），活動のとらえ方が粗い部門もあれば細かい部門もあった。その結果，部内間の比較可能性は小さく，全庁的に横串を通したような検討ができなかった。また，業務の細分化の程度は，毎期変更が可能だったので期間比較を難しくした。

②時間外勤務，活動業務の難易度が反映されていないため，業務の性質にあった適正人員数を客観的に見積もることが難しかった。

③職員の業務従事時間数に絞った管理ツールであったため，旧システムを活用した業務改善の対象は人件費に限定された。

　取組みをはじめた頃の試行段階においては，行政改革推進課が業務フロー図の作成に積極的に関与し，集計や分析を行いフィードバックしていたため，行政改革推進課が認識した課題を客観的に分析し，業務改善につなげていくことができたと考えられる。全庁的に展開する際，各課の問題意識が異なる

ことや部内固有の管理ニーズを重視したが，結果的に，各課のマネージャー（課長や係長）の多くは，自分の組織の業務実施方法に疑問をもたなかったこともあり，情報活用が進まなかったと考えられる。

また，人件費に焦点を当て簡便にデータを収集，分析することが重視され，残業時間を含めた実績値の把握や包括的なコスト分析ができなかったことで，情報の質，精度には限界があった。

4．事務量管理改善に向けた取り組み（新システム検討案）

(1) 変更のポイント

2015年において実施された，市川市版ABC変更のポイントは，システム運用を停止したことと，各課主体の業務改善から行政改革推進課の主体性を高める取り組みに変更した点にある。

システムの運用を中止したことで，試行段階に実施していた表計算ソフト（エクセル）を使ったデータ収集，分析に戻すことになった。その際，作業

図表 3-6　事務量管理の考え方の変革

- 現場の主体性に任せる管理
- 現場に合わせた管理項目、レベルが設定できる（柔軟性）
- 詳細なタスクレベルの分析が可能となるデータ、情報のフィードバック・システム

- 現場のマネージャーの多くは，自分の課の仕事のやり方に疑問を持たなかったため，自発的にデータを活用し，改善を行うのは難しかった
- 全庁的な観点から問題を発見することが難しかった

- 中央集権的にデータを吸い上げ，一定のレベルで分析
- 課題を粗くとらえて，ピンポイントで深く分析
- 必要に応じて介入、現場の課題を吸い上げ，共に解決

- 分析単位を揃えることで，横並び比較が可能
- 行革部門が課題を発見，担当課と対話し，議論・協力を通じて課題解決に結びつけることが可能

出所：筆者作成。

負担を軽減するため、活動別のデータ収集は中止し、内部管理事務および各自事業への従事割合の入力のみとした。また、従来は、各課の主体的な課題認識と自律的な改善活動を求めるものであったが、行政改革推進課が課題を抱えていそうな課を抽出し、当課と一緒になって課題を認識し、解決していく方法に変更している。すなわち、従来は各課に詳細な情報を提供し現場の主体性に任せていた方式を改め、中央集権的にデータを吸い上げ、粗いレベルで問題のある課、業務を抽出し、そこから詳細に分析し解決に向けた取り組みを行っている（図表3-6）。

(2) 新しい事務量管理の検討

新しい事務量管理の検討は概ね次のステップで行われる。
① 各課におけるワークシートの作成
② 問題をもつ部内（課）・事業の抽出
③ 業務フロー図の作成
④ 課題の抽出と解決策の検討

第1のステップは、各課における事業別、担当者別、業務割合表の作成である。従来の方法でも入力作業に対する抵抗感は小さかったが、課単位では、業務フロー、タスクレベルの設定（初期設定）に最も手間がかかっていた。これを省くことで、より負荷の小さいものとなった。各職員のデータは7～8月に収集する。次年度の予算編成に反映させるためには夏ごろまでにデータ収集を行う必要があり、他方、年度当初では見込みが立たないため、予算編成に向けた定員管理の調整などが始まる秋に間に合うよう、夏頃に入力を行う。その結果データは、実施約4ヵ月分は実績値、後は見込みにもとづいた数値を入力することになる。

図表3-7は、個人が入力した事業別の業務割合のデータを組織単位で集計したものである。各事業と間接業務の負担割合を把握することができる。

図表3-8は、各事業の月ごとの繁閑割合をもとに、年間を通じて事業別

図表 3-7 作業量入力表

部署名：○○課

グループNo	グループリーダー	グループ名	氏名	(A)人工	(B)作業量計	課マネジメント業務	予算・決算関連業務	議会対応関連業務	その他軽易な業務	001 窓口・電話対応業務	002 ○○（認定事務）	003 ○○（支給事務）	004 ○○（現況届）	005 ○○（適用除外）	006 □□支給	007 △△（認定事務）	008 △△（支給事務）	009 △△（現況届）	010 ××（認定事務）	011 ××（支給事務）	012 □□助成（現物給付）	013 □□助成（償還払い）	014 ●●助成	015 ◀◀給付	016 システム構築業務
1		課長	○○	100	100	80		20																	
2	○	Aグループ	○○	100	100	30		15		5	5	5	5	5	5	5	5	5							10
2		Aグループ	○○	100	100					10	10	10	10	10	10	10	10	10							10
2		Aグループ	○○	90	90					10	10	10	10	10	10	10	10	10							10
3	○	Bグループ	○○	100	100	30		20		5					5	5	5	5		5	5	5	5	5	
3		Bグループ	○○	100	100		20		10	10									5	5	5	5	5	5	30
3		Bグループ	○○	100	100					10									15	15	15	15	15	15	
3		Bグループ	○○	100	100					10									15	15	15	15	15	15	
3		Bグループ	○○	60	60				30	30															

出所：市川市資料。

地方公共団体における導入事例研究 第3章

図表 3 - 8　業務一覧表

出所：市川市資料。

にどの程度の負荷がかかっているか把握できるようにしたものである。

　第2のステップは，問題のありそうな部門（課）・事業の抽出である。まず，課別の残業時間データを参照し残業時間が多い課を対象に，事務量管理データに基づいて，内部管理業務や特定の事業に多くの時間を使用している部門・事業を対象に，業務プロセスに問題がないかどうかヒアリングを行い，問題がありそうな課・事業を抽出する。「人を増やして欲しい」，といった要望が生じたときに検討する場合もある。図表3-9は，どこに課題があるかについて，担当課と行政改革推進課が課題を共有するための基礎資料である。

　第3のステップは業務フロー図の作成である。従来は，各課において網羅的に作成していたが，2015年からは，問題があると認識された後に，その課の問題を明らかにできるレベルの詳細な業務フロー図を作成することにした（図表3-10）。

　第4のステップは，課題の抽出と解決策の検討である。業務フロー図にもとづき，どのプロセス，作業に問題があるかについて，課と行政改革推進課が一緒になって検討する。たとえば，ある標準的な作業は，他課では非常勤職員が担当しているプロセス自体がアウトソーシングされている等の情報にもとづき，同様の変更ができないかどうか検討を行う。予算編成の時期に合わせて検討することで，次年度予算，職員の採用・異動計画に反映させることができる。

地方公共団体における導入事例研究 第3章

図表 3-9 業務量総括表

部名: ○○部
課名: ○○課

様式2 業務量総括表

- 「様式2 業務量総括表」は、「様式1 業務一覧表」の内容及びABC分析データを基に作成するものです。
- 各業務の繁閑や業務量が一覧できる基礎資料です（ベースは予めが作基で作成します）。
- この業務総括表の内容をヒントに、所管課において業務手順分析の実施対象とする業務の考え方、改善したいポイント・課題などを検討し、シート下部のコメント欄に記入します。

課員数	正規職員			再任用	
	事務	技術系	常勤:専門職	常勤	短時間
			常勤:技術系	35H以上	35H未満		
16	0	0	0	6	0	0

No.	業務名	業務の主な内容	業務マニュアル有無	定型・定型外	ABC業務量（人工）														
					定型外	合計	比率	1	2	3	4	5	6	7	8	9	10	11	12
共1	課長職務			定型外		100	4.9%												100
共2	議会対応業務					67	3.3%			150		50	50	50			120	80	100
共3	予算編成外業務					171	8.4%		100	150	100	100	100	100	80	150	120	150	100
共4	庶務					85.5	4.2%	100	100	100	100	100	100	100	100	100	100	100	100
1	窓口・電話対応業務	各業務に係る窓口・電話対応業務		定型外		424.3	20.9%												
2	○○（定率事務）	○○法に基づく申請受付・支給等		定型		98	4.8%												
3	○○（定率事務）	○○法に基づく申請受付・支給等		定型		51	2.5%												
4	○○（現況届）	○○法に基づく申請受付・支給等		定型		169.8	8.3%												
5	○○（適用除外）	○○法に基づく申請受付・支給等		定型		47.2	2.3%				150	100	75	50		100	125	100	100
6	□□支給	○○法に基づく申請受付・支給等		定型		21.8	1.1%		100	60	60	100	100	120	100	100	120	100	100
7	△△（定率事務）	△△法に基づく申請受付・支給等		定型		144.8	7.1%	100	100	100	100	100	100	100	100	100	100	100	100
8	△△（定率事務）	△△法に基づく申請受付・支給等		定型		48.9	2.4%	100	100	120	100	100	80	100	100	100	100	100	100
9	△△（現況届）	△△法に基づく申請受付・支給等		定型		96.7	4.8%	100	150	50	100	100	100	100	100	100	100	100	100
10	××の支給事務	××の支給事務		定型		46.5	2.3%												
11	××（支給事務）	□□助成金に基づく申請受付・支給等		定型		27	8.0%												
12	□助成（現物給付）	□□助成金に基づく申請受付・支給等		定型		163.6	8.0%												
13	□助成（現金払い）	□□助成金に基づく申請受付・支給等		定型		191	9.4%							190				20	10
14	●●助成	●●の給付等に関する業務		定型		79.9	3.9%	100	100	100	100	80	100	100	100	100	100	100	100
15	▲▲給付	▲▲の給付等に関する業務に係る給付																	
16	システム構築業務	各業務システムのパージョンアップ及び個々の業務のプロジェクトの実施		定型		2034			100	100	100	100	100	100	100	100	100	100	100
					総人工														
					H24時間外														

業務手順分析の対象の業務対象とする業務の考え方、改善したいポイント・課題など

所感:
- No.1にかなりの業務量がかかっているが、現状では十分な整理ができていないため、改善の余地がある可能性がある。
- No.4、No.12については業務量が多く、昼間は窓口対応に時間を取られているため、時間外勤務が多くなっている。
- 年々繁忙時期が拡大する傾向にあり、時間外の増一も捻出しかっていない。

行革:
- No.1～No.4、No.12を分析対象としたい。No.1は定型外業務となっているが、ピアリング等により構造化（フロー作成、作業切り分け）を行い、改善点洗い出しを試みたい。
- 手編成時期や繁忙時期の業務の合計が約6人工と比較的多い、手編成業務切り分けによる効率化、負担軽減が図れないか検討したい。
- 繁忙時期が重複している業務が多いが、実施時期や担当者（非常勤）の調整等で改善が図れないか検討したい。

出所：市川市資料。

図表3-10 業務フロー図

様式3 業務フロー分析表

- 「様式3 業務フロー分析表」は、業務を構成する各作業の手順（流れ）、担当者、関係者、作業量等を一覧化することで各業務の課題や問題点を洗い出しにし、分析・改善への検討となる資料です。
- 分析対象となった業務について、別紙の作成例及びガイダンスを参考に、所管課の各業務担当者が「様式3 業務フロー分析表」を作成します。随時作業担当者が確認し作成支援を行います。内容については、随時作業担当者が確認し作成支援を行います。

部名	○○部	課名	○○課	業務名	○○業務	業務の内容(概要①)	死亡者に対する○○家の申請と処理
根拠法令等	○○に関する法律	マニュアル	有	①業務の求める（最終出力）	支払決定通知	②活動の主・副目標	主目標：業務の効率化 副目標：作業時間の短縮	③業務のサイクル/2週間・随時

8 業務フロー図

所属局 (a)広域連合 (広域連合本庁) / (b)○○担当職員

業務フロー図内の項目：
- 対象者データ送信 → 申請書作成 → 結果確認 → 封入 → 送付起案 → 送付決裁 → 送付 → 内容確認 (OK 95% / NG 5%) → 受領 → 申請
- システム入力 → 通知出力 → データ送信

No.	④活動の内容 (名詞でなく、主語＋目的語＋動詞の形式で記述して下さい)	⑤活動時の 成果物（入出力）	⑥（） 難易度	専門性	習熟度	責任度	常勤正規職員従事割合(%)	⑦活動数従事職員	(d)所属	⑧投入 ⑨活動時間割合各(%)	⑪上昇・低下分析	⑫所要時間/遅延時間	⑬準拠・問題点・改善したい点
1	○○の申請書を作成する	データ出力・帳票（定型中・大量）	低	低	低	100				10			申請書作成は、広域連合システムにより、対象者リストを用いて、ユーザ入力・手動で検索をして出力しているが、これを自動化したい。
2	○○の申請書を封入する	軽作業量（押入、押印など）	低	低	低	100				5			軽作業なので、チャレンジオフィスに依頼したい。
3	○○の送付の起案をする	庁内決定（起案一次数）	低	中	低					5			
4	○○の送付の決裁	庁内決定（起案一次数）	低	低	低					2		1日	
5	○○の申請書を送付する	各種文書等送付・受信	低	低	低	100				3			
6	○○の申請書の内容確認する	申請書等受付	低	低	低					10			
7	○○の申請をシステムに入力する（月額分）	データ入力・帳票（定型中・大量）	低	低	低	50				20			
8	○○の決定通知を出力する（入力翌日の翌月の月初）	データ出力・帳票（定型中・大量）	低	低	低	100				10		2ヶ月	広域連合で入金の処理を行っているので、2ヶ月かかっている。現状、市では改善できないが、今後広域連合に改善要望を出したい。
…													

出所：市川市資料。

(3) 市川市における事務量管理と合意形成

　旧システムにおいては，現場の主体性に依存した業務改善が志向され担当課長（マネージャー）の問題意識や分析技量に依存したシステムであった。詳細なデータを一方的に提供するだけでは十分活用されず，各課における自発的な取り組みも十分とはいえなかった。また，各課にとって柔軟性の高いシステムは，各課の問題意識に応じて分析レベルを設定できるというメリットがあったが，行政改革推進課が，全庁的な観点から分析し，課題を抽出することを難しくした。

　2015年から取組まれている新たな方法は，一方向・現場完結型の情報利用から双方向の情報利用へ，また，最初からミクロに分析するミクロアプローチからマクロ的な分析で課題を発見した上でミクロに分析する2ステップのアプローチを特徴としている。職員の定員管理・配置や，業務プロセスの改善，アウトソーシング化について，行政改革推進課と事業担当課とが一緒に検討し課題を解決しようとするものであり，課題認識の共有と課題解決策の合意形成のために，可視化された業務プロセスや事務量に関わる定量データが利用されている。また，明らかにしたい課題のレベルによって求められる情報の詳細さは異なってくるため，新システム検討案では，最初から詳細なデータを提供するのではなく，問題を掘り下げていく過程において，詳細な業務フローを作成・分析するアプローチをとっている。

北上市の事例

1．導入の経緯

　北上市は，1991年4月に合併したことで，類似団体別職員数の状況比較による職員数が106名（13%）超過し，職員削減が重要な課題となった（日本都市センター 2007, p.144）。1991年～1995年の第1次定員適正化計画をはじめ，2010年までに5度の定員適正化関連のプログラムを実施し，退職者の不補充

を行うことで延べ142名の削減を行った。

この間，行政サービスの水準を維持するだけでなく，インターハイ準備室や文化交流センター建設室設置などの新たな業務に対応し，また，超過勤務時間の削減にも取り組んできた。このため，組織再編や，民営化，業務の包括委託，非常勤職員の活用，業務間の繁閑解消などさまざまな取組みを検討，実施する必要が生じ，限られた資源を合理的に配置するための根拠となる情報が求められるようになった。

業務量の把握は，準備段階として全庁的に2002年度から試行を行い，2004年度から本格導入を行った。

2．事務事業管理の概要

(1) 基本的な考え方

業務量の把握は，行政評価における事業別コストに関連したものであり，行政評価システムは，市民ニーズをふまえた市民協働システムと資源投入に関わる財政管理システム，そしてこれらを両立させる戦略計画・管理のシステムに関連づけられている（図表3-11）。すなわち，市民に行政サービスを提供する事業とそれを構成する諸活動がどのように資源を消費しているかを測定することで，市民満足度を考慮しつつ，資源配分の最適化を図ろうとするものである。

まず，行政評価の体系にしたがって，事務事業の棚卸しが行われる。2014年度の事務事業数は688事業である。事務事業別に経営資源の投入状況を把握するため，さらに細かい単位で評価した方がよい事業については，細事業として整理される（図表3-12）。たとえば，「資源ゴミリサイクル事業」は，「資源ゴミ収集運搬」，「資源ゴミ加工保管」，「資源ゴミ再商品化」の3事業に細分化される。事務量は，この細事業単位で集計される。

細目事業ごとの政策的位置づけ，アウトプット量などの指標と，投入されるインプット側の業務量，コスト指標を対応させることで，定員の効果的な配置に関する以下のような項目が管理できるようになった（日本都市センタ

図表3-11　戦略計画策定，行政評価，財政管理各システムの関係

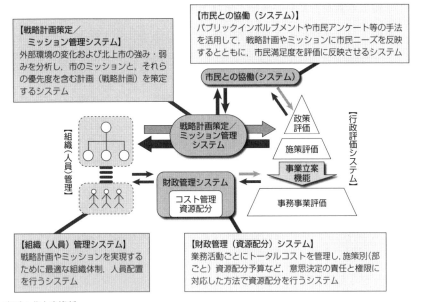

出所：北上市資料。

図表3-12　事務事業（行政評価事業）と細事業の関係

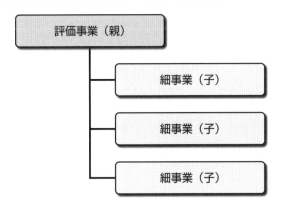

出所：北上市資料。

ー 2007, p.148)。
　①継続する義務的業務の確認：事務事業が定型的（義務的）なものか，政策的なものなのか，また政策的なものの中でも年次で終了するものか等の分類。
　②事業量が変動する業務と終期設定のある事業等の精査。
　③効率化できる業務等の精査：事務量と業務量のバランスや，実際の事務の状況等。
　④増員の必要な部署と減員が可能な部署の想定：前年度の定数配分において懸案となっていた項目や，常態的な情報収集やミッションの設定状況，予算要求等による削減または増員の必要な部署。
　⑤全体調整：業務量の変動や法改正・制度改正などに伴う増減要員への対応について，組織再編の可能性なども視野に入れた全庁的な調整。

(2) データ収集の方法

　事務量管理の対象は全事務・全職員である。部長職以上については直接人工を入力するのではなく，部長は部内で按分，市長・副市長（助役）等は全庁按分，教育長は教育部内で按分することになっており，事務事業に直接従事しない部長職以上の管理者の人工も事業ごとに集計されることになっている。

　事務量管理の実施時期は年度末に行われている。1人の人工を事業（業務）に分割する方法である。このとき，1の人工は，各細事業と共通内部事務（課内），課外（部内）に分けて入力される。当初は業務棚卸と業務量算定，事業費算定，評価までそれぞれ独自のシステムで入力，管理されてきたが，財務会計システムの更新にあたって，パッケージソフトを採用したことに伴い，Web上の行政評価支援システムで入力，管理することが可能になっている（図表3-13）。また，集計結果はCSVファイルでダウンロードすることが可能である。

　各部門で集計することによって，当該部門でどのような事業を実施し，各

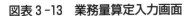

図表3-13　業務量算定入力画面

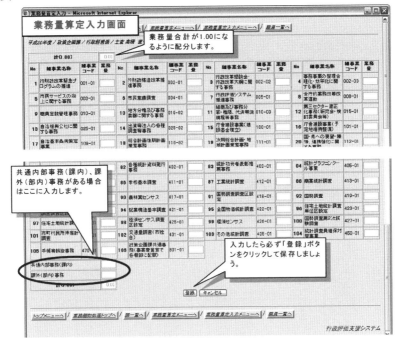

出所：北上市資料。

事業において，職階別にどの程度人工が投入されているか可視化することができる（図表3-14）。

図表3-14 業務量算定表（課等全体）〈非常勤・臨時職員分含まない〉

平成17年度

			010100	企画部政策企画課				14	課内共通事務	課内分掌最終計
								13.85	1.10	13.85
			課長	課長補佐	副主幹	主査		0.15		
			010100	010100	010102	010102				
			A	B	C	N			「課内共通内部事務」分再配賦	再配賦後最終業務量
番号	細事業名	細事業CD	0483	0677	0975	1329	計			
1	行政サービスの向上に関する事務	001 01					0.06	0.01	0.07
2	行政改革懇談会・行政改革大綱に関する事務	001 02					0.17	0.01	0.18
3	事務事業の整理合理化・能率化に関する事務	001 03					0.03	0.01	0.03
4	補助金・負担金・使用料・手数料の見直し事務	001 04					0.10	0.01	0.11
5	行財政改革緊急プログラム推進	001 05					0.06	0.01	0.07
6	構造的改革の推進	002 01					0.43	0.04	0.47
7	行政評価システム推進事務	005 01	0.10				2.49	0.21	2.70
8	全庁的業務改善事業	005 02					0.21	0.02	0.23
73	黒沢尻南高等学校跡地利用検討に関する事務	255 01					0.26	0.02	0.28
74	合併課題研究事業	265 01					0.01	0.01	0.01
75	北方領土返還要求運動岩手県民会議会費	267 01					0.01	0.01	0.01
76	政策企画課共通事務（事業費算定で各棚卸に配賦）	550 01					0.00	0.00	0.00
	共通内部事務（課内）		0.60	0.35			1.10		
	課外（部内）事務			0.15			0.15		
	課外（部内）事務の内容記載欄								
	計		1.00	1.00	1.00	1.00	14.00	1.10	13.85

注：各人の計は1.00になること。各人の従事量の最小記入単位は0.01

(3) 事業別コストの計算

　事業別コストの計算は，まず，人件費については，業務ごとの直接経費（予算の単位と整合している）に人件費（人工×レート）を加算し，共通事務費を按分配賦（人工で按分）し，さらに，非常勤・臨時職員人件費を加えることで，直接，間接，非常勤の人件費総額を細事業別に把握することができる（図表3-15）。人件費レートは，全庁人件費総額を人数で割った平均単価を求め計算されている。このため，予算・決算の款項目の体系で計上されている人件費とは異なっている。

　そして，人件費に直接事業費，これに庁舎等の減価償却費，公債費を加算してフルコストを計算することができる（図表3-16）。

図表3-15　事業費算定表
平成19年度　　　　　　　　　一般会計　　　　政策企画課

細事業名称	部課コード	細事業コード	決算額 a	非常勤・臨時職員経費 b	部門共通内部事務費 c	職員人件費 d	直接事業費・計 e (a~d)				一般財源
								国・県支出金	市債	負担金・使用料	その他	
行財政改革緊急プログラムの推進	010100-	001-01	0	0	0	1,828,062	1,828,062	0	0	0	0	1,828,062
行財政構造改革推進事務	010100-	002-01	0	0	0	15,843,198	15,843,198	0	0	0	0	15,843,198
行政改革懇談会・行政改革大綱に関する事務	010100-	002-02	50,454	0	0	696,404	746,858	0	0	0	0	746,858
事務事業の整理合理化・効率化に関する事務	010100-	002-03	0	0	0	522,303	522,303	0	0	0	0	522,303
市民サービスの向上に関する事務	010100-	003-01	0	0	0	261,152	261,152	0	0	0	0	261,152
市民意識調査	010100-	004-01	0	0	0	0	0	0	0	0	0	0
行政評価システム推進事務	010100-	005-01	485,120	0	0	12,361,180	12,846,300	0	0	0	0	12,846,300
全庁的業務改善改革運動	010100-	008-01	719,537	0	0	8,530,955	9,250,492	0	0	0	0	9,250,492
職員定数管理事務	010100-	010-01	0	0	0	696,404	696,404	0	0	0	0	696,404
地方分権及び事務委譲に関する事務	010100-	010-02	0	0	0	1,741,011	1,741,011	0	0	0	0	1,741,011
組織及び事務分掌・権限、代決専決規程等事務	010100-	010-03	0	0	0	1,305,758	1,305,758	0	0	0	0	1,305,758
第三セクター適正化事務(研究会・検討委員会等)	010100-	015-01	2,400	0	0	3,394,972	3,397,372	0	0	0	0	3,397,372
自治振興公社に関する事務	010100-	025-01	0	0	0	87,051	87,051	0	0	0	0	87,051
出資等法人の各種調査等事務	010100-	025-02	0	0	0	435,253	435,253	0	0	0	0	435,253
庁舎建設事業(建設基金積立)	010100-	100-01	0	0	0	0	0	0	0	0	0	0
庁舎建設事業(予定地維持整備)	010100-	101-01	834,809	0	0	609,354	1,444,163	0	0	0	0	1,444,163
総合計画後期計画策定事務	010100-	110-02	0	0	0	0	0	0	0	0	0	0
次期総合計画・地域計画策定事務	010100-	111-01	0	0	0	870,506	870,506	0	0	0	0	870,506
国・県への要望・陳情、連携強化に関する事務	010100-	112-01	0	0	0	1,044,607	1,044,607	0	0	0	0	1,044,607
地域活性化事業調整費・総合補助金の調整事務	010100-	113-01	0	0	0	174,101	174,101	0	0	0	0	174,101
合併等の視察対応事務	010100-	120-01	0	0	0	0	0	0	0	0	0	0
北上市統計調査員協議会運営費補助金	010100-	406-01	145,000	0	0	2,176,264	2,321,264	0	0	0	0	2,321,264
学校基本調査	010100-	411-01	25,470	0	0	435,253	460,723	0	0	0	0	460,723
工業統計調査	010100-	412-01	738,550	0	0	3,133,820	3,872,370	0	0	0	0	3,872,370
商業統計調査	010100-	413-01	1,609,038	0	0	3,220,871	4,829,909	0	0	0	0	4,829,909
就業構造基本調査	010100-	421-01	2,048,167	0	0	4,004,326	6,052,493	0	0	0	0	6,052,493
全国物価統計調査	010100-	422-01	390,556	0	0	1,479,860	1,870,416	0	0	0	0	1,870,416
住宅土地統計調査単位区設定	010100-	423-01	553,300	0	0	4,526,629	5,079,929	0	0	0	0	5,079,929
市町村民所得推計調査	010100-	430-01	2,100	0	0	1,915,112	1,917,212	0	0	0	0	1,917,212
交通量調査(市独自)	010100-	431-01	780,000	0	0	696,404	1,476,404	0	0	0	0	1,476,404
その他統計調査	010100-	435-01	0	0	0	0	0	0	0	0	0	0
統計調査員確保対策事業	010100-	450-01	173,338	0	0	696,404	869,742	0	0	0	0	869,742
手帳等斡旋事務	010100-	470-01	0	0	0	870,506	870,506	0	0	0	0	870,506
政策企画課共通事務(事業費算定で各棚卸に配賦)	010100-	801-01	366,539	0	0	0	366,539	139,000	0	0	0	227,539
合計			327,006,031	0	0	132,926,205	459,932,236	2,614,000	0	0	0	457,318,236

地方公共団体における導入事例研究 第3章

付表1 非常勤・臨時職員の按分					付表2 部門共通内部事務費の按分		付表3 職員人件費の算定						平均単価	8,705,056	
非常勤職員		臨時職員			職員の業務量	部門共通内部事務費c	職員の業務量								
業務量	算定額	業務量	算定額	合計	職員の業務量 人		課長以下 人	他課その他 人	計	課内共通 人	合計	給料等	時間外手当	職員人件費d
0.00	0	0.00	0	0	0.20	0	0.20	0.00	0.20	0.01	0.21	1,828,062	0	1,828,062
0.00	0	0.00	0	0	1.77	0	1.77	0.00	1.77	0.05	1.82	15,843,198	0	15,843,198
0.00	0	0.00	0	0	0.08	0	0.08	0.00	0.08	0.00	0.08	696,404	0	696,404
0.00	0	0.00	0	0	0.06	0	0.06	0.00	0.06	0.00	0.06	522,303	0	522,303
0.00	0	0.00	0	0	0.03	0	0.03	0.00	0.03	0.00	0.03	261,152	0	261,152
0.00	0	0.00	0	0	0.00	0	0.00	0.00	0.00	0.00	0.00	0	0	0
0.00	0	0.00	0	0	1.38	0	1.38	0.00	1.38	0.04	1.42	12,361,180	0	12,361,180
0.00	0	0.00	0	0	0.95	0	0.95	0.00	0.95	0.03	0.98	8,530,955	0	8,530,955
0.00	0	0.00	0	0	0.08	0	0.08	0.00	0.08	0.00	0.08	696,404	0	696,404
0.00	0	0.00	0	0	0.19	0	0.19	0.00	0.19	0.01	0.20	1,741,011	0	1,741,011
0.00	0	0.00	0	0	0.15	0	0.15	0.00	0.15	0.00	0.15	1,305,758	0	1,305,758
0.00	0	0.00	0	0	0.38	0	0.38	0.00	0.38	0.01	0.39	3,394,972	0	3,394,972
0.00	0	0.00	0	0	0.01	0	0.01	0.00	0.01	0.00	0.01	87,051	0	87,051
0.00	0	0.00	0	0	0.05	0	0.05	0.00	0.05	0.00	0.05	435,253	0	435,253
0.00	0	0.00	0	0	0.00	0	0.00	0.00	0.00	0.00	0.00	0	0	0
0.00	0	0.00	0	0	0.07	0	0.07	0.00	0.07	0.00	0.07	609,354	0	609,354
0.00	0	0.00	0	0	0.10	0	0.10	0.00	0.10	0.00	0.10	870,506	0	870,506
0.00	0	0.00	0	0	0.12	0	0.12	0.00	0.12	0.00	0.12	1,044,607	0	1,044,607
0.00	0	0.00	0	0	0.02	0	0.02	0.00	0.02	0.00	0.02	174,101	0	174,101
0.00	0	0.00	0	0	0.00	0	0.00	0.00	0.00	0.00	0.00	0	0	0
0.00	0	0.00	0	0	0.24	0	0.24	0.00	0.24	0.01	0.25	2,176,264	0	2,176,264
0.00	0	0.00	0	0	0.05	0	0.05	0.00	0.05	0.00	0.05	435,253	0	435,253
0.00	0	0.00	0	0	0.35	0	0.35	0.00	0.35	0.01	0.36	3,133,820	0	3,133,820
0.00	0	0.00	0	0	0.36	0	0.36	0.00	0.36	0.01	0.37	3,220,871	0	3,220,871
0.00	0	0.00	0	0	0.45	0	0.45	0.00	0.45	0.01	0.46	4,004,326	0	4,004,326
0.00	0	0.00	0	0	0.16	0	0.16	0.00	0.16	0.01	0.17	1,479,860	0	1,479,860
0.00	0	0.00	0	0	0.50	0	0.50	0.00	0.50	0.02	0.52	4,526,629	0	4,526,629
0.00	0	0.00	0	0	0.21	0	0.21	0.00	0.21	0.01	0.22	1,915,112	0	1,915,112
0.00	0	0.00	0	0	0.08	0	0.08	0.00	0.08	0.00	0.08	696,404	0	696,404
0.00	0	0.00	0	0	0.00	0	0.00	0.00	0.00	0.00	0.00	0	0	0
0.00	0	0.00	0	0	0.08	0	0.08	0.00	0.08	0.00	0.08	696,404	0	696,404
0.00	0	0.00	0	0	0.10	0	0.10	0.00	0.10	0.00	0.10	870,506	0	870,506
0.00	0	0.00	0	0	0.00	0	0.00	0.00	0.00	0.00	0.00	0	0	0
0.00	0	0.00	0	0	14.83	0	14.83	0.00	14.83	0.44	15.27	132,926,205	0	132,926,205

図表3-16 フルコスト計算表

投入コスト（フルコスト）

細事業名称	部課コード	細事業コード	直接事業費 f（a＋c）	人件費 g（b＋d）	事業費計 e〈再掲〉
行財政改革緊急プログラムの推進	010100-	001-01	0	1,828,062	1,828,06
行財政構造改革推進事務	010100-	002-01	0	15,843,198	15,843,19
行政改革懇談会・行政改革大綱に関する事務	010100-	002-02	50,454	696,404	746,85
事務事業の整理合理化・効率化に関する事務	010100-	002-03	0	522,303	522,30
市民サービスの向上に関する事務	010100-	003-01	0	261,152	261,15
市民意識調査	010100-	004-01	0	0	
行政評価システム推進事務	010100-	005-01	485,120	12,361,180	12,846,30
全庁的業務改善改革運動	010100-	008-01	719,537	8,530,955	9,250,49
職員定数管理事務	010100-	010-01	0	696,404	696,40
地方分権及び事務委譲に関する事務	010100-	010-02	0	1,741,011	1,741,01
組織及び事務分掌・権限,代決専決規程等事務	010100-	010-03	0	1,305,758	1,305,75
第三セクター適正化事務（研究会・検討委員会等）	010100-	015-01	2,400	3,394,972	3,397,37
自治振興公社に関する事務	010100-	025-01	0	87,051	87,05
出資等法人の各種調査等事務	010100-	025-02	0	435,253	435,25
庁舎建設事業（建設基金積立）	010100-	100-01	0	0	
庁舎建設事業（予定地維持整備）	010100-	101-01	834,809	609,354	1,444,16
総合計画後期計画策定事務	010100-	110-02	0	0	
次期総合計画・地域計画策定事務	010100-	111-01	0	870,506	870,50
国・県への要望・陳情,連携強化に関する事務	010100-	112-01	0	1,044,607	1,044,60
地域活性化事業調整費・総合補助金の調整事務	010100-	113-01	0	174,101	174,10
合併等の視察対応事務	010100-	120-01	0	0	
北上市統計調査員協議会運営費補助金	010100-	406-01	145,000	2,176,264	2,321,26
学校基本調査	010100-	411-01	25,470	435,253	460,72
工業統計調査	010100-	412-01	738,550	3,133,820	3,872,37
商業統計調査	010100-	413-01	1,609,038	3,220,871	4,829,90
就業構造基本調査	010100-	421-01	2,048,167	4,004,326	6,052,49
全国物価統計調査	010100-	422-01	390,556	1,479,860	1,870,41
住宅土地統計調査単位区設定	010100-	423-01	553,300	4,526,629	5,079,92
市町村民所得推計調査	010100-	430-01	2,100	1,915,112	1,917,21
交通量調査（市独自）	010100-	431-01	780,000	696,404	1,476,40
その他統計調査	010100-	435-01	0	0	
統計調査員確保対策事業	010100-	450-01	173,338	696,404	869,74
手帳等斡旋事務	010100-	470-01	0	870,506	870,50
政策企画課共通事務（事業費算定で各棚卸に配賦）	010100-	801-01	366,539	0	366,53
合計			327,006,031	132,926,205	459,932,23

間接費 h	公債費 i	非コスト項目調整(△) j	減価償却費 k	退手単価 0 退職給与引当金相当額 l	その他 m	フルコスト n
0	0	0	0	0	0	1,828,062
0	0	0	0	0	0	15,843,198
0	0	0	0	0	0	746,858
0	0	0	0	0	0	522,303
0	0	0	0	0	0	261,152
0	0	0	0	0	0	0
0	0	0	0	0	0	12,846,300
0	0	0	0	0	0	9,250,492
0	0	0	0	0	0	696,404
0	0	0	0	0	0	1,741,011
0	0	0	0	0	0	1,305,758
0	0	0	0	0	0	3,397,372
0	0	0	0	0	0	87,051
0	0	0	0	0	0	435,253
0	0	0	0	0	0	0
0	0	0	0	0	0	1,444,163
0	0	0	0	0	0	0
0	0	0	0	0	0	870,506
0	0	0	0	0	0	1,044,607
0	0	0	0	0	0	174,101
0	0	0	0	0	0	0
0	0	0	0	0	0	2,321,264
0	0	0	0	0	0	460,723
0	0	0	0	0	0	3,872,370
0	0	0	0	0	0	4,829,909
0	0	0	0	0	0	6,052,493
0	0	0	0	0	0	1,870,416
0	0	0	0	0	0	5,079,929
0	0	0	0	0	0	1,917,212
0	0	0	0	0	0	1,476,404
0	0	0	0	0	0	0
0	0	0	0	0	0	869,742
0	0	0	0	0	0	870,506
0	0	0	0	0	0	366,539
0	11,642,622	0	21,586,000	0	0	493,160,858

3．部門内ワークシェアの明確化と業務改善を目的とした日報管理

(1) 日報管理の目的

　職員が自ら業務改善に対する意識を高め，工夫をしようとすると，日々どのような業務が発生しているかを把握する必要がある。行政評価において実施している業務量の把握では，細事業レベルでも資料作成や会議などどのような性質の業務を行っているのかわからない。また，業務がいつ発生していて忙しいのかもわからない。このため，北上市では，政策企画課行政経営係の自発的な取り組みとして，2005年度（2005年5月～2006年3月末）および2006年度（2006年4月～2007年3月末）の約2年間，日報管理による事務量の管理が試行的に行われた。

(2) 日報管理の概要

　政策企画課行政経営係では，係内で簡易な業務日報を作成することにした。係員が業務別・種別（業務の性質別）に1日の勤務状況を記録し，係全体で業務別・種別・個人別・時期別の集計を行う。概ね30分単位（30分未満四捨五入）で業務状況を記録し，業務については，「分掌」と「性質」の2項目でそれぞれ分類した。

　分掌では「①行政評価・行政経営，②業務等改善，③改革項目具体化（緊プロ・行革懇・新たな行財政改革含む），④第三セクター適正化，⑤代決専決事項・組織機構・権限委任等内部調整事務，⑥その他課内業務等」で大分類し，さらに各々細かく分類した。また性質については「①集計作表，②資料作成，③資料分析，④点検確認，⑤回答・指導・説明，⑥会議・打合せ，⑦新規企画・考案，⑧研究，⑨来客・視察」で内容を分類した。記録は，概ね1日に1回か午前1回・午後1回に実施し，所要時間2～3分程度（1日）であった。

　図表3-17は，個人別の月次集計結果である。日々どのような性質の業務がどの時間帯に発生しているかをみることができる。図表3-18は，個人別

図表 3-17 日報データの月次集計表（個人）

行政経営係業務日誌

5 月

分掌区分 ①行政評価行政経営

10 行政経営プロセス（事後評価・ミッション・事業企画・予算編成）改善		11 事後評価取りまとめ
12 事前評価取りまとめ	13 業務棚卸・業務量算定取りまとめ	14 事業費算定・フルコスト算定
15 評価指標・評価表・評価基準見直し	16 施策段階評価の検討・試行	17 活動単位原価算定
18 支援システム導入・運用	19 普及啓発・パブリックインボルブメント	

②業務等改善

20 全庁的業務改善	21 業務棚卸・業務量算定・事後評価等の資料活用と提案	22 事務の効率化
23 行政サービスの向上	24 事務改善委員会	25 受益者負担・補助金見直し

③改革項目具体化（緊プロ・行革懇等含む）

30 行政改革大綱	31 行財政改革緊急プログラム	32 行政改革懇談会	33 新たな行財政改革

④第三セクター適正化　40 第三セクター適正化

⑤代決専決事項・組織機構・権限委任等内部調整事務

51 権限委任・代決専決事項・補助執行	52 職員定数	53 組織機構

⑥課内業務等　60 課内業務等

性質区分　1:集計作表　2:資料作成　3:資料分析　4:点検・確認　5:回答・指導・説明
6:会議・打ち合わせ　7:企画・考案　8:研究　9:来客・視察対応

（記載例）　○事後評価の各課への説明 115　○第三セクター関連資料作成 402

		高橋																		
		8時30分～9時00分	9時00分～9時30分	9時30分～10時00分	10時00分～10時30分	10時30分～11時00分	11時00分～11時30分	11時30分～12時00分	12時00分～12時30分	12時30分～13時00分	13時00分～13時30分	13時30分～14時00分	14時00分～14時30分	14時30分～15時00分	15時00分～15時30分	15時30分～16時00分	16時00分～16時30分	16時30分～17時00分	17時00分～17時30分	備考
1	日																			
2	月																			
3	火																			
4	水																			
5	木																			
6	金	254	107	107	218	218	523	528			187	187	187	187	187	187	187	187	187	
7	土																			
8	日																			
9	月	254	528	602	602	602	602	602			531	531	531	531	531	531	531	606	531	地域計画復命資料作成,課内会議
10	火	518	521	521	521	521	521	521			521	521	521	521	521	521	521	521	521	
11	水	206	133	133	133	186	186	186			135	135	135	135	135	135	135	135	135	棚卸・業務量算定ヒア
12	木	247	521	521	521	621	521	521			521	521	521	521	521	521	186	186	521	
13	金	405	405	405	405	405	405	405			405	405	405	405	521	521	521	521	106	県庁出張（三セクヒア）
14	土																			
15	日																			
16	月	108	108	108	108	108	108	108			108	108	108	108	108	108	108	103	108	NIRA出張
17	火	106	106	106	106	106	108	108			407	207	207	207	407	206	206	206	207	経営者会議、係内会議
18	水	208	208	208	102	102	102	102			187	606	606	186	186	186	186	187	187	ﾊﾟｰﾄﾅｰｼｯﾌﾟ研究会
19	木	254	135	182	182	182	182	182			182	182	187	515	518	518	187	107	107	
20	金	217	217	217	246	246	246	308			308	521	521	521	247	521	207	217	217	打ち合わせ、監査定数資料
21	土																			
22	日																			
23	月	108	518	518	605	605	308	308			246	246	246	242	242	242	242	242	606	県内助役会議の内容説明
24	火	243	243	243	246	246	246	246			208	208	603	603	256	256	256	191	191	事務改善委員会、財政係協議
25	水	313	102	102	102	102					187	187	187	187	187	107	107	107	107	事業費算定検証
26	木	607	607	607	607	607	604	604			607	607	607	607	604	604	184	184	184	後期計画検証、会検資料準備(新エネ)
27	金	207	207	134	134	134	114	184			103	103	107	107	102	102	106	106	106	
28	土																			
29	日																			
30	月	102	102	107	107	217	217	167			167	167	134	134	134	134	134	134	606	
31	火	603	603	605	605	605	605	605			603	606	606	606	606	601	134	134	134	新エネ会検、PS研究会

月別集計

		業務別性質別集計（上段:時間、下段:全体構成比）									
		業務計	性質1	性質2	性質3	性質4	性質5	性質6	性質7	性質8	性質9
行政評価行政経営	業務1	62:00	1:00	9:30	2:30	8:30	5:00	9:00	17:00	9:30	0:00
		43.36%	0.70%	6.64%	1.75%	5.94%	3.50%	6.29%	11.89%	6.64%	0.00%
全庁的業務改善	業務2	25:30	0:00	2:30	1:30	1:30	0:00	8:30	8:00	3:30	0:00
		17.83%	0.00%	1.75%	1.05%	1.05%	0.00%	5.94%	5.59%	2.45%	0.00%
改革項目の具体化	業務3	2:30	0:00	0:00	0:30	0:00	0:00	0:00	0:00	2:00	0:00
		1.75%	0.00%	0.00%	0.35%	0.00%	0.00%	0.00%	0.00%	1.40%	0.00%
第三セクター	業務4	6:30	0:00	0:00	0:00	0:00	5:30	0:00	1:00	0:00	0:00
		4.55%	0.00%	0.00%	0.00%	0.00%	3.85%	0.00%	0.70%	0.00%	0.00%
内部調整事務	業務5	26:30	22:00	0:00	0:30	0:00	0:30	0:00	0:00	3:30	0:00
		18.53%	15.38%	0.00%	0.35%	0.00%	0.35%	0.00%	0.00%	2.45%	0.00%
その他課内業務等	業務6	20:00	0:30	2:30	2:30	2:00	3:30	4:30	4:30	0:00	0:00
		13.99%	0.35%	1.75%	1.75%	1.40%	2.45%	3.15%	3.15%	0.00%	0.00%
	全体	143:00	23:30	14:30	7:30	12:00	14:30	22:00	30:30	18:30	0:00
		100.00%	16.43%	10.14%	5.24%	8.39%	10.14%	15.38%	21.33%	12.94%	0.00%

出所：北上市資料。

の事務分掌の割合であり，図表3-19は年間の発生推移である。また，図表3-20は，個人別の業務性質の割合，図表3-21は年間の発生推移である。これらは，組織としての集計，他の職員のデータと比較することで，個人レベルでどのような業務を担当し，負荷が生じているかをみることができる。図表3-22は，部門として集計した棒グラフである。改善を要するもの，取り組みが不足であるものなどの組織としての課題を明らかにすることができた。

図表3-18 事務分掌割合（個人）

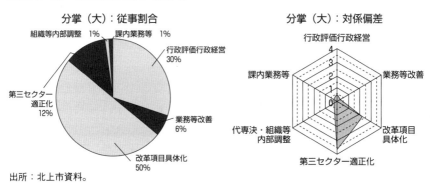

出所：北上市資料。

図表3-19 事務分掌ごとの年間発生推移（個人）

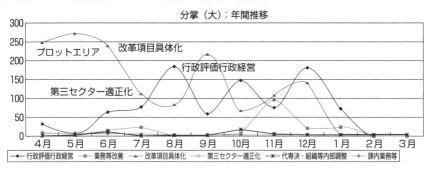

出所：北上市資料。

図表 3-21　作業性質別業務の年間推移

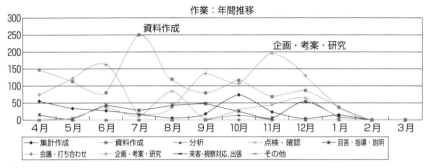

出所：北上市資料。

図表 3-20　作業性質別業務割合（個人）

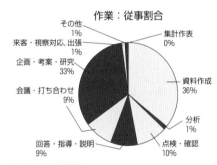
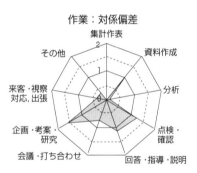

出所：北上市資料。

図表3-22　組織（係）単位での業務量集計

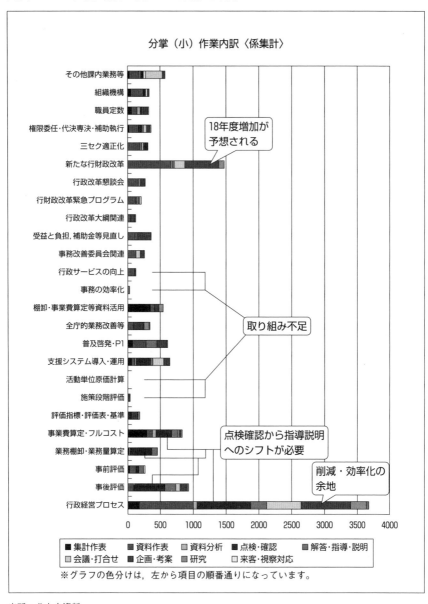

出所：北上市資料。

(3) **日報管理の有用性**

　日々事務量を管理することで，これまではみえなかった事務分掌別，作業性質別の業務量が，各担当者レベル，日次レベルでどのように発生しているか把握できるようになった。部門がどのような機能を果たし，何を強化すべきか，年間を通じてどのように業務負担を設計すればよいかについて検討できるようになった点は高く評価されている。

　図表3-23は日報管理に対する職員の感想をまとめたものである。行政評価ではみえなかった自分や他の職員の働き方が可視化されたことによって，各自が内省していることがわかる。各自が学習し，組織課題として課題の共有化，解決に向けた検討が行われることで，組織学習につながることが期待される。

図表3-23　日報管理の職員の感想

① 係長
　初めての取り組みであったが，個人活用が主で様々な用途があった。各個人の時間に対する意識が高まったこと，目標をもって従事することに大きな効果があったと考える。
　まだ確立していないが，係全体の中で事務分担と個人ごとの実態を確認し，係として効率を高める検討材料となるし，とくに時期ごとの業務の偏在に対する工夫と改善を今後具体化することができると感じた。

② 職員A
　業務棚卸・業務量算定の作業内訳がほとんど「点検確認」であり，18年度は「内容の指導」を強化すべきものと考える。行政評価・行政経営を確立しながら，他の業務に平均的に力を入れていくことが可能になると思う。
　「活動単位・原価計算」の具体化が進んでいなかった，今後はこの作業にも取り組み，行政経営に活用しなければならない。
　1～3月の行政評価・行政経営にかかる作業が大幅に減っているので，この3ヵ月をどのように活用するかが今後の課題と感じる。

③ 職員B
　1年間の実感としては，業務記録を残すことで，1日の業務で何をしたのかを客観的に確認することができた。行政評価関係帳票の点検確認や，公表にかかる作業時間を計測して，次回の作業までに改善可能なことを確認できるとよいと思う。（ただし時間外分は把握困難かもしれないので，当面は時間内での範囲で。）
　18年度はミッションを強化して，施策評価を実施することが課題と考える。
　部長へも含めて職場に出向いてフォローすることが増えればお互いの信頼感につながるのではないか。

④ 職員C
　新しい試みで最初のうちはとまどうことも多かったが，11ヵ月取り組んだ結果をみて，予想以上に個人ごとの差が出たことに驚いた。
　この結果から課題として位置づけられているにも関わらず着手できず（あるいは着手はしたが実績を残すまでには至っていないものも含む）に終わった分野は，それに向き合う時間が圧倒的に少なかったことが明らかになった。今年度は自分自身で時間調整しながら，課題とされている部分に向き合う時間を可能な限り生み出していきたい。

出所：北上市資料。

4．事務量管理の効果と課題

　北上市が2002年から取り組んできた事務量管理は，行政評価システムに関連したものであり，事務事業に焦点が当てられていた。政策的位置づけ，成果指標といったアウトプット側からの評価とフルコストにもとづくインプット側双方からの評価を細事業単位で行い，そのインプット側の評価における人件費について，実態に近い事務量管理のデータを基礎とすることで，実際の負荷に近いコストを見積もることが可能となった。その結果，予算編成（事業の見直し，廃止等を含む）において，事業内容と事業量の状況がわかることから，施策全体での評価を行い，施策の中で事業見直し（廃止等を含め）を行うことができた。とくに，定員管理の観点から，業務のアウトソーシングや非常勤職員採用の検討資料として活用できたと評価されており，別途実施した業務改善改革運動も影響している可能性はあるが，事業を企画する時に人件費（人工）も意識するようになったと評価されている。人件費は，2014年度決算において普通会計歳出総額約394億円のうち約49億円（12.3％）を占めているが，2005年度は20％であったことからすれば構成比は大いに減少した。客観的な人工，人件費コストの認識と，意識改革運動を組み合わせることで，行動の変化が期待できると評価されている。

　他方，2002年からの取り組みは課題，限界も認識されてきた。1つは，業務棚卸の単位が活動レベルまで細かいものとはなっていないため，細事業レベルにおいて具体的にどのような改善をするべきかについては，定性的な課題認識にもとづいて検討せざるを得ないことである。

　2つは，データの精度である。事務量の入力は年1回のみであるため，記憶に頼った感覚的な要素が入り込む余地がある。庁内LANでの事務従事記録（予定表として活用されているもの）なども参考にはなるが，詳細な記録ではないため，精度を上げる上で限界がある。また，実績時間ではなく比率の入力であるため，実際の業務時間数を捉えることに限界がある（残業等による実勤務時間数の大小が考慮されない）。これについては，出退勤時間か

らの勤務記録をシステム化して計算できる可能性があると認識されている。しかし，現時点では，BPR（Business Process Reengineering）による改革の必要性を全庁的に認識して周知しなければ仕事のための仕事になってしまい，実施に対する抵抗が生じることが懸念されている。全部門でなく，テーマをもってセグメントで取り組むことは可能性があると考えられており，とくに給食センターなど業務の標準化度が高い組織については有効だと認識されている。また，市場化テストのような視点で改善の余地を探していく上で活用できる余地があると考えられている。

　実績時間の把握においては，日報管理を導入することで精度の高い情報を得ることができるが，導入にあたっては目的を明確にし，改善や改革につながる形で活用することが必要だと認識された。日報管理は，各自の内省と組織学習につながる可能性が期待できるため，全庁的に導入するのではなく，まずは問題意識の高いグループ単位で，業務成果を高める目的で取り組める可能性はあると認識されている。

5．自治体における事務量管理の可能性と課題

　以上の市川市，北上市における事務量管理の取り組みをみると，事務量管理の方法には少なくとも2種類あることがわかる（図表3-24）。1つは，市川市版ABCや北上市の事業別コスト計算にみられる方法である。これは，各職員が年に一度自分の業務の構成を考え，自分の業務量を1としてその構成比を各業務に割振り，集計する「年次管理」というべき方法である。他方は，北上市の日報管理の事例にみられる日々の業務量の絶対量を記録する「日次管理」である。

　データを収集する上での主なコストは，職員の入力作業にかかわる人件費と情報システム等に関するコストである。年次管理は，入力は年一度であり負荷は比較的小さい。市川市では詳細な業務分類に従った入力が行われたが10年間継続できた。市川市，北上市ともに，各職員がパソコン上のソフトウェア上の画面で直接入力できるシステムを導入し，入力関わる負荷を軽減し

図表 3-24　年次管理と日次管理の特徴

	年次管理	日次管理
データ収集の頻度	年に一度	毎日
データの属性	比率	実時間数
職員による入力負荷	小さい（年一度）	2～3分/回を一日1回もしくは2回
情報システム（自動集計）の必要性	あり	あり
データの精度	日次管理に比べ低い	高い（高入力率が前提）

ている。他方，北上市における日報管理は，一回当たり2～3分必要とされた。1日2回入力する場合は，4～6分/日の作業が生じる。北上市では，入力負荷を軽減するために30分を一単位として入力する方法を採用した。

集計されるデータ量は，対象者数，分類される業務の種類，測定回数の多さに伴って増加する。このため，市川市のように，測定回数が年一回であっても業務を詳細に分析しようとした場合，画面上で入力し自動集計するための情報システム整備が求められる。また，日次管理はデータ量が多くなる。対象者数が多ければ，手作業での集計が難しくなるため，情報システムによる自動集計が必要となる。

事務量管理によって得ることができる情報の精度は，入力すべきデータがきちんと入力されているかというカバー率と入力されるデータの正確性に依存している。年次管理は，年一度の入力作業で良いため，入力する職員のカバー率を高いレベルに維持することは比較的容易であるが，データの精度の高さには限界がある。特に入力されるデータは，測定が年に一度であるため，絶対量の測定ではなく構成比にならざるを得ない。時間数に換算する場合，個々の職員の勤務時間数は異なるため，職員の勤務時間数のバラツキが大きい場合は，絶対的な時間数の精度が低下する可能性がある。日次管理の場合は，ほぼ実際に近い時間数を毎日収集できる。北上市のように，30分を一単

位とする場合はそれ以下の短時間作業の把握には限界があるが，それでも，午前，午後それぞれに入力する場合はほぼ実態に近い事務量の把握が期待できる。ただし，職員の入力率が低下すれば精度も低下する。北上市において取り組まれた日報管理は，ほぼ一年を通じて入力作業が行われており，自治体における日次管理の導入可能性を示すものであるが，実施された部門は，入力作業の目的や意義が浸透している政策企画課行政経営係であった。庁内全体に導入していくためには，行政経営係以外の一般的な事務事業を所管している現場の部門においても高い入力率（入力対象の職員が入力すべきタイミングにデータを入力するか）を実現できるかという課題がある。多様な部門，職種から構成される自治体組織においては，仮に強制力の高い制度として導入できたとしても，入力率を高める上で，また，入力されるデータの正確性を高める上では，理解と協力を得ることが必要となる。つまり，日々入力することへの共通の理解が重要となり，職員に入力の意義を感じてもらう必要があろう。

　入力の意義を検討する上で参考になるのが，北上市の日報管理に対する職員の感想（図表3-23）である。北上市の場合，行政評価ではみえなかった自分や他の職員の働き方が可視化されたことによって，各自が自分の業務を振り返り，将来にむけた課題を認識できていることがうかがえた。各自が学習し，組織課題として課題の共有化，解決に向けた検討が行われることで，組織学習につながることが期待される。その上では，定量的な業務量情報に業務に関する定性的な情報を追加することも重要であろう。組織として業務のデザインが改善され，職員が働きやすくなったことを実感することができれば，入力に対する理解はより深まることが期待できる。日次管理の導入においては，このような好循環を生み出すことができるような設計を行うことが重要である。

謝辞

　市川市の事例作成にあたっては，市川市企画部行財政改革推進課にご協力いただいた。これまでの取り組みに関してインタビュー調査（2015年12月）にご協力いただいたほか，関連資料を提供いただいた。厚く感謝申し上げます。

　また，北上市の事例作成にあたっては，北上市企画部政策企画課の高橋謙輔氏にご協力いただいた。関連資料を提供いただいたほか，これまでの取り組みに関する質問事項については多くの時間を割いていただき，詳細なご回答をいただいた。厚く感謝申し上げます。

参考文献

市川市（2003）「ABC分析結果」（http://www.city.ichikawa.lg.jp/common/000016102.pdf）。
市川市（2006）「市川市の行政改革　ABC（活動基準原価計算）による業務の可視化」（http://www.city.ichikawa.lg.jp/common/000016103.pdf）。
総務省（2015）「平成27年地方公共団体定員管理調査結果の概要」（http://www.soumu.go.jp/main_content/000391772.pdf）。
日本都市センター（2007）「都市自治体の戦略的な組織定数マネジメント」財団法人日本都市センター。
松尾貴巳（2009）『自治体の業績管理システム』中央経済社。

第4章

社会福祉・社会資本分野における計数的マネジメント

考察の対象としての社会福祉・社会資本分野

　第4章では，社会福祉分野と社会資本分野における計数的マネジメントについて考察する[1]。社会福祉分野と社会資本分野は，それぞれ以下のような特徴があるため，第4章における考察の範囲もそれぞれに異なることとなる。

　まず，社会福祉分野である。この分野は，政府による公定価格である診療報酬や介護報酬のもとにある[2]。このため，医療機関等の経営も，診療報酬等の改定によって大きな影響を受けることとなる。また，組織形態もさまざまであり，医療法人等のみならず，国立大学法人や独立行政法人，さらには公立の医療機関等も相当な規模で存在する。ここでは，医療機関の経営についても考察の対象とすることとし，まず，医療機関等の組織内部における計数的マネジメントとそこでの組織内の合意形成について述べる。そして，次に，医療システムにおける計数的マネジメントとそこでの社会的な合意形成について考察する。

　そして，社会資本分野である。この分野では，その代表例として，公共事業を取り上げる。公共事業では，政府調達のもと，民間企業が直接の事業従事者となっている。そこでは，応札等を行うか否かの自由が民間企業の側に残されている。したがって，ここでは民間企業の経営については考察の対象には含めないこととし，個々の公共事業や公共施設等に関する計数的マネジメントとそれをめぐる社会的な合意形成について考察することとする。

　若干結論を先取りすることとなるが，ここで，両分野の計数的マネジメントの違いをひとことで表現すれば，社会福祉分野に比べ，社会資本分野における費用対効果分析の取り組みは古くからの経験が蓄積されており，社会的な合意形成に向けた取り組みもよりみられる。高齢化の進展により医療費・

---

1) 両分野に関連する行政組織は，ともに職員数も多く，そこでは第1章で論じた事務量マネジメントが適用できると考える。ただし，構成の簡潔性を優先し，本章では言及しない。
2) 社会福祉分野としては医療・介護を想定しているが，本章では医療機関を例に考察を進める。

介護費を中心とする社会保障費の増大が見込まれる中で,今後は,社会福祉分野においても,計数的マネジメントとそれにもとづいた合意形成がより強く求められることとなると考える。

なお,第5章や第6章との構成上,題材が重複する医療機関の計数的マネジメントなどについては,ここでの記述を最小限にとどめることとする。

社会福祉分野における計数的マネジメント

社会福祉分野では,まず,個別の医療機関レベルと医療システム全体のレベルとを取り上げ,計数的マネジメントとそれにもとづく合意形成について考察する。医療機関レベルでは,現在でも,計数的マネジメントのさまざまな手法が提案され,別々に取り組まれている。専門職の多い医療機関の場合,ケースによっては,医療機関の職員の合意形成はむずかしいものになりやすい。そして,医療システム全体でみた場合,近年では費用対効果分析などの進展もようやくみられるようになった。

医療環境は地域住民への影響が大きいことから,医療に関する計数情報が地域住民を含む社会的な合意形成に貢献する事例もみられるようになってきている。今後に向けた,いわば萌芽というレベルではあるが,社会的な合意形成に向けた計数的マネジメントの今後を考えるにあたり,重要な論点と考えられることから,ここで紹介する。

1. 医療機関における計数的マネジメントと組織内の合意形成

医療機関レベルでは,これまでも,さまざまな計数的マネジメントが順次,議論されてきた[3]。そこでは,まず,医療の標準化を伴う原価計算といったコスト管理中心の取り組みがみられた。次に,BSC(Balanced Scorecard:バランスト・スコアカード。以下,BSCという)が注目されてきた。そして,

---

3) ここでは,個別の医療機関についての計数的マネジメントであるので,管理会計の展開についてみることとする。

最近では予算管理が耳目を集めつつある。

このように，さまざまなマネジメント手法が議論されている中で，医療機関の内部での合意形成にはさまざまな課題があることなども指摘されている。

(1) **コスト管理**

荒井（2009, pp.1-22）の整理に従えば，医療機関を対象とした管理会計の研究は，原価にもとづいた診療報酬の決定をめざした1950年代の研究にさかのぼる。当時，厚生省においても，診療行為別の原価計算を含む原価計算が提案されるなどの動きがみられた。しかし，1960年代末から70年代に入ると，国民皆保険の達成と経済成長にともなう診療報酬価格の着実な伸びにより，医療機関の経営が安定してきたことなどから，原価計算への関心は低下することとなった。しかし，1980年代に入り，財政悪化から診療報酬が制限され，医療機関の経営が悪化してくるにつれて，原価計算がふたたび注目されるようになってきた。その間，適正原価にもとづく診療報酬体系を検討する観点から，医療の適正原価の算定を試みる研究も定期的にみられた。

その後，2003年以降に本格的に実施されたDPC（Diagnosis Procedure Combination）方式[4]（以下，DPCという）の導入を契機に，2つの原価計算研究の流れがみられるようになった。すなわち，まず，これまでの研究の延長線上にある，診療行為の原価にもとづいた診療報酬体系の確立を目指す原価計算研究である。次に，DPC導入により原価管理の必要性が高まったことを受けて行われた，医療機関の内部管理のための原価計算研究である。

後者の医療機関の内部管理のための原価計算研究は，2000年代に入り，さまざまな方向に展開する。1つは，部門別（診療科別）原価計算を経て，ABC（Activity-Based Costing：活動基準原価計算。以下，ABCという）の適用可能性を受けて，診療行為別原価計算，疾病別（DPC別）原価計算，

---

4) 疾病群別の日別定額払い方式のことであり，米国のメディケアで採用されているDRG/PPSを参考にしつつわが国の実情に合わせて修正したものである。

医療の標準化を意味するクリティカル・パス[5]に原価情報を加味したクリティカル・パス別原価計算についての研究が，発展的に行われるようになった。

2000年代初期の研究として，奈良県奈良市の高の原中央病院におけるABCの導入研究がある（谷ほか 2004, pp.118-133）。そこでは，分析を2段階にわけ，まず，看護業務上の課題を把握する等の観点から業務コスト分析を行い，次に，疾患別・患者別に実際にかかった原価を見積もるための疾患別コスト分析を行った。第1段階の業務コスト分析からは，1日の中で多様な業務が時間とともに重層的に発生し，繁閑の度合いが刻々と変化していること，ナースセンターにおける文書作成業務などの間接業務に多くの時間が割かれていること，同じ業務でも看護師によって時間の使い方にバラツキがあることなどが明かにされた。そして，データを自動集計できる環境が必要であるとともに，サービス別の標準的なコスト算定に使用する上では，業務の標準化の度合いに課題があることが導出された。第2段階の疾患別コスト分析からは，看護スタッフ人件費の約半分が間接業務であり，また医師については相当の待機時間が発生しており，跡付け可能なコスト計算によるコスト回収の観点からは，配賦にあたっての課題となることが導かれた。

クリティカル・パスに着目し，標準化と質の向上の両立を目指す研究も行われるようになってきた。たとえば，クリティカル・パスの作成自体に原価を決定する側面があることから，その段階での原価企画[6]を通じて原価の低減につとめるとともに，病院におけるABM（Activity-Based Management：活動基準管理）の実践を通じて非付加価値活動などを洗い出し，医療サービスの価値をより高めていこうという研究（荒井 2011）などである。

このほかにも，医療機関の内部管理につながる研究として，QCサークル

---

5) クリニカル・パスともいう。
6) 原価企画とは，一般的に，加工組立型産業では原価の80％前後は製品の企画・設計段階で決まってしまうことから，そのような源流段階で原価と品質を作りこもうとする原価管理の手法である。

活動などのTQC／TQM[7]の適用可能性を考えていくものもある。たとえば，松尾（2004）は，医療機関の経営管理システムとして，①プロセス管理や標準化にもとづくコスト・マネジメント・システム，②TQC／TQMなどの品質マネジメント・システム，③BSCなどの戦略マネジメント・システムをあげ，それぞれについて検討している。

(2) BSC

以上のように，医療機関のコスト管理，すなわち，原価計算を中心とする内部管理に関する研究にはさまざまなものがある。その一方，包括的なシステムという視点を重視した場合，BSC（Balanced Score-Card：バランスト・スコアカード。以下，BSCという）の研究がある。医療機関へのBSCの適用に関しては，近年多数の研究がなされており，枚挙にいとまがないほどである[8]。

このような中で，荒井（2013, pp.37-39）は，さまざまな管理手法を包括する視点から，BSCに着目している。戦略を確実かつ迅速に遂行するためのマネジメントとして，BSCと事業計画とが必要であるとし[9]，この両者は高い親和性をもつと位置づけている。すなわち，事業計画にも，包括性と因果関係仮説の点でBSCの特徴を有するものもあるとともに，医療機関によっては，BSCと事業計画とは呼び方が単に違うだけという関係であることなどを指摘する。そして，この戦略遂行マネジメントのもとに，診療プロトコル価値企画やABM，部門別原価計算やサービス別原価計算，責任センター別の予算管理等などのマネジメント手法を，プロセス，経営情報，責任センターにわけて位置づけている（荒井 2013, p.4）。

---

7) TQC（Total Quality Control：全社的品質管理）とは，検査だけではすぐれた品質管理はできないことから，QCサークルのような全員参加を志向する活動であり，品質にとどまらない総合的な管理を行おうとするものである。TQM（Total Quality Management）はTQCを発展させたものである。ここでは簡略のためTQC／TQMと表記する。

8) たとえば，最近でも海老名総合病院への導入研究を行った（伊藤 2014）などがある。

9) 荒井（2013）はほかにも設備機器投資の経済性計算をあげている。これも本書でいう計数的マネジメントには含まれるものではあるが，ここでは紙幅の制限のため割愛する。

(3) 予算管理

　診療報酬については，前述したように，適正原価にもとづく診療報酬体系を検討する観点から，医療の適正原価の算定を試みる研究が定期的にみられた。そして，医療の財源が乏しくなってきた現在，医療コストにもとづく原価計算方式が検討対象として再浮上してきている（衣笠 2013, p.90）。しかし，診療報酬体系の原価計算方式への移行に際しては，医師の単位時間賃金を含む医師の技術評価[10]など，さまざまな難しい問題が存在する。加えて，医療経済実態調査が医療機関の実態を反映していないとの指摘や，診療報酬改定プロセスそのものの問題点なども指摘されている（衣笠 2013, pp.92-96）。原価計算方式を見通せる状況にはないのである。

　このように，診療報酬が原価とは異なるものとして決定されることから，次に，収益と利益をどう管理するかが課題となる。序章で述べたように，企業のマネジメントにおいては，目標利益の割りつけを意味する予算管理が，時間軸の視点と組織管理軸の視点の結節点に存在し重要な役割を果たしている。医療機関においても，診療報酬などを通じ，収益（売上）が認識されることから，利益の概念も認識されることとなる[11]。したがって，企業と同様，予算管理の活用も十分に考えられることとなる。

　衣笠（2013, pp.202-207）によれば，医療に関するこれまでの管理会計研究は，個別の管理会計手法に焦点を当てたものであり，これらの手法が有機的に結びついた結果としての総合的な病院経営という視点が欠如している。そして，予算管理こそ，医療機関に関する管理会計システムの中で，さまざまな管理会計手法をつなぐ中軸的な存在として位置づけられるものであるとする。そこでは，予算管理を中軸とした対話のプロセスこそ，専門職の多い医療機関には必要であり，このような予算管理のコミュニケーション機能こそ注目されるべきであるとしている[12]。

---

10) 単位時間賃金をどう見込むかにより，医師所得が決定されることとなる。
11) 利益の営利性については後述する。
12) このほか，ミニ・プロフィット・センターを軸に，時間あたり採算を考えていくアメーバ方式も，医療機関への導入事例が報告されている（挽 2015）。

(4) 組織内の合意形成

 以上，医療機関における個別の管理会計手法に関する研究や，BSCに関する研究，さらには，予算管理に関する研究をみてきた。ここでは，医療機関の組織内での合意形成に関して述べることとしたい。

 企業のマネジメントにおいて，予算管理が重要な役割を果たしている。これに対して，医療機関の管理会計研究において，予算管理は近年までそれほど注目されてこなかった。これは，医療機関における利益の位置づけ，営利性についての議論がこれまで十分に整理されてこなかったことに理由があると思われる。医療機関の営利性について，衣笠（2013, pp.129-132）は，先行研究を整理し，利益の概念には3つの捉え方があるとする。第1には，市場価格を所与として利益確保のために原価をいかに低減するかという考え方である。第2には，原価を所与としてこれに利益を加算して売価にするという考え方で，価格支配力がある場合のマークアップ方式に相当する。第3には，売上からかかった原価を減算して利益が残るという考え方であり，「結果として利益」に相当する。そして，医療機関の利益概念は，この第3の考え方に相当するとし，実証による解明が必要であると留保しつつも，予算管理の重要性を導出するための重要な概念としている。

 このような営利性についての考え方は十分に説得的ではあるものの，相対的なものであり，個別の医療機関の状況により変わる可能性が高い。医療機関において，当面は「結果としての利益」にもとづき，予算管理が十分に機能したとしても，仮に経営の方針が変わり，利益偏重の方針のもと，第1の考え方に移行してしまうことも考えられないではない。そして，このような可能性を考慮に入れた場合，包括的なシステムが必要であったとしても，それは予算管理だけではなく，BSCなどによって補完されなければならなくなるとする考え方も成りたたないではない。すなわち，医療機関の営利性をどう捉えるかによって，中心となるべき，中軸となるべき管理会計のあり方が1つに定まらないという問題が出てくるのである。これを組織内の合意形成という観点から考えた場合，検討されるべき情報の範囲・種類がより幅広

くなり，それだけ合意形成プロセスが複雑になる可能性がある。

　医療機関の組織内での合意形成にあたり，次に問題となるのは，専門職が多いことである。医師，看護師のみならず，技師や理学療法士などのコメディカルと呼ばれる職種などが，それぞれ専門知識をもち，専門のトレーニングを受けた，自律的な存在である。BSCであれ，事業計画であれ，予算管理であれ，これらの専門職に，今後の具体的な方向について十分に理解してもらい，組織内の合意を形成するためには相当のエネルギーを要する。これは想像にかたくない。

　そして，さらなる問題として，このような中で，医療機関においては，現在，さまざまなマネジメント手法が十分に体系化・統合化されないまま提案され，試行・実施される状態にある。BSCや事業計画，予算管理といった包括的なシステムの構築を志向する提案はあるものの，医療従事者の立場からみた場合，それぞれ必ずしも理解しやすいものではない。加えて，包括的なシステム以外のさまざまな手法をいかに関連づけ，医療機関の職員が理解しやすいものに整理し直すかという課題も残っている。すなわち，組織内の合意形成には阻害要因となる自律性の高い専門職が多いことに加え，彼らに理解してもらう内容も実は複雑なものであるという問題があるのである。

(5) 医療機関における計数的マネジメントの今後の方向性

　以上のように，医療機関における計数的マネジメントには，コスト管理を中心とする個別の手法のみならず，包括的な視点を有するBSCや予算管理がみられるが，その組織内の合意形成にはさまざまな課題もまた観察される。しかしながら，今後の財政状況を考えた場合，医療機関においてもその経営に効率性が求められることとなり，その結果，たとえ時間はかかろうとも，それぞれの医療機関で，計数的マネジメントがさまざまな形で実践されることがやはり望ましい。

　計数的マネジメントの医療機関への導入・実践の観点から今後の方向性を考えた場合，2つのポイントが指摘できよう。まずは，医療機関の収入を全

体として厳しく抑制していくことである[13]。現状でも良好な経営を行っている医療機関もあれば、そうでないところもある。前者のグループにある程度あわせつつ、収入の抑制を図っていくことが求められると思われる。次に、成功事例をモデル・ケースとして周知していくことである。抽象論ではなく具体論として、個別具体の医療機関のケース研究を通じて成功事例を探しだす。そして、その成功事例から導きだされた医業経営のヒントを、ほかの医療機関に均てんしていくことが望まれる。行政においても、そのような情報の発掘、周知・均てんに積極的に取り組むことが求められると考える。

2．医療システムにおける計数的マネジメントと社会的な合意形成

ここでは、まず、医療システム全体にかかる経費として、社会保障関係費と医療費の推移について確認する。後述の社会資本にかかる公共事業費と比較した場合、少子高齢化の影響もあり、直線的な伸びが特徴的である。そして、近年、医療においても、遅ればせながら、費用対効果分析などの議論[14]がなされるようになってきている。その上で、社会的な合意形成に向けて、今後、費用対効果分析が重要視されることを述べる。

(1) 社会保障関係費と医療費の推移

社会保障関係費（図表4-1では社会保障給付費）と医療費の推移について確認する。図表4-1にみられるように、社会保障給付費の直線的な伸びが印象的である。内訳をみると、年金関連の給付は、1999年の39.9兆円から2013年の54.6兆円と、15年間で37％程度の伸びを示している。これに対して、医療関連の給付は、1999年の26.4兆円から2013年の35.4兆円と、34％程度の

---

13) これは、収益向上とコストの抑制両面において、計数的マネジメントが重要になることを意味する。たとえば、診療科別、病棟別の病床稼働率のデータは、病院全体の最適化を目的にしたベッドコントロールの実現に寄与する可能性があり、また、薬剤、人件費に関わる計数データは、コスト低減に結びつく可能性がある。

14) 医療経済評価の用語としては、中央社会保険医療協議会では費用対効果評価が、財務総合政策研究所の『フィナンシャル・レビュー』では費用対効果分析が用いられている。ここでは差しつかえないかぎり、費用対効果分析という用語を用いる。

社会福祉・社会資本分野における計数的マネジメント 第4章

図表4-1 社会保障給付費の推移

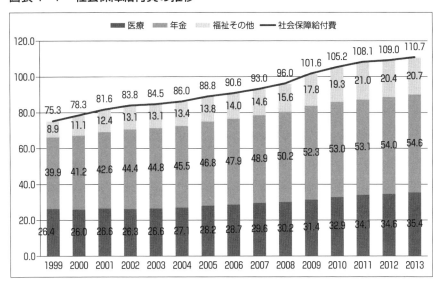

出所：国立社会保障・人口問題研究所『社会保障費用統計（平成25年度）』より筆者作成。

図表4-2 わが国の人口動態の推移

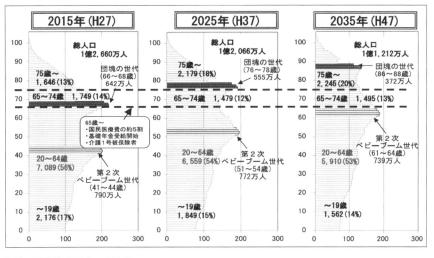

出所：財務省（2015），p.14より。

伸びとなっている。

　このような社会保障給付費の推移に，わが国の人口動態の今後を重ねあわせると，課題がみえてくる。図表4‐2を参照されたい。1947年から1949年に生まれたいわゆる団塊の世代は2015年にはすべて65歳以上となり，年金受給者となっている。このため，年金関連の給付費の伸びは2015年までの数年間で大きく伸び，今後の伸びは小さくなっていくものと予想される。

　これに対して，医療関連の給付費については今後大きな問題となる。団塊の世代が医療費のかかる75歳以上に達するのは2025年である。この2025年以降に向けて，医療関連の給付費が伸びていくことは十分に予想される。

　すなわち，わが国の人口動態からは，この医療費の伸びをいかに合理的なものとしていくのかが，今後の大きな課題となる。この数年間，最大の努力が求められる分野である。

(2) **費用対効果分析**

　以上のように，医療費の増加を受けて，財政においてはその取り扱いが今後の最重要課題となってきている。そのような中で，近年，医療分野においても費用対効果分析が議論されてきている。

　ここでは，まず，中央社会保険医療協議会における議論をみる[15]。そこでは，医薬品，医療材料および医療者等の技術（手術など）を一括して医療技術と呼び，この医療技術の費用対効果評価[16]については，平成24年度診療報酬改定にかかる附帯意見において，「革新的な新規医療材料やその材料を用いる新規技術，革新的な医薬品の保険適用の評価に際し，費用対効果の観点を可能な範囲で導入することについて検討を行うこと」とされたことを踏まえ，2012年（平成24年）4月に，中央社会保険医療協議会に費用対効果評価専門

[15) 厚生労働省ホームページ（http://www.mhlw.go.jp/stf/shingi/shingi-chuo.html?tid=128159）2015年12月アクセス。
[16) 中央社会保険医療協議会における用語である。効果として，QOL（Quality of Life：生活の質）をあらわす効用値で生存期間を重みづけしたQALY（Quality Adjusted Life Years：質調整生存年）を用いている。

部会が設置され，検討が進められてきている。2013年11月には，認識の共有のために，基本的な考え方，評価方法および具体的な評価の活用方法について，中間的な整理が行われた。

その後，平成26年度診療報酬改定にかかる附帯意見では，「医薬品や医療機器等の保険適用に際して費用対効果の観点を導入することについて，イノベーションの評価との整合性も踏まえつつ，データ・分析結果の収集，評価対象の範囲，評価の実施体制等を含め，平成28年度診療報酬改定における試行的導入も視野に入れながら，引き続き検討すること」とされた。そして，「経済財政運営と改革の基本方針2015」[17]でも，「医薬品や医療機器等の保険適用に際して費用対効果を考慮することについて，平成28年度診療報酬改定において試行的に導入した上で，速やかに本格的な導入をすることを目指す」とされた。2015年8月には「費用対効果評価専門部会」（部会長：荒井耕・一橋大学教授）により中間報告がとりまとめられ，基本的な枠組みが確認されるとともに，2016（平成28）年度の試行的導入にむけて今後検討すべき事項が整理された。さらに12月には試行的導入のための具体的なスケジュールが決められ，2016年1月には評価対象品目の具体的な選定基準も示され，実際に4月から試行的導入が始まることとなった。

医療技術という当初の用語に変更はみられるものの，以上のように，中央社会保険医療協議会における費用対効果評価の議論は着実に進展してきている。しかしながら，このような医療における進展について，公共事業におけるB／C分析の展開と比べると時期的には10年超は遅れているように思われる。公共事業において，旧建設省が個別の事業についてB／C分析の試行が開始されたのは，後述するように1997年である。これが，医療では2010年代に行われているのである[18]。

それでは，次に，個別の医療技術ではなく，もう少し広く，メゾ・レベル

---

17) 2015年6月30日閣議決定。
18) 医療の費用対効果評価においては，効果の側面などにさまざまに検討すべき点があったことは付言しておく必要があろう。

における費用対効果分析に向けた議論について，財務総合政策研究所の学術誌『フィナンシャル・レビュー』からみることとしたい。『フィナンシャル・レビュー』では，2015年第3号（通巻123号）において，「地域医療・介護の費用対効果分析に向けて」という特集が組まれた。ちなみに，公共事業を中心とした費用便益分析にかかる特集が組まれたのは2005年第3号（通巻第77号）であり，その間に10年の歳月が流れている。

『フィナンシャル・レビュー』（2015年第3号）では，その序文冒頭で，井伊雅子一橋大教授が「実は質を高めつつも経費を抑制する方法はある。出来る限り費用対効果にもとづいた標準化を行うことである…先進国だけでなく中進国に（おいても）…地域医療や介護制度の政策立案には，費用対効果の視点を取り入れている。一方で，高齢化が一番進んでいる日本がこの点で世界にたいへんな遅れをとっている」[19]と指摘している（井伊 2015, p.1）[20]。

また，井伊・関本（2015, pp.6-63）は，プライマリ・ケアについて論じ，出来高払い制度のもとでフリー・アクセスを認めているわが国の医療制度では，生活習慣病の外来診療において，診療の標準化が欠如している。その結果，医療機関によりその後の受診間隔が大きく異なるなどの問題がみられる。これを是正するため，診療ガイドラインによる診療の標準化が早急に望まれるとし，その上で，プライマリ・ケアにおけるかかりつけ医の登録制度などが考えられるとする。

そして，費用対効果分析のためのデータの活用に関連する論文として，松田・藤野（2015, pp.69-91）と山田（2015, pp.100-126）が掲載されている。前者（松田・藤野論文）は，わが国の医療機関が保険者に提出する請求書であるレセプトはすぐれた医療情報であるとし，これをもとに肺炎球菌ワクチンの費用対効果分析などを行った上で，レセプト・データの活用の重要性を指摘する。また，後者（山田論文）は，専門医療中心の医療サービスが提供

---

19) カッコ内は筆者補足。
20) この医療の標準化は，Ⅱ1.(1)で言及したクリティカル・パスを通じた標準化・原価低減とも相通じる視点であることが注目される。

されるわが国においては，外来診療の段階でのレセプト・データには専門診療科などによる歪みがある。このため，ICPC（International Classification of Primary Care：プライマリ・ケア国際分類）による診療データの記録が望ましい。そして，一次医療の無駄を解消するなどのためには，総合診療医の存在が求められるとする。

さらに，費用対効果分析に関連して近藤（2015, pp.133-157）は，かぎられた社会保障財源の効率的な配分のためには，費用対効果分析の視点が不可欠である。そこでは，費用とともに効果の測定が必要となるが，これまでのわが国では効果や質の評価研究が遅れていた。費用を重視しがちな経済学者と効果の質的側面を重視しがちな医療研究者の視点の違い，複雑な介入による複雑なアウトカム，行政に使える評価や分析と研究者が志向する学術論文とのかい離などの問題が存在する。そして，多くの市町村・施設による大規模データ・ベースを構築する必要性について指摘するとともに，PDCAといったマネジメント・サイクルを回すための評価や，自治体等の間での比較などを提言している。

以上，2016年度の試行的導入に向けて検討が進む中央社会保険医療協議会における議論，および，『フィナンシャル・レビュー』の特集号の議論を概観した。医療においては，さまざまな課題を抱えつつも，費用対効果分析の実施に向けて努力が続けられているところである。

⑶ **医療システムにかかる社会的な合意形成に向けて**

医療費が増大しつつある中で，医療システム自体や個別の医療技術について，費用対効果分析が試みられている。しかしながら，これを後述する公共事業と比べた場合，そこには周回遅れともいい得るような違いがある。

公共事業においては，後述するように，1997年にB／C分析が試行として開始され，2004年には国土交通省において統一的な取り扱いが定められ，2008年にはその取り扱いが改定された。しかも，その動きに前後するように，財務会計（公会計）の整備が進み，これを受けるなどしてアセット・マネジ

メントの進展もみられているのである。

　これに対し，医療システムにおける取り組みは，現在ようやく，費用対効果分析の試行やその枠組みの統一化が議論されている段階にある。もちろん，その過程には，医療の質をどう把握するかといった問題や，個人情報と密接に関係したデータの活用の問題など，公共事業に比べてよりむずかしい面があることは否めない。加えて，公共事業批判などが契機となった公共事業のB／C分析とは事情が違うという議論も想定できないでもない。

　しかし，Ⅱ 2.(1)でみたように，医療費の伸びは直線的であり，今後10年以上にわたりさらに加速することすら考えられる。医療費の大きさも含め，わが国財政における医療費の重要性を踏まえると，医療システムにかかる費用対効果分析の徹底については，個別の医療機関の経営にかかる計数的マネジメントとともに，今後の進展がなにより期待視されるところであり，また，必要視されるところでもある。

3．地域医療における計数情報を通じた社会的な合意の形成

　計数情報を通じた地域住民も含む社会的な合意の形成については，医療に関しても，萌芽ともいうべき段階ではあるが，その事例が観察される。ここでは，データにもとづき集団内のリスク特性に応じた医療関連サービスを行うポピュレーション・ヘルス・マネジメントの考え方を取り入れて地域包括ケアシステムを構築しているいくつかの事例と，財政破綻に伴い医療崩壊が起こった夕張市において，地域住民を含む社会的な合意の形成を通じて，新たな医療システムが構築できた事例[21]について言及する。

(1)　ポピュレーション・ヘルス・マネジメントに関する事例

　ここでは，ポピュレーション・ヘルス・マネジメント（Population Health Management）に関するいくつかの事例について，財務総合政策研究所の研

21）この事例において計数情報がどの程度機能したのかについては，さらなる検証を要する。

究会における森山美知子広島大学教授の発表[22]から紹介する。ポピュレーション・ヘルス・マネジメントとは，集団に属する人々を，身体・心理社会的ニーズ評価から，資源の投入度等に応じてリスク分類（階層化）し，そのリスク特性に応じたプログラム／サービスを提供するものである。そこでは，ハイリスク者を階層的に抽出し，治療状況やリスクの大きさを加味しつつ，ケースマネジメント，重症化予防，情報提供，受診勧奨等を実施することが重要なポイントとなる。ここで紹介する事例は，いずれも，このポピュレーション・ヘルス・マネジメントの考え方を導入して，地域包括ケアシステムを構築し，地域住民を含む社会的な合意の形成を通じて，医療費の適正化を図ることにつなげようとする取り組みである。

　広島県大崎上島町は瀬戸内海に位置する離島であり，人口は約8,000人，高齢化率は50％，多くが1人暮らしをしている。同町の1人当たり医療費は県内1位，入院外＋調剤でみれば全国で3位となる。高血圧，透析患者が多いという特徴を有する。大崎上島町では，3年前よりポピュレーション・ヘルス・マネジメントが展開されている。そこでは，レセプト（診療報酬明細書）のデータ分析から，住民を4つのリスク階層に分類し，そのリスクに応じたプログラムを実施している。この4分類とは，第1に，在宅での看取りである。これは，できるかぎり在宅での看取りを増やすという考え方のもと，寄り添いパートナーの養成や終末医療にかかる事前の指示書の準備などを内容とする。第2に，医療的見守りであり，これは入退院を繰り返す人や心不全者を特定し，遠隔モニタリングを用いて支援するというものである。第3に，疾病管理であり，これは，かかりつけ医からの紹介あるいは健診データから対象者を特定して，自己管理を推進していくとともに，本土と島の医師が連携しやすいように地域連携パスを活用しようというものである。第四に，

---

[22] 2015年10月9日に財務総合政策研究所で開催された「医療・介護に関する研究会」（座長：井伊雅子・一橋大学国際・公共政策大学院教授）の第3回会合における森山美知子・広島大学教授のプレゼンテーション「ポピュレーション・ヘルス・マネジメントを基盤にした地域包括ケアシステムの構築と展開」http://www.mof.go.jp/pri/research/conference/fy2015/zk104_03.htm（2015年11月アクセス）。

保健指導等の健康増進である。そして，地元医師会や訪問看護・介護，民生委員，自治会などをあわせて推進会議をつくり，この会議を通じて，これらの取り組みを推進してきている。

次に，人口が約23万人の広島県呉市の事例である。この事例は，大崎上島町のケースを人口の多い呉市で実施しようというものである。具体的には，大崎上島町の地域包括ケアシステムと同様のものに，フレイル[23]対策や在宅療養支援を行う観点からかかりつけ薬局を導入するなど，新たな取り組みを追加している。

最後に，県庁所在地A市の事例である。これは，ポピュレーション・ヘルス・マネジメントを行う際のもととなるデータ分析の事例である。通常，国民健康保険であれ，後期高齢者医療制度であれ，2割の患者が7～8割の医療費を使用する構図にある。A市でも，後期高齢者医療制度の場合，1割の患者が5割の医療費を，2割の患者が7割の医療費を，5割の患者が9割の医療費を使用している。そして，その対策として，高額医療費消費者へのケースマネジメントの展開や，在宅看取りの推進，特定の病状の対策や是正，さらには高額な医療への費用対効果評価の導入などが考えられるとしている。

(2) 北海道夕張市における医療の展開についての事例

北海道夕張市では，財政破綻による医療崩壊が連想されるところであるが，地域住民を含む社会的な合意の形成を通じて，老衰による自然死の増加，1人当たり医療費の減少等，医療崩壊とはいえないような変化が起こっている。新たな医療システムが構築できた事例について，財務総合政策研究所の研究

---

23) 日本老年医学会の定義によると，後期高齢者（75歳以上）が，健常な状態から要介護状態に移行する段階における，身体的，精神・心理的，社会的な問題を含む概念を表すFrailtyの日本語訳。しかるべき介入により再び健常な状態に戻るという可逆性の概念が包含されている。これまで「虚弱」という和訳が充てられていたが，2014年5月に，今後「フレイル」を使用することが公表された。

会で発表いただいた森田洋之南日本ヘルスリサーチラボ代表の発言要旨[24]およひ論文（森田 2014）から紹介する。同氏は，夕張市立診療所で医師をされていた経験を有する。

発言要旨によれば，夕張市は炭鉱の閉山後人口が急激に減少し，高齢化率は48％と，市としては日本一となった。2007年には財政破綻も経験した。この結果，市内の病床数は171から19へ，医師数も10人程度から2～3人にまでそれぞれ減少し，専門医療，外科，小児科等がなくなるといった医療崩壊が起きた。財政破綻および医療崩壊が起こった後の夕張市では，総人口は減少しているものの，75歳以上の人口は増え続けている。

しかしながら，森田（2014, p.12）によれば，夕張市の主要疾患SMR[25]は，一部上昇傾向のものがあるものの，概ね横ばいから低下傾向を示していた。一方で，「老衰」は大幅な上昇となった。結果，「総死亡」のSMRは総じて横ばいであり，「死亡総数」が財政破綻前後を通じてほぼ横ばいであったことと同様の結果であったと指摘する。また，北海道全体と比較したときの「夕張市の高齢者1人あたりの介護費」は増加傾向であったが，「高齢者1人あたりの診療費と介護費の合計額（参考値）」については減少の傾向を示し（森田 2014, p.10），救急車出動件数はピーク時（912件／平成16年）の約半数（473件／平成22年）近くまで減少した（森田 2014, p.15）。発言要旨においても，老衰による自然死の増加や，1人当たり医療費の減少，救急車の出動回数の減少，特養の看取り率が100％になる等，実際には医療崩壊の結果とはいえないような変化が起きていると指摘している。

老衰死増加の理由として，第1に，肺炎球菌ワクチンの接種，口腔ケアの実施，ヘリコバクター・ピロリ菌の除菌による胃がん予防といった予防医療を重視した点をあげる。第2に，「老衰」に対する受容意識の普及をあげる。

24) 2015年9月11日に財務総合政策研究所で開催された「医療・介護に関する研究会」（座長：井伊雅子一橋大学国際・公共政策大学院教授）の第2回会合における森田洋之南日本ヘルスリサーチラボ代表のプレゼンテーション「夕張市の医療崩壊と市民生活への影響，そこから日本全体の問題を考える」議事要旨（http://www.mof.go.jp/pri/research/conference/fy2015/zk104_02.htm）2015年10月アクセス。
25) 標準化死亡比（Standardized Mortality Ratio）。

「老衰」死を素直に受容できるケースでは,当事者たちと医療・介護従事者が長い時間をかけて過程を共有したケースが多いことから,夕張市でみられた老衰死の緩やかな増加の背景として,「老衰死を受け入れる意識変容が徐々に市民に普及したこと」があったと指摘している(森田 2014, pp.15-17)。

社会資本分野における計数的マネジメント

次に,社会資本分野の代表例として公共事業を取り上げる。この分野は,ほかの分野に比べ,費用対効果分析(B/C分析)[26]の取り組みが進んでおり,この面での計数情報も活用できる状況となっている。また,公共部門においても財務会計ないし公会計[27](以下,公会計という)情報の取り組みも進んできており,公共施設などの社会資本にかかる維持管理費やライフ・サイクル・コストなどが認識されやすくなっている。人口減少時代のもとでの社会資本分野の対応は悩ましいものの,このような計数情報を踏まえた上での地域住民等の社会的な合意形成がその答えの1つとなり得ることを述べる[28]。

1. 公共事業におけるB/C分析の進展

ここでは,まず,公共事業費の推移を確認する。次に,公共事業に対するB/C分析導入の経緯やその進展について概観する。そして,B/C分析が社会的合意の形成に役立ち得ることを述べる。

(1) 公共事業費の推移

1990年代半ばにかけて,累次にわたる経済対策の柱として公共事業が位置づけられたことから,公共事業費は拡大の傾向をみせた。これは同時に公共

---

[26] 公共事業分野では費用対効果分析(Benefit/Cost分析,略称「BバイC」)といわれる。経済学的には費用便益分析が一般的である。ここでは原則としてB/C分析という。
[27] 議会の議決にもとづく予算や執行実績としての決算に加え,発生主義による企業会計の考え方を活用した貸借対照表や行政コスト計算書等を作成している。
[28] 関連として,鶴岡ほか(2016)がある。

社会福祉・社会資本分野における計数的マネジメント 第4章

図表4-3 公共事業費の推移（1990年～2014年）

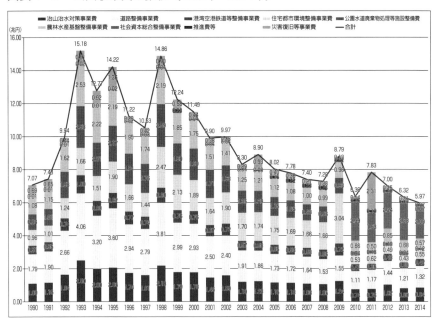

（注1） 事業費の区分は2014年度予算の区分に準じて作成。2014年度を除き，各年度とも補正後予算。
（注2） 「港湾空港鉄道整備事業費」には旧「港湾漁港空港整備事業費」を含む。以下同様に，「住宅都市環境整備事業費」には旧「住宅市街地対策事業費」を，「公園水道廃棄物処理等整備費」には旧「下水道環境衛生等施設整備費」を，「農林水産基盤整備事業費」には旧「農業農村整備事業費」，旧「林道工業用水等事業費」，旧「森林保全都市幹線鉄道等整備事業費」および旧「森林水産基盤整備事業」を，「推進費等」には旧「調整費等」を含む。
出所：財務省『財政金融統計月報』より筆者作成。

事業批判の声を高め，1999年から2000年代にかけて公共事業費は縮減の方向に転じた。2010年代になると，東日本大震災の発生や国土強靱化推進の取り組みがみられ，公共事業費はおおむね横ばいないし縮減の動きを示している。

(2) 公共事業批判の高まりとB／C分析の導入

わが国では，1990年代には累次の経済対策により公共事業投資が拡大されてきた。しかし，ゼネコン汚職・談合事件の摘発を契機とする公共事業への批判が高まるとともに，経済対策として実施された公共事業において，その

経済効果(政府支出の乗数効果)が低下してきているとの指摘もなされるようになった[29]。貝塚(2001 [n.p.])は「1990年代後半から従来の公共投資のあり方については批判が向けられるようになった。この批判には他の先進諸国にはみられない公共投資の高い比重の持続や固定化した公共投資の分野別配分,さらには景気対策としての有効性の低下等の論点が含まれる」と指摘している。

このような中で,建設省は1995年度からダム等の大規模公共事業について事業採択段階および事業途中における事業評価の試行を,1997年度からは,道路事業と下水道事業等について事業採択段階でのB／C分析の試行を行った[30]。また,運輸省は1997年度から大規模公共事業等について事業採択段階での費用対効果分析の試行を行った(総務庁 2000)。

(3) B／C分析の進展と現状

1997年12月の総理指示[31]により,公共事業の新規採択時にB／C分析を行うとともに,実施段階でも再評価により中止を含む必要な見直しを行うことになった。これを契機に,1998年前後までに建設省,運輸省,農林水産省等が所管するほとんどの公共事業分野においてB／C分析のマニュアル整備が進んだ(山田 2006, p.9)。

各分野で実施されているB／C分析は,便益や費用の計測手法,計測の原単位等,類似事業間において整合が図られていないものもみられた。このた

---

29) 国会でも乗数効果の低下について指摘されている。たとえば,「公共事業が景気に対する効果ということはよくわかるのですが,しかし公共事業も,高度成長期と今では公共事業の景気波及効果というのは変わってきていると思うのですね。経済の専門家が大体おっしゃっていることは,高度成長期は1兆円の公共事業を打てば2ないし3の効果がある。乗数効果が2ないし3あった。2兆円か3兆円のGNPを引き上げた。今は1.4ぐらいの効果しかないんじゃないか」(1993年1月29日衆議院予算委員会,市川雄一委員)
30) 建設省道路局(1997, p.39)は,道路事業に対する国民の理解を深めるため,B／C分析により投資効果を示すこととしたとする。
31) 1998年度の予算編成時に「物流効率化による経済構造改革特別枠」関係閣僚会合(1997年12月5日)において橋本内閣総理大臣から公共事業関係6省庁大臣に対し,事業採択段階でのB／C分析の活用について指示が行われた(総務庁 2000)。

図表4-4　B／C分析の概要

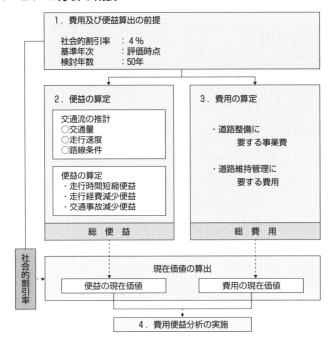

出所：国土交通省（2008, p.3）を著者修正。

め，2004年2月に国土交通省として初めてB／C分析に関する統一的な取り扱いを定めた。

その後，国土交通省は，便益・費用の計算方法や事業評価手法等に見直しを加え，2008年11月に費用便益分析マニュアルを改訂した。現在のマニュアル（国土交通省 2008）では，ある年次を基準年として道路整備が行われる場合と行われない場合のそれぞれについて一定期間の便益額・費用額を算定し，道路整備に伴う費用の増分と便益の増分を比較することにより分析・評価を行うとしている。図表4-4にあるとおり，便益は「走行時間短縮」，「走行経費減少」，「交通事故減少」の項目について算出し，費用は整備用事業費と維持管理費で算出する。この便益を費用で除した数値が1以上あることが

事業を実施する前提としている。

(4) B／C分析の課題

B／C分析が順次対象を拡大しつつ実施されるに従い，いくつかの課題が指摘されるようになった。第1に，異なる公共事業同士の比較には限界があるとの指摘である。大野（2005, pp.66-88）は，一般道路と広域農道，下水道と農業集落排水事業という類似事業を比較して，評価対象となる効果項目や費用便益分析の評価方法にバラツキがあることを指摘している。比較が困難であることへの対応として，広島県では階層化意思決定法（AHP法：Analytic Hierarchy Process[32]）が試みられている（尾藤ほか 2015, p.111）。

次に，原データを公表すべきという指摘がある。三井（2001, p.30）はB／C分析の「公表に際してはデータの開示に留まらずその分析手法もデータとあわせて公開することで，手法の改善策等に関する知見を集約するという作業が大切である」と指摘する。総務省の政策評価の点検結果（総務省 2010）でも「バックデータが明らかになっていないものがみられる等，外部検証可能性の確保及び評価内容の信頼性の確保の観点から，必ずしも十分とはいえない」と原データの明確化・公表を求めている。

PDCAサイクルのさらなる徹底も課題である。B／C分析が事前に実施された公共事業案件もある程度蓄積されてきたことから，事前段階での見積もりと実績値を比較することができるようになってきた。そこで，両者の差異を分析し，各省，各分野について横串で比較することにより，たとえば，便益を過大に見積もる上方バイアスや，費用を過少に見積もる下方バイアスといった傾向を見いだすことが可能となる。井堀（2001, p.182）は，「次年度の予算配分に差をつけることも考えられる。事後的に便益推計の精度が相対的に高かった部局の官僚の処遇を改善したり，その部局の次年度予算配分を

---

[32] 考慮すべき評価項目を階層的に配列し，それぞれの評価項目を同一レベル内で一対比較することにより，評価項目の重要度（ウエイト）を調べ，代替案間での総合的な重要度を算出し，それを選択の判断に結びつける手法をいう（大野ほか 2012, p.259）。

厚遇し，逆に，事後的に便益推計の精度が相対的に低かった部局では，官僚の待遇や予算配分に『罰』を加えることで，よりきちんと便益を推計するように仕向ける」といったアイデアを提言している。

(5) B／C分析の社会的な合意形成への役立ち

1990年代後半には，公共事業に対する国民の理解を求めるためにB／C分析を用いるべきとの考え方があらわれていた。たとえば，「ムダが多いとの公共事業への批判を受け，地方自治体の間で事業の必要性や費用対効果をはかる制度づくりの動きが出てきた。富山県が今年度（著者注：1997年度）から『公共事業審査会』を設置したほか，北海道が時代の変化を踏まえてダム事業等の実施を見直す『時のアセスメント』を導入。三重県は公共事業を含む事務事業全般の評価システムを採用している」とする指摘[33]がみられた。

2000年代に公共事業費が削減される中，山田（2006, p.9）は「公共事業については，歳出削減の主たる対象とされるとともに，それ自体の必要性や効果も問われており，その効率的な執行と透明性の確保の観点から，費用便益分析等による政策評価の果たすべき役割が大きい」とする。また，太田（2006, pp.46-51）も「行政府は決定された業務を効率的に実行する責務を負っており，効率性の視点からプロジェクトに対して優先順位を付与する費用便益分析を意思決定において重要視するべき」とする。

納税者への説明責任の観点から導入されたB／C分析は，事業に関する社会的な合意を形成する際のツールとしても利用されてきた。建設省道路局では1996年頃から市民参画型の道づくりに取り組んでいる。市民参画はパブリック・インボルブメントともいわれ，計画の早い段階から市民等の関係者に積極的に情報を提供し，コミュニケーションを図りながら，市民の意見を計画に反映するものである。2002年には市民参画型道路計画策定プロセスがガイドライン化され，2005，2008年の改訂を経て，2013年に「構想段階における道路計画策定プロセスガイドライン」を策定し，検討に必要な実質的な話

---

33) 公共事業の評価制度（きょうのことば）（日本経済新聞1997年8月16日朝刊3面）。

し合いができるような道筋を示している[34]。市民が公共事業の可否を判断し意見を述べるためには判断材料や基準が必要となるが，B／C分析はそうした客観的な判断材料や基準となり得るデータと位置づけられている。

2．公会計の整備

公会計における改革の取り組み等を受けて，公共施設等の社会資本にかかる維持管理費やライフ・サイクル・コスト[35]等が認識されるようになっている。ここでは，公会計の整備について述べる。

(1) 公会計見直しの端緒

1990年代初頭から財政赤字の拡大に悩んできた欧米主要先進国では，公会計制度の改革と政策評価の導入を通じて国民への説明責任を高めることで，行政・財政の構造改革に対する国民からの支持を獲得し，国家財政の危機的状況を克服してきた（東 2000, p.63）。

わが国でも，国の財政が悪化するなか，企業会計の動向を踏まえ，財政事情をよりわかりやすく国民に説明すべきとの要請が高まった。東（2000, pp.64-65）によると，その当時，公会計制度改革が必要な理由として，①国の財政状況に関する網羅的・体系的なフロー・ストック情報の欠如，②政策，施策および事務事業ごとのコスト情報の欠如，③決算と予算の関連性の欠如の3点があげられていた。国においては，2000年10月に会田一雄ほかが「国の貸借対照表作成の基本的考え方」の報告を取りまとめ，一般会計，特別会計の1998年度決算分より，国の貸借対照表が作成されるようになった。

地方では，1990年代後半，積極的な情報開示の流れの中で，企業会計的な手法を導入しようとする動きが強まった（齋藤 2002, pp.163-164）。石原（1999,

---

34) 国土交通省道路局ホームページ「市民参画型道づくり」(http://www.mlit.go.jp/road/pi/)（http://www.mlit.go.jp/road/ir/ir-hyouka/pdf/ps_guideline.pdf)2015年12月アクセス。
35) ライフ・サイクル・コストは，「建設・維持補修費等供用されている期間の総費用」（根本 2011, p.204），あるいは，「計画→設計→建築→運用→維持→復旧／更新→撤去という一連の累計コストという考え方」（辻 2015, p.56）をいう。

pp.153, 157, pp.193-194) によると,行政改革の推進を図る三重県では,1998年3月に県の財政を企業会計方式で描写した貸借対照表と損益計算書を作成し,議会への報告・了承ののち,わが国の都道府県として初めて公表した。その後,多くの地方自治体[36]でもそれぞれ独自の方法で貸借対照表が作成され始めた。2000年3月には自治省が「地方自治体の総合的な財政分析に関する調査研究報告書」を公表したことから,多くの地方自治体がこれに従って作成する傾向がみられた(齋藤 2002, p.164, p.167)。

(2) 国における公会計の整備

　国においては,2000年の「国の貸借対照表作成の基本的考え方」の報告を経て,2002年11月から国の財政制度等審議会において公会計導入に向けた議論がなされた。2003年6月には,公会計の意義や財務報告について取りまとめた「公会計に関する基本的考え方」が財務大臣に対して提出された(財政審 2003)。そこでの公会計の目的は,①議会による財政活動の民主的統制,②財政状況等に関する情報開示と説明責任の履行,③財政活動効率化・適正化のための財務情報の提供の3点に整理されている。そして,「省庁別財務書類」,「国の財務書類」が作成されることとされた。

　国全体の財務情報については,2000年以降「国の貸借対照表(試案)」としてストック情報がまず公表されてきた。その後,業務費用計算書等のフロー情報も提供され始め,国の一般会計および特別会計の決算情報が,「国の財務書類」として2003年度分より公表されている(松井 2007, pp.100-102)。

　「国の財務書類」の概要は図表4-5のとおりである。「国の財務書類」は,一般会計と特別会計を合わせた「省庁別財務書類」を全省庁分合算して作成される。その体系は,①会計年度末における資産および負債の状況を明らかにする「貸借対照表」,②業務実施に伴い発生した費用を明らかにする「業務費用計算書」,③貸借対照表の資産・負債差額の増減の状況を明らかにす

---

36) 隅田(1999)は「1999年7月末で既に56の団体が貸借対照表を公表…未発表のものを加えると100団体を超える…しかも団体間で相当の相違があります」と述べる。

図表4-5　国の財務書類の構造

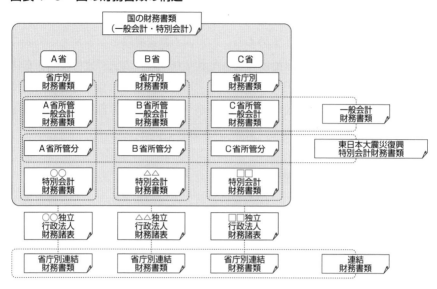

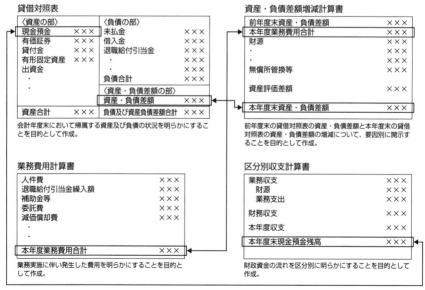

出所：財務省（2014, pp.9-12）。

る「資産・負債差額増減計算書」，④財政資金の流れを区分別に明らかにする「区分別収支計算書」の財務書類4表からなる（財務省 2014）。国の財政活動は利益獲得を目的としていないことから，企業会計のような損益計算書の作成は行わないこととし，投入されたコストに対してどれだけの効用・便益を得ることができたのかという観点で行政の効率性等を判断する必要があることから，業務実施に伴い発生した費用を明らかにする計算書としての「業務費用計算書」を作成することとしている。

　財務書類により開示される財務情報は，政策単位で開示されていなかったことから，その活用には限界があるとの指摘があった（薄井 2011, p.110, pp.113-114）。その後，2008年度から予算書・決算書の項・事項が原則として政策評価の単位と対応するようになったことを契機として，政策別コスト情報の開示が行われるようになった。しかし，人件費や管理費等の共通経費については，複数の政策にわたるものがまとめて計算されているため，政策ごとに配分する方法が課題とされた。そこで，財政制度等審議会においてコスト情報の枠組みや構成，共通経費の配分方法等について検討が進められ，2010年7月に「政策別コスト情報の把握と開示について」が取りまとめられた。各省庁では，これにもとづいた政策別コスト情報の作成作業を開始し，2009年度決算分から公表されている[37]。

　現在では「国の財務書類」の作成・公表から10年が経過し，実務に役立つ活用方法を検討することを目的に，地方自治体の作成する財務書類との合算（連結），財務情報を財政の健全化に役立てる活用，インフラ資産台帳整備の検討，政策別コスト情報の改善といった諸点について議論が行われてきている（財政審ワーキンググループ 2015）。

---

37) 実際に各省の政策別コスト情報を検討すると，資産と減価償却費が政策別ではなく官房経費に一括して計上されるといった課題も指摘されている（藤野 2013）。

(3) 地方における公会計の整備

　地方では，財政の「見える化」として，公表を前提とした固定資産台帳[38]を含む統一的な基準による地方公会計の整備が進められている。総務省は「今後の地方公会計の整備促進について」（2014年4月）において，各地方自治体に対して固定資産台帳の整備と複式簿記の導入を前提とした財務書類の作成に関する統一的な基準を示し，それを踏まえた具体的な手順として，「統一的な基準による地方公会計マニュアル」（2015年1月）を公表している。

　現在の地方の財務書類の構造は図表4-6のとおりである（総務省 2015, p.3）。各自治体は，①「貸借対照表」，②「行政コスト計算書」，③「純資産変動計算書」，④「資金収支計算書」の4表を作成することとされている。なお，4表のうち税収等とその他の収入を一覧的に表示するといった観点から「行政コスト計算書」と「純資産変動計算書」との結合も可能とされている。

　2006年5月の「新地方公会計制度研究会報告書」（総務省 2006）では，地方公共団体財務書類作成にかかる「基準モデル」と「総務省方式改訂モデル」の2つの方式が示された。「基準モデル」は民間企業と同様，発生主義・複式簿記に則り貸借対照表作成時に資産台帳にもとづいて作成するものである。一方，「総務省方式改訂モデル」は決算統計のデータを活用し期末に一括して仕訳を実施する簡易的な手法によるもので，資産台帳の整備は段階的に実施していくものである。そこには，「79.4％が簡易な作成方式である総務省方式モデルを採用し，固定資産台帳はいまだに整備途上にあるのが現状」（福田 2014, p.36）という課題があった。そのため，総務省はその充実・改善のための検討を続け，2014年4月に「今後の新地方公会計の推進に関する研究会報告書」をとりまとめた。そこでは，①財務書類の整備，②固定資産台帳の整備，③複式簿記の導入，といった点を取り上げた（総務省 2014）。これを受け総務省は，2015年1月にマニュアル（総務省 2015）を公表し，各自

---

38) 固定資産を，その取得から除売却処分に至るまで，その経緯を個々の資産ごとに管理するための帳簿で，所有するすべての固定資産（道路，公園，学校，公民館等）について，取得価額，耐用年数等のデータを網羅的に記載したものをいう（総務省 2015, p.1）。

図表4-6 地方の財務書類の構造

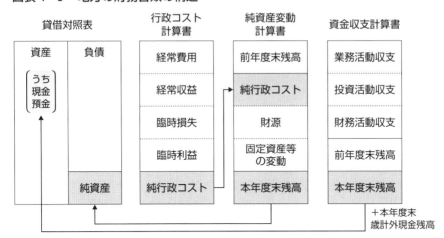

出所:総務省(2015, p.9)より。

治体に対して当該マニュアルを参考に,統一的な基準による財務書類,固定資産台帳,連結財務書類の作成・整備をするよう求めている[39]。

固定資産台帳の整備は,資産状況の正確な把握や他団体との比較可能性の確保が重要になることから必要である。また,公共施設の老朽化対策等にかかる資産管理の活用のためにも重要であり,公表が前提となっている(総務省 2015)[40]。これまでの基準モデルから統一的な基準への大きな変更点としては,原則として取得原価が判明しているものは取得原価,取得原価が不明なものは再調達原価とすること[41]等が示されている。

公会計マニュアルでは,「財務書類等活用の手引き」として,セグメント別のフルコスト情報を活用し,行政評価情報などと連携することで予算編成において資源配分の意思決定に活用することが期待されており,マネジメントへの活用が期待されている。

---

39) 総務大臣通知「統一的な基準による地方公会計の整備促進について」(2015年1月23日)。
40) 総務省(2015)中の「資産評価及び固定資産台帳整備の手引き」p.1。
41) 基準モデルでは,事業用資産のうち土地は固定資産税評価額,建物等は再調達原価,インフラ資産のうち土地は取得原価,建物等は再調達原価とされている。

東（2000, pp.63-79）によれば，公会計制度の改革は，①国の財政状況に関する網羅的・体系的なフロー・ストック情報を把握するため，会計処理に発生主義・複式簿記を導入する，②政策評価を有効に行うために必要な政策ごとのコスト情報を把握するため，会計処理に発生主義・複式簿記を導入するとともに政策別の予算・決算制度を導入する，③決算で得られる財務情報及び業績情報を予算の編成・配分にリンクさせるため，会計処理に発生主義・複式簿記を導入するとともに，発生主義予算・アウトプット型予算を導入する，段階があるとされ，①から③に進むにつれ新たな公会計制度は高度化・複雑化する（東 2000, pp.67-68）。この段階の区分を統一的な公会計基準の整備に当てはめて考えると，統一的な基準は，①のレベルにとどまった改革であったということができる。セグメント別の財務書類の整備は，行政評価同様自治体の自発的な整備に委ねられたことで，各自治体は，自らの情報活用の意義を明確にしたうえで，セグメント別の財務諸表等を追加的なコストをかけて整備するかどうか判断することが必要になった。たとえば公会計改革の先進自治体である東京都や大阪府，町田市のように，セグメント情報を公表する自治体が増えれば，セグメント別の比較可能性が高まり，セグメント情報の開示が標準化されていく可能性がある。セグメント情報の開示が進めば，たとえば，体育館事業の資産に係る老朽化比率や，利用者一人当たりの行政コスト情報の比較などを通じて，施設更新の意思決定や管理運営の効率性向上策の検討に影響を及ぼす可能性がある。

3．アセット・マネジメントの進展と現状

　公会計における動きに加え，各国においては，2000年代に入ってアセット・マネジメントに関する議論がみられるようになった。ここではアセット・マネジメント[42]の動きについて整理する。

---

[42] 2013年12月の社会資本整備審議会・交通政策審議会「今後の社会資本の維持管理・更新のあり方について」（2013, p.10）では，「国民の共有財産である社会資本を，国民の利益向上のために，長期的視点に立って，効率的，効果的に管理・運営する体系化された実践活動。工学，経済学，経営学等の分野における知見を総合的に用いながら，継続して（ねばりづよく）おこなうもの」と定義する。

社会福祉・社会資本分野における計数的マネジメント　第4章

(1) アセット・マネジメントの導入と進展

　アメリカでは，インフラに対する不十分な維持管理が原因となって，1980年代にインフラの急速な老朽化と荒廃が進展した[43]。その結果，連邦政府によってインフラのマネジメント戦略が明確にされ，アセット・マネジメントの研究が急速に発展する契機となった（小林 2003, p.11）。

　オーストラリアでは，1993年に新しい会計基準が導入されたことを契機としてアセット・マネジメントの動きが広まった（石川 2008, p.36）。アセット・マネジメントが政策評価制度や公会計制度と密接に結びついている点が特徴的であると指摘される（小林ほか 2009）。

　英国では，1998年の道路白書で，幹線道路と橋梁のコスト最小化を目標として優先度を付けてアセット・マネジメントを実施することが明確化された（横山・重松 2004, p.52）。英国道路庁はアセット・マネジメントに関して，方針決定，建設，運営・管理，改築にいたるライフサイクルに対して技術基準や契約管理を行い，実際の管理運営は民間事業者に委託する方式をとっている（竹末 2015, pp.69-70）。

　そして，わが国である。わが国の学会や実務の場では，2003年頃からインフラ管理の手法としてのアセット・マネジメントが取り上げられるようになってきた[44]。2012年12月に発生した中央高速道路笹子トンネルでの老朽化に伴う天井崩壊事故を契機に，社会インフラ全体が抱える老朽化と適切な維持管理・更新への社会的な関心がさらに高まった（小澤 2014b, p.27）。

　根本（2011, pp.72-73）は，2000年代に起きた橋梁・公共施設・水道管等の老朽化と破損の実例をあげつつ，「推計によれば今後50年間の更新設備投資総額は330兆円にのぼる巨大な金額となった。年平均にすると8.1兆円となる。今の社会資本ストックを更新するには，今後50年間にわたって，今の公共投

---

[43] 1980年代の米国ではインフラの老朽化問題が深刻化した。1981年にはパット・チョートとスーザン・ウォルターにより『荒廃するアメリカ』が出版され，劣化するインフラの状況について警鐘が鳴らされた（国土交通省 2014, pp.31-32）。

[44] 「2003年4月に出された『道路構造物の今後の管理・更新等のあり方に関する検討委員会報告書』には，『アセット・マネジメント』という言葉が国の報告書の中で初めて登場している」との指摘がある（小澤 2014a, p.12）。

資予算を3割増やさなければならない」とばく大な更新投資の存在を指摘する。そして，根本（2011, pp.188-261）は，公共施設の多機能化，インフラ・マネジメント[45]，複数自治体が共有する広域連携，公民連携，客観的な情報把握と情報公開・市民参加等の具体策を提示している。

このようなアセット・マネジメントと公会計情報における計数管理の考え方の変化は密接に関連している。すなわち，単年度の現金主義にもとづく歳入歳出計算において，短期的な財政状態の改善を重視すれば，更新が必要な投資を先送りし短期的な歳出を抑制すればよい。公会計を利用したストック情報や老朽化比率の開示は，アセット・マネジメントにおける課題の認識や意思決定を行う上で重要な役割を果たすことになる。

(2) アセット・マネジメントの現状

2013年12月の社会資本整備審議会・交通政策審議会の答申（社会資本整備審議会・交通政策審議会 2013）では，「新たな社会資本整備主眼の体制から，維持管理・更新に軸足を置いた組織・制度へ転換すべき」と指摘する。具体的には，①（社会インフラの）長寿命化が図られるように，長期的視点に立って計画的に取り組む，②技術力やマネジメント力を有する技術者および組織体制等の確保，民間活力の活用等についての継続的に取り組む，③国民の理解が必要なため，健全性等施設に関する情報を積極的に公表し，国民への説明を十分に行う，④長寿命化に資するよう，国民に施設を適正に，賢く使ってもらうことを目指す，といった点を課題としてあげている。（川口 2014, pp.10-11）も「全国の自治体における対策の方向性は，『長寿命化』（営繕部門が担う建築保全計画）と，『施設総量（コスト）の圧縮』（財政部門が担う適正配置計画）の2種類に大分される」と指摘する。

インフラの長寿命化に関して，国と地方は「インフラ長寿命化基本計画」[46]

---

45) 根本（2011, p.199）は「技術的な基盤にもとづいた計画的・効率的な施設の改築・更新や維持管理・運営，更新投資の資金確保方策を進めるための計画の立案と実施の総称」と定義している。
46) 「インフラ老朽化対策の推進に関する関係省庁連絡会議」決定（2013年11月）

にもとづき，その安全性の向上と効率的な維持管理を実現することとされている。そこでは，「インフラを構成する各施設の特性を考慮した上で点検・診断，修繕・更新等」をすることが求められている。根本祐二東洋大教授は「インフラを単に長寿命化するのではない。長寿命化は初期の維持修繕費用を多めに負担することで，インフラを建て替える時期を後ろ倒しにすることはできるが，いずれは建て替えの費用が生じる。長寿命化にあたっては，長期で見たトータルコストで比較することが重要。70〜80年の耐用年数で作ってしまっても，いずれは市場が半分になる。一回一回が割高になっても，10〜20年くらいの暫定利用を繰り返すことで，インフラのダウンサイジングが容易になるし，途中で供給をやめることもできる」と指摘する[47]。

4．公会計とアセット・マネジメントの社会的な合意形成への役立ち

地方独自の取り組みとして，公共施設やインフラの更新投資問題を検討するため，公会計やアセット・マネジメントによる情報を盛り込んだ「施設白書」等[48]（以下，施設白書という）を活用した地域住民等を含む社会的な合意形成を図る動きがある。以下では，まず施設白書の活用について概観した上で，福井県坂井市の事例を文献により整理する。

(1) 施設白書の活用

2013年10月の内閣府経済社会総合研究所「公民連携研究報告書」（内閣府2013）は，公有資産の正確な把握のため全国的に施設白書の作成が広がっているとする。同報告書は，「地方自治体が保有する公共施設は，庁舎，学校，公民館，図書館，保育園，病院，公営住宅，体育館等膨大かつ多岐にわたる。さらに近年，市町村合併により類似施設を重複して保有する団体が増加して

---

47)「平成25年度国土交通白書有識者インタビュー」国土交通省ホームページ（http://www.mlit.go.jp/sogoseisaku/sosei_tk_000013.html）2015年12月アクセス。

48) 地方自治体において，公共施設の全体像，それまで算出し公表されることのなかったコスト情報を通じて明らかにするとともに，課題を解決するための取り組みを示す資料。地方自治体によって「公共施設マネジメント白書」，「公共施設白書」等名称が異なる（藤木2011, p.75）。ここでは施設白書という。

いる。その多くの施設が，高度経済成長期にいっせいに大量に整備されたものであり，この老朽化が進んだ施設は，今後，急速に更新や建て替えが必要になってくる。しかし，長引く景気低迷や少子高齢化や税収減の中，いっせいに更新時期に入る建物全てを建替えあるいは維持していくための資金を捻出することは，ほとんどの団体では困難である。団体によっては，自らが保有している公共施設の実態を正確に把握しているとはいえず，各担当部署レベルに留まっている場合も多い。そこで，全庁レベルにおいて縦割りでなく横断的に保有する全ての公共施設の状況を正確に把握し，総合的に企画・管理・活用・処分を検討し，整理・分析したうえで将来にわたり持続可能な自治体運営を行う必要がある。市民一人ひとりに具体的な数値をもとにした分析を分かりやすく示すことで，地域内の施設のあり方をトータルに議論でき，課題解決への合意形成を促す資料という位置づけとして施設白書作成の取組みが全国に広がっている」と指摘する[49]。

　藤木（2011, pp.92-93）は，施設白書導入事例を調査の上，施設白書の活用の方向性として，①公会計改革への活用・連携，②市民の自治ツールとしての活用，③公共施設再配置計画の検討，④公有資産を活用した公民連携（PPP）事業の検討，⑤「施設白書」を踏まえた財政シミュレーションの基礎資料としての活用，と整理する。さらにこれら5つの活用方法を実現するために，①資産評価額，②施設の運用コスト，③利用状況・受益者負担状況，④施設余裕度，⑤老朽化度，⑥公共施設・インフラ更新の簡易推計の情報，といった点が施設白書に期待される情報であると指摘する。

(2) 福井県坂井市の事例

　佐々木（2013, p.2）が「合意形成の国内最先端事例」と評する福井県坂井市の事例をみる。坂井市の施設白書は「施設情報の開示という概念を超え，

---

[49]「JAMAフォーラム2014」での植田和男日本PFI・PPP協会理事長発表資料（2014年2月14日，p.17）によると，施設白書を作成している地方自治体は123団体である。日本ファシリティマネジメント協会ホームページ（http://www.jfma.or.jp/FORUM/2014/doc/0214-1650-C.pdf）2015年12月アクセス。

実質的には公共施設再編基本計画の要素を含む内容となっていて，公共施設再編の事業化の一歩手前の状況ともいえる実効性の高い方針が策定されている」（佐々木 2013, p.2）。市が施設白書に求めた使命は「①公共施設の過剰スペックを解消するために十分な情報量，②分かりやすい可視化，③合意形成の活用，④施設の経営効率をあらわす指標として施設のあり方を判断できること」といった点であった（佐々木 2013, p.3）。

合意形成の取り組みは職員，議会，市民の3系統に応じて実施した。職員に対しては，施設の実態把握を通じた市民への施策の説明責任を果たすこと，コスト感覚やVFM[50]の観点にもとづき施設再編事業の重要ポイントをおさえること，財源や資産の有効活用を通じた政策立案能力を強化することを目的として開催した。議員については，条例改正等法的手続きが必要なため，プロセスの初期段階から積極的なコミュニケーションを図るようにした。市民とは3つのチャネルに応じて意見交換会を開催した。総じて市政への理解度が高い行政委員（地域協議会委員等），より広い対象として地区代表（各地区の区長等）とそれぞれ意見交換会を開催し，合意形成の締めくくりとして一般市民を対象としたシンポジウムも実施した（佐々木 2013, pp.6-10）。

そして，合意形成のプロセスとして，施設白書作成に2年3ヵ月，市民代表との意見交換に1年4ヵ月，議会との意見交換に10ヵ月を費やした。佐々木（2013, pp.4, 10-11）はそのポイントとして，①白書完成後に合意形成を始めるのではなく，白書作成と同時並行で検討を重ねた点，②合意形成の際に現有施設を維持する場合の市民1人当たりの負担を増やさざるを得ないことを示すことで施設のあり方を問い直すことになり，実効性が高まることになったと指摘する（佐々木 2013, p.2）。

---

50) Value For Moneyのことであり，「最小の経費で最良の施設サービスを提供する」ことをいう。「限りある財源や資産を有効活用しながら市全体の経営改善に繋げていく政策立案能力の強化」を目的としている（佐々木 2013, pp.6）。

5．人口減少社会における社会資本にかかる計数的マネジメントの社会的な合意形成への役立ち

わが国が人口減少社会に移行するなか，今後は，社会資本の維持・更新に加え，再編・縮小に取り組む必要がある。その際，社会的な合意を形成する意思決定プロセスには大きな負荷がかかる。そこに，B／C分析，公会計，アセット・マネジメントといった計数的マネジメントを活用する意義がある。

(1) 人口減少社会における社会資本

人口が増加する経済においては，ある程度の高い成長が期待できることから，利益の配分（いわゆるパイの配分）が中心となる。このため，その配分をめぐる社会的な合意形成は比較的容易かつ円滑に行うことが可能である。これに対し，成熟しかつ人口が減少する経済においては，従前のような高い成長を期待するのは相対的に困難となってきている。このため，負担の配分をめぐる社会的な合意の形成が重要となる。

財政制度等審議会でも，人口減少を見据えた社会資本整備のあり方について，人口減少や利用状況等を踏まえた集約的な更新を行えば，更新費用の圧縮が可能となるといった議論がなされている。「財政健全化計画等に関する建議」（2015年6月1日）では，「残すべき社会資本を厳選し，長寿命化計画等にもとづき予防保全型の維持管理を行うことで，これまで以上に社会資本の長寿命化が図られれば，費用の平準化が可能となる。また，施設更新時においては，人口減少等を踏まえれば必ずしも同等の機能で更新する必要はなく，集約的な更新やスペックダウンを図るといった取組を行うことにより，推計で示された費用の伸びは抑制可能となる」とし，コンパクトシティ化やインフラ長寿命化計画の策定を提言している。

コンパクトシティを作り出すためには，公共施設やインフラの再編が求められる。根本（2011, p.176）は「人口減少時代では，施設仕訳[51]は財政とは無関係に必要である。今後の人口減少を考えると，すべての施設を現状のま

まの規模で維持することは,逆に人口1人当たりの規模を大きくすることになる」と指摘する。

しかし,公共施設やインフラの再編・縮小の際には「総論賛成・各論反対」の声があがる。再編・縮小は必要視されているものの,その社会的な合意を形成するための意思決定プロセスには大きな負荷がかかることとなる。

(2) 計数的マネジメントの社会的な合意形成への役立ち

Ⅲ 1.(5)で,公共事業を選択する際の手法として,社会的な合意形成に役立つB／C分析の役割を概観した。客観性の高いB／C分析は,事業の開始等に際して社会的な合意形成を図る際の判断材料の1つとして有効である。Ⅲ 1.(5)で述べたように,パブリック・インボルブメントという計画の早い段階から市民の意見を計画に反映させる動きもある。

そして,Ⅲ 3．およびⅢ 4．において,公共施設やインフラの維持更新の重要性を示すとともに,その再編・縮小の必要性と社会的な合意形成に役立つ公会計とアセット・マネジメントの役割を概観した。

インフラの維持・更新,再編・縮小の必要性を把握するためには,自治体での整備がこれまで進んでいない[52]固定資産台帳の作成が重要な役割を果たすという主張は有識者の間で多くみられる。根本(2011, pp.115-116)は「公会計改革と連動させて固定資産台帳を整備することで,インフラの更新見通しが可能になるはず」と指摘する。Ⅲ 2.(3)でみたように,総務省が進める地方公会計の整備は,このような有識者の主張に沿っている。

施設白書に代表されるアセット・マネジメントの取り組みは,住民への情

---

51) 公共施設をその意義や費用の観点から精査し優先度をつけていくことを指し,「施設の統廃合」と同意であるとされる(根本 2011, p.176)。
52) 福田(2014, p.36)によると「(2012年度決算で)固定資産台帳の整備にまだ着手していない団体が831団体(46.5％)も存在している状況」である。また,財政審ワーキンググループ(2015, p.8)では,「国土交通省等へのヒアリングによれば,現状のストックマネジメントは個々のインフラ資産の劣化度合いを現認し,分類するにとどまっており,新たに原価情報を付与したインフラ資産台帳の整備の検討はほとんど進んでいないとの印象を受けた」と指摘している。

報開示と合意形成に重要な役割を果たしつつある。また，地方公会計で課題となっている固定資産台帳は，アセット・マネジメントと有機的に連動した形で効果的な利用が可能になる。佐々木（2013, p.11））は，「自治体は的確な情報を分かりやすく開示できればそこから導かれる市民等の判断は合理的なものになるという確信をもって合意形成に取組むべき」と指摘する。

　このように，今日では，公共施設やインフラの維持・更新，再編・縮小に際して，さまざまな方策がとられてきている。Ⅲ 5.(1)でみたように，社会的な合意を形成していく意思決定プロセスに負荷がかかるなか，ここで取り上げた計数的マネジメント，すなわち，B／C分析，公会計およびアセット・マネジメントがその負荷を減少させる点で有効であると考える。

参考文献

東信男（2000）「国の公会計制度改革の課題と展望」『会計検査研究』No.22。
荒井耕（2009）『病院原価計算』中央経済社。
荒井耕（2011）『医療サービス価値企画』中央経済社。
荒井耕（2013）『病院管理会計』中央経済社。
井伊雅子（2015）「特集『地域医療・介護の費用対効果分析に向けて』序文」『フィナンシャル・レビュー』通巻123号, pp.1-5。
井伊雅子・関本美穂（2015）「日本のプライマリ・ケア制度の特徴と問題点」『フィナンシャル・レビュー』通巻123号, pp.6-63。
石川高輝（2008）「海外におけるアセットマネジメント」『下水道協会誌』45(547), pp.35-38。
石原俊彦（1999）『地方自治体の事業評価と発生主義会計』中央経済社。
伊藤和憲（2014）『BSCによる戦略の策定と実行』同文舘出版。
井堀利宏（2001）『公共事業の正しい考え方』中央公論新社。
薄井繭美（2011）「公会計改革の動向と今後の課題～財務書類の早期提出と活用への取組～」『立法と調査』参議院, 通号319, pp.110-121。
太田和博（2006）「意思決定における費用便益分析の位置付け：総合評価手法の役割の限定」『運輸政策研究』9(1), pp.45-51。
大野泰資（2005）「公共事業評価の実際—省庁別・事業別の費用便益分析がもたらす結果について」『フィナンシャル・レビュー』通巻77号, pp.66-89。
大野泰資・左近靖博・高木麻美・田口壮輔（2012）『アメリカ及びイギリスにおける費用便益分析の手法と実例に関する調査研究』三菱UFJリサーチ＆コンサルティング株式会社。
小澤一雅（2014a）「アセット・マネジメントシステム導入の現状と将来展望」『土木学会誌』99(7), pp.12-17。

小澤一雅（2014b）「インフラ長寿命化の実現」『JFMA journal』No.174, pp.26-29。
貝塚啓明（2001）『地方経済の自立と公共投資に関する研究会報告書』財務総合政策研究所。
川口荘介（2014）「公共施設マネジメント・実務面のポイント」『市政』No.6, pp.10-12。
衣笠陽子（2013）『医療管理会計』中央経済社。
建設省道路局（1997）「道路事業における費用便益分析について」『道路』No.12, pp.39-41。
国土交通省（2008）『費用便益分析マニュアル』。
国土交通省（2014）『平成25年度国土交通白書』。
小林潔司（2003）「Editorial アセット・マネジメント研究のフロンティア」『土木学会論文集』No.744, pp.11-13。
小林庸至・稲垣博信・五十嵐泰史（2009）「海外の地方自治体におけるアセット・マネジメントの取組実態と国による支援のあり方」『土木計画学研究・講演集』CD-ROM, No.39。
近藤克則（2015）「保険・医療・介護における効果・質・格差の評価—到達点と課題」『フィナンシャル・レビュー』通巻123号, pp.133-157。
齋藤真哉（2002）「地方自治体会計への企業会計的手法の導入に関する検討」『会計検査研究』No.26, pp.163-173。
財政制度等審議会（2003）『公会計に関する基本的な考え方』。
財政制度等審議会（2015）『財政健全化計画等に関する建議』。
財政制度等審議会財政制度分科会法制・公会計部会ワーキンググループ（2015）『財務書類等の一層の活用に向けて』。
財務省主計局（2014）『「国の財務書類」ガイドブック（2014年3月）』。
佐々木陽一（2013）「公共施設マネジメントにおける合意形成の進め方〜総論賛成，各論反対を突破するために」『PHP Policy Review』7(55)。
社会資本整備審議会・交通政策審議会（2013）『今後の社会資本の維持管理・更新のあり方について答申』。
隅田一豊（1999）「国際公会計学会第2回全国大会 1999年9月12日」『公会計研究』1(2), pp.49。
総務省（2006）『新地方公会計制度研究会報告書』。
総務省（2010）「政策評価の点検結果—評価の実効性の向上に向けて」3月。
総務省（2014）『今後の新地方公会計の推進に関する研究会報告書』。
総務省（2015）『統一的な基準による地方公会計マニュアル』。
総務庁（2000）『公共事業の評価に関する調査結果（通知事項）』。
竹末直樹（2015）「社会インフラの維持管理とアセット・マネジメント〜英国の取組みから得られる示唆」『Plant Engineer』Jan.2015, pp.68-75。
谷武幸編著（2004）『成功する管理会計システム—その導入と進化』中央経済社。
辻琢也（2015）『超高齢・人口減少社会のインフラをデザインする』21世紀政策研究所。
鶴岡将司・福元渉・大西淳也（2016）「公共事業における費用便益分析等の役割」『PRI Discussion Paper』16A-03（通巻292号）。
内閣府経済社会総合研究所（2013）『公民連携研究報告書』。

根本祐二（2011）『朽ちるインフラ』日本経済新聞出版社。
挽文子（2015）「第1章 医療の質向上と管理会計」『日本の管理会計研究』中央経済社。
尾藤文人・阪井暖子・田中文夫（2015）「社会資本の維持管理・更新のための主体間関係に関する調査研究（中間報告）」『国土交通政策研究所報』No.56。
福田直（2014）「地方公会計基準の統一化に伴う自治体への期待 固定資産台帳等の整備でPPP/PFI活用の促進も」『金融財政事情』65(40)，pp.34-39。
藤木秀明（2011）「『施設白書』に求められる情報と活用方法についての考察—藤沢市，秦野市，習志野市の活用事例をもとに—」『東洋大学PPP研究センター紀要』No.1, pp.75-96。
藤野雅史（2013）「社会資本の維持管理・更新に関する業績管理と財務管理」『運輸と経済』73(7), pp.45-55。
松井新介（2007）「国における公会計改革の動向」『立法と調査』参議院，通号271, pp.100-109。
松尾貴巳（2004）「医療組織と経営管理システム」『ビジネス・インサイト』現代経営学研究所，12(4), pp.8-27。
松田晋哉・藤野善久（2015）「医療保険・介護保険レセプトと特定健診データの連結分析システムの開発」『フィナンシャル・レビュー』通巻123号，pp.69-91。
三井清（2001）「公共投資の地域間配分とその経済効果」『地方経済の自立と公共投資に関する研究会報告書』財務省財務総合政策研究所, pp.25-40。
森田洋之（2014）「夕張市の高齢者1人あたり診療費減少に対する要因分析」『社会保険旬報』No.2584, pp.2-19
山田隆司（2015）「地域での適切な外来診療機能について—ICPC（プライマリ・ケア国際分類）による分析と総合診療医の役割」『フィナンシャル・レビュー』通巻123号，pp.100-126。
山田宏（2006）「公共事業における費用便益分析の役割」『立法と調査』参議院，通号256, pp.9-16。
横山正樹・重松勝司（2004）「海外におけるインフラ資産管理の動向〜戦略的，効率的なインフラ資産管理に向けて〜」『防衛施設と技術』14(1), pp.47-54。

第5章

医療分野における管理会計の活用
―計数的マネジメントを通じた合意形成―

Ⅰ はじめに

　診療報酬の抑制政策や質が高く効率的な医療への要求の高まりなどを背景として，医療分野においても本格的な経営管理がきわめて重要となってきている。そこでは，現場が主体的に動いていくことの重要性が増すとともに，トップ経営層が現場の業績を把握しつつ，経営の自律性を現場に働きかけることの必要性も増しており，医療機関にとっては管理会計の適切な活用が課題となっている。そこで活用される管理会計として筆者は図表5-1のように考えている。大きくみれば，戦略遂行マネジメント，責任センター（部門）マネジメント，提供プロセス（サービス）マネジメント，経営情報マネジメントの各領域があり，それぞれに対応する各種の手法および活動が含まれていると考える。

　全体像は図表5-1のとおりであるが，本章ではまず，本書のテーマの1つである計数的マネジメントを通じた職員の方向づけ（組織内の合意形成）という観点から重要となる手法に焦点を当てる。具体的には，戦略遂行マネジメント手法としての事業計画およびバランスト・スコアカード（BSC）であり，責任センターマネジメントとしての部門別損益業績管理[1]である。また本章の後半では，国立大学法人佐賀大学医学部附属病院のテナント式損益管理を簡単に紹介する[2]。テナント式損益管理は，トップ経営層が，組織全体として目指す方向に沿う形で，組織内の現場各部門（職員）による自律的な経営管理を促す手法で，経営方針に関する組織内合意形成を図るものである。

　また，質が高く効率的な医療の実現には，各医療機関での計数的マネジメントだけでは不十分であり，図表5-1にあるように地域における医療提供

1）ただし，部門別損益業績管理のためには部門別原価計算が必要であり，部門別損益業績管理の徹底は提供プロセス（サービス単位）のマネジメントを促す。このため，原価計算や価値企画（荒井 2011）についても簡単に言及することとする。
2）テナント式損益管理の詳細は，荒井（2013a）第8章を参照されたい。

図表5-1　医療分野の管理会計の全体像

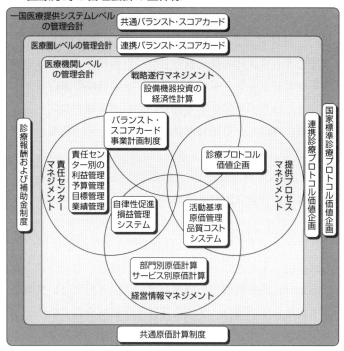

出所：荒井（2012）。

システム（医療圏）や国家全体での医療提供システムのレベルでの管理会計も重要となる[3]。そこには，本書のもう1つのテーマである，計数情報を通じた地域住民等も含む社会的な合意形成が視野に入ってくる。そこで本章では，地域医療提供システムの計数的な戦略遂行マネジメント手法である「地域連携BSC」を取り上げることとしたい[4]。

この地域連携BSCとは，一患者が経験する医療の一連の流れが完結する

---

3) これらのレベルの管理会計は，医療機関レベルの管理会計に影響を与えている。
4) ほかにも，国家全体の医療提供システムをマネジメントするための「共通原価計算」なども，その計数情報を通じて，国民に増税への理解や各種医療サービスの公定価格水準への納得感を確保するという，社会的な合意形成のための管理会計手法である（荒井2007, 第6章・第10章）。

医療圏ごとに，各種施設間の連携性を考慮しながら構築されるBSCであり，医療圏全体での整合性のとれた医療提供を目指すためのBSCである（荒井2005, 第6章）。地域連携BSCの策定に際しては，地域住民を含む医療機関内外の利害関係者が会議体の構成員として，計数情報をもとに合意を形成してまず地域医療のビジョンと戦略を策定し，その戦略の遂行にかかわる諸側面を体系的に捉えつつ因果関係も考慮しながら諸目標を設定し，またその計数的な目標水準を設定し，その目標値を達成するための施策を考案する。地域連携BSCのこうした策定プロセスを通じて，合意内容が具体的・計数的に明確になると期待される。そして地域連携BSCの運用を通じて，地域住民を含む利害関係者が合意内容の実現のために，PDCAサイクルを回すことになる。

本章では計数マネジメントを通じた合意形成という本書のテーマに沿って，まずⅡで，計数的マネジメントを通じた組織構成員の方向づけ（組織内の合意形成）にかかわる医療機関での管理会計の活用状況について論じ，次いでⅢで，その事例としての国立大学法人佐賀大学附属病院でのテナント式損益管理を紹介する。そしてⅣで，計数情報を通じた地域住民等含む組織内外における社会的な合意形成にかかわる地域連携BSCについて論じる。

 ## 医療機関における管理会計の活用状況

ここでは，まず戦略遂行マネジメント手法としての事業計画およびバランスト・スコアカード（BSC）について述べる。そして次に，責任センターマネジメントとしての部門別損益業績管理について言及する。

1．事業計画およびBSC：戦略遂行マネジメント

本節では，戦略を遂行するための経営管理手法である事業計画およびBSCについて，病院界における実施の現状とその効果を簡単に紹介する。

(1) 実施の現状
① 事業計画

　事業計画は，中長期的な経営方針（目標）をより具体的に展開（記述）して事業を遂行管理するために，事業上の具体的な事項に関して計画（目標）値を設定し，その計画の実現に向けて行動し，進捗管理しつつ計画を実現するプロセスからなる手法である。事業計画には，中長期計画であれその中の特定の年度の短期計画であれ，病院の中長期的な経営方針が反映されるため，本書のテーマとの関係でいえば，トップ経営層による中長期的な経営方針への現場職員の方向づけの手段（編成過程は現場職員との合意形成過程）でもある。

　DPC[5]（診断群分類）別包括払い制度の対象および準備病院（以下，DPC関連病院という）を対象に2012年に実施した調査[6]によれば，92.1％の病院が事業計画を実施している（荒井 2013a，第3章）。そのうち事業計画を管理者の業績評価に利用している病院は23.7％である[7]が，公私病院群間で有意な違いがみられ，私的病院群の業績評価利用率（36.7％）の方が公的病院群（12.1％）よりも高い。

　事業計画で設定管理している内容としては，財務的成果に直接的にかかわる項目はすべて8割程度以上と多くみられるほか，病棟の運営効率にかかわる項目の目標設定も多くみられる（図表5-2上段）。また地域の医療機関同士の連携にかかわる項目も5割半〜6割半とある程度目標管理されている一方，職員の満足や能力向上にかかわる項目（人材・学習関連）や患者にとっての主観的および客観的な質にかかわる項目（患者満足・質関連）は十分には計画管理されていない。ただし，これら5つの視点にそれぞれ関連する事

---

5) DPC（Diagnosis Procedure Combination）とは，膨大な症例データの解析を通じて開発・修正されてきた診断群分類（患者分類）であり，資源消費額がある程度類似する医療サービス単位（区分）となっている。そのため，公的医療保険制度において支払単位として用いられているほか，病院での経営管理の対象単位となっている。
6) 有効回答率は13.7％であった。
7) 業績評価に利用している病院では83.0％がその評価結果を金銭的報酬と連動させている。

図表 5 - 2　事業計画での管理事項と管理範囲（視点）

計画事項分類		財務関連				患者満足・質関連			地域連携関連		病棟運営効率関連			人材・学習関連		
計画事項	n	①	②	③	④	⑤	⑥	⑦	⑧	⑨	⑩	⑪	⑫	⑬	⑭	⑮
計画設定率	197	93.4%	79.7%	85.8%	92.9%	34.0%	20.3%	10.2%	66.5%	55.3%	25.4%	75.1%	91.4%	20.8%	15.7%	17.8%

①収入額，②損益率・差額，③患者単価，④患者（利用）数，⑤患者満足度，⑥褥瘡発生率，⑦再入院率，⑧患者紹介率，⑨患者逆紹介率，⑩パス適用率，⑪平均在院日数，⑫病床稼働率，⑬職員満足度，⑭職員定着率，⑮法人内研修参加率

視点別含有率	n	財務	患者・質	連携	運営プロセス	人材・学習
全体	196	98.5%	42.9%	66.8%	93.9%	33.7%

出所：荒井（2013a），第3章。

項が1つでも設定されているかどうかで分析した場合には，患者・質視点の目標も42.9%，人材・学習視点の目標も33.7%の病院では設定管理されている（図表5-2下段）。その結果，財務および運営効率に関連した事項のみを管理している伝統的な事業計画を実践している病院は23.9%（197病院中47病院）のみであり，残りの病院は財務・効率関連以外の視点に関連する事項も同時に管理する事業計画を実践している。

さらに，これらの設定管理されている事項間の因果関係を考慮している程度は，7段階尺度の中間値である4を超える考慮度の高い病院が59.2%を占めていた[8]（荒井 2013a，第3章）。因果関係は，ほとんどの病院の事業計画においてある程度考慮されていることが判明した。

すなわち，現在，事業計画はほとんどの病院で実施されているが，そのうちの多くの病院の事業計画は，その管理対象とする業績側面（視点）の範囲の点からも，対象事項間の因果関係の考慮の点からも，次に紹介するBSCとしての性格を有するものとなっているのである。

② BSC

BSCは，ミッション・ビジョンおよびその実現のための戦略を明確化し組織に浸透させることを通じて，トップ経営層が組織目標へ現場職員を方向づけ（現場職員と合意形成）することを主要な狙いとしている。これにより，

8）逆に4未満の考慮度の低い病院は12.8%に過ぎなかった。

使命等の実現につながる組織の成果(業績)を向上させることを目的としている。BSCは,その特徴として,戦略を遂行するという観点から重要な,多様な側面にかかわる複数の戦略目標を体系的に同時統合管理するために,視点枠組みを有している。またその戦略目標間の因果関係の考慮を重視しており,そのため多くの場合,戦略マップを活用する。病院を運営する医療法人(零細法人除く)を対象に2014年に実施した調査[9]によれば,44.0%の法人がBSC[10]を実施している(荒井 2016a)。

まず視点枠組みでは,典型的な4つの視点(財務・顧客・業務プロセス・学習と成長)はすべて9割以上の法人で設定されている一方,その他の視点を設定している法人はわずかであった。また戦略マップおよびBSCにおいて最上位に位置づけられている視点は,財務と顧客が多く,複数の視点を最上位と位置づけている法人も多くはないがみられた。単一の視点のみを最上位と位置づけている法人群でみると,財務が55.6%,顧客が33.3%で,業務プロセスや学習と成長はわずかである。さらに,最上位視点が財務か非財務かという区分でみると,それぞれ54.1%と45.9%であり,財務(利益)を究極目的としない非営利組織としての特徴がみられる。

また,戦略目標間や成果指標間の因果関係を考慮している程度(「まったく考慮してない」(1)から「非常によく考慮」(7)までの7段階尺度)は,平均値で4.5であり,尺度中間値である4を超える法人が60.0%を占めている。まったく考慮していない法人はなく,因果関係考慮というBSCの要件は最低限満たされている。ただし戦略マップを作成している法人は67.5%に限定され,また作成後に時の経過とともに再構築していない法人もみられるため,戦略マップを作成し再構築までしている戦略マップの活用に積極的な法人は,60.0%に止まる。

さらに,業績評価との関係については,法人内の各施設別BSC上の業績

---

9) 有効回答率は3.2%であった。
10) 戦略マップを活用していない法人であっても,BSCの必須要件である因果関係の考慮はしている法人も一定程度存在するため,筆者は,視点枠組みと因果関係の考慮はBSC実施の要件としているものの,戦略マップの活用は要件としていない。

を施設長の業績評価に利用している法人は35.7％であった[11]。また業績評価に際して，目標値の達成の程度で評価している法人が80.0％であった[12]。さらに，BSC上の業績が業績評価要素（項目）全体に占める割合（重み）は，1割前後とする法人が50.0％であり，5割前後までの累計で90.0％を占める。

(2) 効果
① 事業計画

上述のように，病院界でも今日では事業計画はほとんどの病院で実施されているが，事業計画を管理者の業績評価に利用しているか（事業計画への取り組みに動機を与えているか）どうかにより，事業計画への取り組みの真剣さに違いが生じると考えられる。そこで，業績評価での利用の有無と病院の財務業績との関係をみてみたところ，業績評価に利用している病院群の方が，分析したすべての採算性指標において有意に採算性がよいことが判明し（図表5-3），事業計画の業績評価での利用は病院の財務業績の向上に寄与していることが示唆された（荒井 2015）。

② BSC

BSCの主要な狙い（現場の方向づけ）や，それを通じて達成したい組織成果，それらの実現に重要な現場職員にかかわる戦略目標事項に関して，BSCの効果の程度を認識調査した[13]。①使命等の浸透や②戦略の明確化および③浸透というBSCの主要な狙いを達成する上で不可欠な事項については，やや高い効果が認識されている（図表5-4左欄）。また，主要な狙いを通じて達成したい組織成果（業績）である⑧医療の質の向上，⑨患者満足の向上，⑦患者数・収入の増加も，効果認識尺度の中間値(3)を超える効果が平均値で

---

11) そのうち金銭的報酬にその評価結果を反映している法人は66.7％であった。
12) 一方，目標値の達成の有無で評価している法人が20.0％であった。
13) 調査への回答は，法人本部長，事務部長，企画部長ほか法人のBSCの状況に詳しい経営層の方に依頼した。BSCの効果の程度を，「効果がなかった」(1)から「効果があった」(5)までの5段階評価で認識を調査した。

figure 5-3　事業計画の業績評価利用の効果

事業計画の業績評価利用と病院財務業績		管理者業績評価での活用		有意確率
		無	有	
医業利益率	n	117	15	0.0003
	平均	−3.7%	4.5%	
病床当たり医業利益（千円）	n	116	15	0.0001
	平均	−809	899	
黒字病院割合	n	117	15	0.0005
	平均	39.3%	86.7%	

出所：荒井（2015）をもとに作成。

は認識されている。一方，狙いや組織成果の実現に重要な，⑩職員満足の向上や，⑥職員間の対話の促進，④管理者の業績評価，⑤職員の経営意識醸成という現場職員にかかわる戦略目標事項については，尺度中間値前後の効果認識となっている。

　また，戦略マップの活用は，トップ経営層による現場職員の方向づけにおいて重要な役割を果たすと考えられるため，その活用への積極性の有無がBSCの効果に影響を与えているのではないかと考え，その観点から各事項の効果に違いがみられるかを分析してみた（荒井 2016b）。戦略マップを作成し，時の経過とともに再構築もしている戦略マップ活用に積極的な法人の方が，そうでない消極的な法人よりも，BSCの主要な狙い（現場の方向づけ）を達成する上できわめて重要な，①使命等の浸透，②戦略の明確化，③戦略の浸透という事項について，効果が有意に高いことが明らかとなった（図表5-4右欄）。つまりこれら事項の向上に対する戦略マップ活用の有効性が示唆された。また現場の方向づけを通じて達成したい組織成果の向上のうち，⑧医療の質の向上と⑨患者満足の向上については，戦略マップ活用に積極的な法人の方が，効果が有意に高く認識されており，戦略マップ活用の有効性が示唆される。ただし⑦患者数・収入の増加という組織の財務的成果の向上に対する有効性は確認されなかった。

　加えて，現場職員の方向づけというBSCの主要な狙いに付随する職員の

図表5-4　BSCの効果と戦略マップ活用の有効性

BSCによる各事項の効果の程度		BSC実施法人全体	戦略マップ活用の積極性	
			無	有
(1) 使命等の浸透	n	38	14	24
	平均	3.7	3.4	3.8
	有意確率		0.044	
(2) 戦略の明確化	n	38	14	24
	平均	3.7	3.4	3.9
	有意確率		0.054	
(3) 戦略の浸透	n	38	14	24
	平均	3.5	3.1	3.7
	有意確率		0.033	
(4) 管理者の業績評価	n	38	14	24
	平均	3.1	2.5	3.5
	有意確率		0.003	
(5) 職員の経営意識醸成	n	38	14	24
	平均	3.1	3.1	3.1
	有意確率		0.867	
(6) 職員間の対話の促進	n	38	14	24
	平均	2.9	2.7	3.1
	有意確率		0.242	
(7) 患者数・収入の増加	n	37	13	24
	平均	3.3	3.4	3.2
	有意確率		0.532	
(8) 医療の質の向上	n	38	14	24
	平均	3.4	3.1	3.7
	有意確率		0.024	
(9) 患者満足の向上	n	38	14	24
	平均	3.4	3.0	3.6
	有意確率		0.019	
(10) 職員満足の向上	n	38	14	24
	平均	2.9	2.9	3.0
	有意確率		0.549	

出所：荒井（2016b）をもとに作成。

動機づけと関係する，管理者の業績評価についても，戦略マップ活用に積極的な法人の方が効果が有意に高いことが判明しており，戦略マップ活用の有効性が示唆される。おそらく戦略マップの活用が，戦略の背景にある諸戦略目標間の因果関係の現場による理解を深め，そのことでBSC上の戦略目標の達成状況により業績評価されることへの現場の納得性が高まるために，現場に業績評価がより受け入れられやすくなるからだと考えられる。なお，現場の方向づけおよび組織成果の向上にとって重要な，その他の現場職員に関係する戦略目標事項（⑤職員の経営意識醸成，⑥職員間の対話の促進，⑩職員満足の向上）については，戦略マップ活用の有効性はとくに確認されなかった。

2．責任センター別損益業績管理：責任センターマネジメント

本節では，責任センターの損益業績を管理する手法の病院界における実施の現状とその効果および機能プロセスについて紹介する。またその実施に必要な責任センター別の原価計算の実施状況についてもまず簡単に紹介する。

(1) 実施の現状
① 責任センター別損益情報を提供する原価計算の実施状況

DPC関連病院を対象に2012年に実施した調査によれば，部門別原価計算は46.8％の病院で実施されており，実施病院では69.0％で定期的に実施されている（荒井 2013a, 第7章）。まだ過半の病院ではどんぶり勘定的採算管理であり，どの部門で問題が発生しているのかを容易には把握できず，迅速な対応をとれないという問題を抱えている。また，現場としての組織内小責任単位である部門レベルでは損益管理ができないため，現場への採算管理意識の徹底が図れない状況である。このままでは，現場管理者への権限委譲が進む一方，トップ経営層は現場の業績を把握・評価したり，現場に経営の自律性を働きかけたりすることはできないままという状況になりかねない。

また，計算結果の主たる利用者は，トップ経営者76.5％，現場管理者14.7

％，両者8.8％である。現場管理者が主たる利用者に含まれるのは23.5％に止まっている[14]。

② 責任センター別損益業績管理の実施状況

インタビュー調査にもとづく研究（荒井 2009, 第4章）によれば，病院界では，部門別損益管理を実施している場合，各診療科・各病棟を利益センター，各管理部門をコストセンターとして管理することが多い。中央診療各部門は，トップ経営層の考え方の違いにより扱いが異なるものの，利益センターとしての管理が増えている。また管理部門職員のモチベーションや職種間の協力関係の促進，管理部門の効率化の促進という観点から，管理部門を利益センターとして管理する動きもみられる。ただしいずれの範囲を利益センターとするにしても，そもそも日本病院界においては各部門の損益に大きな影響を与え得る意思決定はトップ経営層の権限であることも多く，診療科等の個々の部門が自部門の損益に与えられる影響は限られたものとなっているため，各部門の利益センターとしての性格は，弱いものとなっている。また利益センターの管理で利用する利益（職員に意識させる費用範囲）としては，医業収益から医業費用（サービス提供原価と管理費）を控除した損益であることが多い。ただしトップ経営層の考え方や損益結果が職員に与える影響を考慮して，医業外費用である借入利息を含めたり，管理費や建物減価償却費を除いたりと，多様なものがみられる。

本書のテーマとの関係でいえば，病院内の各部門を利益センターとするかコストセンターとするかというトップ経営層の方針は，各現場部門に責任をもたせる財務業績に関する現場の方向づけである。また，利益センター管理に用いる利益をどのような内容のものとするかについてのトップ経営層の方針も，現場部門に意識づけする（あるいは責任をもたせる）費用範囲に関す

---

14) 伝統的に現場管理者には計算結果の十分な報告すらなされてこなかったことを考えると（荒井 2009, 第4章ほか），かつてよりも現場管理者が主たる利用者となってきているとはいえよう。

る現場の方向づけであるといえる。

　DPC関連病院を対象に2012年に実施した調査によれば，部門別損益の把握をしている病院（上述のように46.8％の病院）のうち，部門損益の目標管理は16.7％の病院のみで実施されているに過ぎない（荒井 2013a, 第4章）。また部門損益を部門管理者の業績評価に利用している病院は20.4％に過ぎない[15]。ただし公私間で状況は異なり，私的病院群の方が公的病院群よりも，損益の目標管理（私的24.5％，公的9.6％）や業績評価利用（私的32.0％，公的9.6％）を有意に多く行っている。このように損益情報の活用状況が低調な理由には，計算結果の精度や目的適合性（管理可能性にもとづく収益および費用の適切な区分など）に十分な自信がもてないことや，医療職に対して損益による管理をすると強い反発にあう（また仮に実施してもどうせ医療職は積極的には損益管理に取り組まない）とトップ経営層が考えていることなどがある。

　なお，部門損益の目標管理や業績評価利用と，前節で紹介した部門別損益計算結果の主たる利用者との関係をみると，目標管理実施病院（41.2％）の方が非実施病院（20.2％）よりも，現場部門管理者が計算結果の主たる利用者になっていることが有意に多い。また業績評価利用病院（50.0％）の方が非利用病院（17.1％）よりも，現場部門管理者が計算結果の主たる利用者になっていることが有意に多い。部門別損益目標管理を実施していない病院では，現場管理者はトップ経営層との達成水準（目標）に関する明確な合意がないために，損益情報を積極的に利用しようという意識にはならないのに対して，実施病院では達成水準に関する合意が形成されるため，現場管理者はその実現のために損益情報を積極的に利用する必要性が高くなるためではないかと考えられる。また業績評価に利用していない病院では，現場管理者は損益結果により業績評価されないために損益情報を積極的に利用する動機が働かないのに対して，利用病院では損益結果により業績評価されるために，現場管理者は損益情報を積極的に活用して採算を改善したいと思うからだと

---

15) 業績評価に利用している場合でも金銭的報酬と連動させている病院は42.1％であった。

考えられる。

次に，部門別の予算管理については，収益側は22.9％で実施され，実施病院中50.0％では月次の予算実績差異管理であるのに対して，費用側は12.9％での実施にとどまり，また実施病院中の54.2％は年次管理である（荒井2013a，第4章）。ただし公私間で実施率に有意な差があり，私的病院群の方が，収益予算（私的36.5％，公的11.5％）も，費用予算（私的21.3％，公的6.1％）も，公的病院群よりも実施している。

また予算管理については，DPC別包括払い制度の対象病院に対して2014年により詳細な調査を実施している[16]。その調査研究（荒井 2016c）によれば，部門別の収益予算は31.9％，費用予算は19.9％で実施されている。

その部門予算により管理される部門長と管理する病院経営層（および法人本部等）との予算編成に際するコミュニケーションの度合いを，「まったく対話してない」(1)から「非常によく対話」(7)までの7段階尺度で調査したところ，平均値は4.5であるが，図表5-5のように，平均値前後の中程度の病院と，それよりも対話度が高い病院および低い病院がみられ，病院により状況にばらつきがある。すなわち，同様に部門予算を編成している病院であっても，トップ経営層と現場部門管理者との予算編成時における合意形成の程度は，だいぶ異なることが推察される。

また部門予算を編成している病院において，各種の予算管理機能をどの程度活用しているかを，「まったく活用してない」(1)から「非常によく活用」(7)までの7段階尺度で調査したところ，分析的利用や働きかけ的利用を中心に，ある程度よく利用されていた（図表5-6上段）[17]。ただし分析的利用（私的5.1，公的4.3）と働きかけ的利用（私的5.0，公的4.2）の利用度平均値は，公私間で有意に異なり，私的病院の方がよりしっかりと利用している。

---

16) 有効回答率は16.8％であった。
17) 部門間割当/配分とは，「病院内の各部門間に，収益目標を割り当てる機能及び費用を最適に配分する機能」である。また分析的利用とは，「予算・実績差異を通じた病院内経営管理者層による各部門の状況把握・管理機能」であり，働きかけ的利用とは，「病院内経営管理者層による各部門管理者への部門予算達成促進機能」である。

図表5-5　部門予算編成時の経営層と部門管理者との対話度

上層部・部門長対話度	1	2	3	4	5	6	7	合計	平均値	標準偏差
n	3	8	14	15	18	18	10	86	4.5	1.63
割合	3.5%	9.3%	16.3%	17.4%	20.9%	20.9%	11.6%			
低中高区分	低25(29.1%)			中33(38.4%)		高28(32.6%)				

出所：荒井（2016c）。

図表5-6　対話度による各予算管理機能の利用度への効果

上層部・部門長対話度別各機能利用度		部門間割当/配分			分析的利用			働きかけ的利用		
		n	平均値	標準偏差	n	平均値	標準偏差	n	平均値	標準偏差
合計		84	3.7	1.63	86	4.6	1.60	85	4.6	1.48
対話度	低い	25	2.6	1.50	25	3.4	1.55	24	3.6	1.59
	中程度	32	3.7	1.23	33	4.8	1.12	33	4.7	1.07
	高い	27	4.9	1.49	28	5.5	1.50	28	5.2	1.44
分散分析		F値	有意確率		F値	有意確率		F値	有意確率	
		16.33	0.000		15.79	0.000		9.41	0.000	

出所：荒井（2016c）をもとに作成。

　そして上述の対話度と機能利用度との関係を分析したところ，トップ経営層と現場部門管理者が部門予算編成時によりしっかりとコミュニケーションをとっている病院ほど，予算の各種機能の利用度が有意に高いことがわかった（図表5-6下段）。経営層と現場の予算編成時の対話度が高く，よりしっかりと予算内容・水準に関する合意が形成されている方が，その予算の機能がより積極的に利用されることが示唆される。

　次に，予算管理上の業績を部門管理者の業績評価に利用している病院は，26.7％みられた。ただし公私間で業績評価での予算利用率は大きく異なり（私的39.0％公的13.6％），私的病院群の方が有意に高い。利用している病院のうち65.2％では，賞与等の金銭的報酬にその評価結果を反映させている。また賞与等以外にも，昇進昇格による動機づけ（47.8％）や会議での業績開示による同僚間での社会的牽制（56.5％）も，半数程度の病院ではみられる。業績評価に際しては，予算達成の度合い（程度）で評価している病院が68.2％，予算目標水準（値）の達成の有無で評価している病院が31.8％であった。加えて，「予算管理上の業績が部門長の業績評価要素（項目）全体に占める割

合（重み）」は，平均では3.8割であり，1割前後とする病院が29％，3割前後が24％，5割前後が33％となっており，重みが5割前後までの病院が86％を占めている。つまり，大抵の病院では，損益への関心が低い傾向がある現場部門の医療職管理者に，損益にも留意させる程度の重みである。

(2) 効果と機能プロセス
① 組織業績向上への効果

上述のDPC関連病院対象の2012年の調査をもとに，財務データを追加入手可能であった病院群を対象として，部門別収益予算の有無による病院業績の違いを分析した（荒井・阪口 2015)[18]。部門別収益予算管理が実施されている病院群の方が，黒字病院の割合は有意に高く，また医業利益率や病床当たり医業利益も有意性まではないものの，よい傾向がうかがわれる結果であった（図表5-7）。トップ経営層と部門管理者との間に，部門収益予算編成を通じた収益目標に関する明確な合意が形成されている方が，現場部門がよりしっかりと部門収益の向上に取り組み，結果として採算性がよい傾向があると推察される。

また，病院を運営する医療法人を対象に2010年に実施した調査をもとに，回答法人のうちで財務データが入手できた法人群を対象として，法人内の各施設および各施設内の各部門の二階層の責任センターにおける損益業績管理の実施状況が組織業績に与える効果を検証した（荒井・尻無濱・岡田 2014)。具体的には，責任センター別損益業績管理の実践度の高低により，分析対象法人群を以下の4群に分類した上で，各実践度の医業利益率に与える効果を重回帰分析により検証した。

①責任センター別の損益把握すらしていない法人群:実践度1
②責任センター別の損益把握はしているが，その損益による管理者業績評価はしていない法人群:実践度2

---

18) 上述の2014年に実施した調査に財務データを統合した研究は，財務データの入手可能時期との関係からまだ実施できておらず，今後の課題である。

図表5-7　部門別収益予算管理の病院財務業績への効果

部門別収益予算管理と病院財務業績		部門別収益予算(目標)の編成		
		無	有	有意確率
医業利益率	n	112	26	0.1357
	平均	−3.0%	−0.1%	
病床当たり医業利益（千円）	n	111	26	0.1232
	平均	−710	−89	
黒字病院割合	n	112	26	0.0249
	平均	41.1%	65.4%	

出所：荒井・阪口（2015）をもとに作成。

③各施設別の損益把握をし，その損益により施設長の業績評価もしている法人群（ただし施設内各部門別の損益業績管理はしていない）:実践度3
④施設別損益業績管理に加えて，施設内の各部門別の損益把握をし，その損益により部門管理者の業績評価もしている法人群:実践度4

　事業の規模や内容，地域の競争環境や物価水準等の採算性に影響を与えると考えられる諸要因の影響を統制しつつ分析した結果，高い実践度は有意に医業利益率を向上させることおよび医業利益率向上への効果は実践度が高いほどよいことが判明した（図表5-8）。つまり責任センター別損益業績管理は，採算性を高める効果をもっていそうであることがわかった。

② 機能プロセス

　前節でみたように，責任センター別損益業績管理は，医療機関の採算性を向上させる効果をもっていると推察されるが，その機能プロセスには，各部門での稼働率向上を通じた効果と，各部門が提供する各種サービスのプロセス改善を通じた効果の，大きく2つあると考えられる（図表5-9）。相対的に取り組みやすいために，まずは各部門（診療科）での受入患者の増加や手術実施件数の増加による稼働率向上を通じて採算性を向上させると考えられるが，その後は現場の採算管理意識の高まりにより，各サービス自体の採算性を改善する方向にも取り組むようになると考えられる。以下，この2つの

図表5-8　責任センター別損益業績管理の実践度の病院財務業績への効果

	偏回帰係数	標準誤差	t値	p値	
(定数項)	0.041	0.089	0.466	0.642	
管理会計実践度2ダミー	0.047	0.027	1.74	0.084	*
管理会計実践度3ダミー	0.055	0.029	1.928	0.056	*
管理会計実践度4ダミー	0.080	0.029	2.735	0.007	***
本来業務の事業収益（千円）	0.000	0.000	0.839	0.403	
一般病床8割ダミー	−0.015	0.014	−1.036	0.302	
療養病床8割ダミー	0.033	0.019	1.748	0.083	*
精神病床8割ダミー	−0.003	0.018	−0.182	0.856	
都道府県別病床あたり65歳以上人口数*平均在院日数	0.000	0.000	1.01	0.314	
都道府県別医業利益率の中央値	−0.727	0.669	−1.088	0.278	
都道府県別調査産業計現金給与総額（千円）	0.000	0.000	−1.886	0.061	*
決定係数		0.124			
自由度調整済み決定係数		0.061			
F統計量		1.978			
p値		0.040**			

＊…10％水準で有意，＊＊…5％水準で有意，＊＊＊…1％水準で有意
出所：荒井・尻無濱・岡田（2014）。

図表5-9　責任センター別損益業績管理の機能プロセス

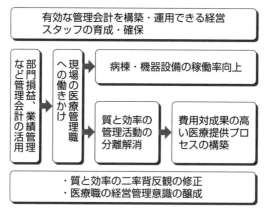

出所：荒井（2013b）。

機能プロセスについてもう少し詳細に述べる。

1つ目の機能プロセスは，責任センターの損益を把握し管理者の業績管理をすることにより，現場の医療管理職に損益管理することを働きかけること

を通じて，病棟や機器設備の稼働率を向上しようという現場の行動を引き出し，結果として病院全体の採算性が高まるというものである。病院は固定費割合が高い費用構造をしているため，一般的には稼働率の向上による収益増は費用（変動費）増を大きく上回ることから，稼働率向上による採算性の向上が十分に期待できる。

　実際のところ，筆者が実施してきたDPC関連病院に対する各種の調査におけるデータや厚生労働省や総務省により公表されているデータをもとにした分析によれば，稼働率の向上は採算性の向上に繋がっている様子がうかがわれる（図表5-10）。病床利用率と採算指標（医業利益率あるいは病床当たり医業利益）とは，多くの場合有意な相関関係を有しており，その有意な関係は常に正の相関で，病床利用率の向上は採算性の向上に結びついていると推察される。また病床当たり手術実施入院患者数と採算指標も，有意性が確認される場合には，弱いながらも常に正の相関関係にあり，病床当たり手術実施件数の増加は採算性の改善につながっているようである。

　2つ目の機能プロセスは，責任センター別損益業績管理による現場医療管理職への働きかけを通じて，現場医療職の採算管理意識が高まり，その結果，費用対成果の高い医療サービスの設計（への変更）というサービス提供プロセスのマネジメントが行われ，サービスごとの採算性が改善し，結果として病院全体の採算性もよくなるというものである。質と効率の二律背反観が弱まり，医療職による質の管理と事務職による効率の管理という管理活動の分離状況が解消されて，質と効率の統合管理が実践できる組織環境（文化）ができている病院に限定されるが[19]，医療職と事務職が一体となってサービス種類ごとに費用対成果の高い医療提供プロセスを構築することにより，採算性を向上させる（図表5-9）[20]。

19）このような組織環境にない病院の場合には，質を犠牲にしたサービス別採算改善がなされる可能性がある。
20）このように責任センター別損益業績管理が費用対成果の高い医療サービスの設計へと繋がっていく機能プロセスを示す具体例としても，次節で紹介する国立大学法人佐賀大学附属病院のテナント式損益管理はわかりやすい。

図表 5-10 稼働率の病院財務業績への効果

分析対象病院群	対象年度	n	病床当たり手術実施入院患者数	n	病床利用率
DPC対象病院全般(質問票回答)	2008	—	×	65	0.287**
公的病院群のみ		—	×	—	×
私的病院群のみ		25	(0.321)	24	0.670****
国立DPC関連病院(一時点)	2010	53	0.330**	53	0.273**
国立DPC関連病院(経年変化)	2010-11	—	×	47	0.259*
公立DPC関連病院(一時点)	2010	—	×	330	0.368****
公立DPC関連病院(経年変化)	2010-11	296	0.224****	296	0.335****
DPC関連病院全般(質問票回答)	2012	—	×	—	×
公的病院群のみ		93	0.315***	93	0.543****
私的病院群のみ		—	×	—	×

注1 ****は有意水準0.1%で有意,***は1%で有意,**は5%で有意,*は10%で有意,×は相関なし。なお,有意でないが相関係数が±0.3以上の部分は( )書きで記載。
注2 nは掲載した相関関数の分析対象サンプル量。
注3 医業利益率か病床当たり医業利益のいずれか相関係数の大きい方を記載。
出所:著者作成。

　責任センター(部門)別損益管理により現場の採算管理意識が高まりサービス(DPC)別損益管理へとつながっていく機能プロセスを示唆するデータとして,上述の2012年に実施したDPC関連病院調査における部門別原価計算とDPC別原価計算の実施状況の関係性があげられる。図表5-11に示したように,部門別原価計算を実施している病院群の方が,DPC別原価計算を実施している割合が圧倒的に高く,有意差があり,ほとんどの病院では,部門別原価計算を実施してからDPC別原価計算を実施するようになったことが示唆される[21]。

　また,サービス別損益計算の有無による病院業績の違いを分析したところ(荒井・阪口 2015),DPC別原価計算実施病院群の方が医業利益率と病床当たり医業利益が有意に大きく,また10%有意ではあるものの黒字病院割合も

---

[21] もちろん逆の流れ(DPC別から部門別へ)もデータ解釈的には考えられ得るが,過去20年間にわたる筆者の病院へのインタビュー調査研究から,歴史的事実としても,部門別原価計算が90年代後半から2000年代半ばまでにまず実施され,その後現在までDPC別原価計算の導入が進展していることがわかっている(荒井 2009; 2013a, 第7章)。

図表5-11　部門別原価計算とDPC別原価計算の関係性

部門別損益計算とDPC別損益計算の関係性		部門別原価計算実施			有意確率
		計	無	有	
DPC別原価計算	回答病院数	215	115	100	
	実践病院数	50	7	43	0.0000
	実践率	23.3%	6.1%	43.0%	

出所：著者作成。

図表5-12　DPC別原価計算の病院財務業績への効果

DPC別損益計算と病院財務業績		DPC別損益計算の実施		有意確率
		無	有	
医業利益率	n	115	29	0.0171
	平均	−3.4%	1.1%	
病床当たり医業利益（千円）	n	114	29	0.0484
	平均	−748	141	
黒字病院割合	n	115	29	0.0604
	平均	42.6%	62.1%	

出所：荒井・阪口（2015）をもとに作成。

有意に高かった（図表5-12）。サービス別損益計算の実施は，サービス別採算の改善を通じて，病院全体の採算性の向上に繋がっているものと考えられる[22]。

ただし，以上の機能プロセスが適切に働くためには，有効な部門損益業績管理の仕組みを構築し，上手に現場の医療管理職に働きかけ，また適切なタイミングで有益な採算・効率関連情報を提供しつつ現場医療職と一緒になって費用対効果の高い医療提供プロセスを構築できる，有能で熱意ある経営スタッフを確保できなければいけない。また，より根本的な前提として，現場医療職の経営管理意識がある程度醸成されている必要があり，部門損益業績管理を導入して損益管理を働きかけてもまったく反応しない現場医療職ばかりでは，上述の機能プロセスは働かない。

22）病床の効率的利用状況を示唆する疾患構成補正後平均在院日数にも有意差がみられ，DPC別原価計算実施病院の方が医療提供プロセスが短く効率的であった。

国立大学法人佐賀大学附属病院のテナント式損益管理
―計数情報による組織内合意形成を通じた現場自律性の促進―

1．経営方針への職員の合意獲得による現場自律的な経営管理の促進

　国立大学法人佐賀大学附属病院では，トップ経営層による経営分析的利用に焦点がある従来方式の原価計算・管理を試みてきていたが，現場各部門の経営管理意識の醸成や自律的な経営努力の促進には役立っていなかった。そこで病院内の各部門を独立性の高いテナント方式で管理することにより，各部門に対して経営的自律性を働きかけることはできないかとの病院医療情報部長[23]の発案をもとに，新たなテナント式損益管理が開発導入された。

　そのため，テナント式損益管理は，その開発導入の当初から，組織全体として目指すべきとトップ経営層が考える方向に組織内構成員（職員）を方向づけつつ，彼らに自律的に経営管理努力をしてもらうことを狙った計数的マネジメント手法である。本書のテーマとの関係でいえば，計数情報による経営方針への組織内合意形成の手法であるともいえる。あえて対比的に表現するならば，従来の経営管理方式は，トップ経営層による分析と改善指示に現場が依存した受身の管理であり，そこには経営方針へのしっかりとした組織内合意形成はなく，組織としての上司部下という指揮系統に従っているだけの管理であるのに対して，テナント方式は経営方針への職員の合意を得ることを通じて現場に自発的に経営方針に沿って努力をしてもらう経営管理である。

　以下では，このテナント式損益管理の概要を紹介する。

2．部門間取引にもとづく収益・費用配賦

　テナント式では，変動費（材料費・他部門依頼サービス料）と固定費（人件費・経費・減価償却費等）を区分して費用負担を考えており，他部門で発

---
[23] 後に学長となる。

生している費用で自部門が負担すべきもののうち，変動費部分は診療報酬の配分により対応し，固定費部分は負担すべき他部門固定費としてすべての部門から直接に配賦することにより対応している。

まず変動費部分については，変動費を発生させるサービスを患者に提供することを依頼した診療科側で発生する診療報酬を，依頼を受け実際にサービスを提供し変動費が発生する部門に対して配分している。サービス提供部門ではこの配分された診療報酬を収益と認識し変動費を賄う一方，提供を依頼した診療科ではこの配分した診療報酬を費用（他部門依頼サービス料）として認識する。配分する診療報酬の額（部門間の院内取引価格）は，部門間協議で合意して決定している。ただし出来高換算収益額があるサービスについては，その出来高値が協議の出発点における基準値となることが多い。

一方，固定費部分については，他部門からの固定費負担に際して，すべての部門同士を直接取引関係として認識し，従来の部門別原価計算のような部門間を階梯式で何段階も配賦してくる仕組みを排除している。このことを通じて，他部門費用を負担する側にとっての負担すべき他部門固定費額のわかりやすさ（それを通じた納得性）を追求している。従来方式では中央診療部門から診療科部門への原価配賦の中に，補助部門や管理部門の原価が含まれることから，負担させられる診療科側にとって配賦額の妥当性に疑問がもたれることが多かったという。そこで，管理部門も含むすべての部門同士を直接取引関係として認識し，原価を直接に配賦する仕組みとした。その際，固定費は各部門から各診療科へ基本的に保有病床数に応じて配分されている。

より具体的には，検査部，薬剤部，リハビリ部など，診療科からの依頼で収入が発生する部門の場合には，固定費相当額をそのまま各診療科に基本的に各科保有病床数に応じて配賦する。一方，看護部や管理部の場合にはそのサービスから直接的に収入が発生しないため，発生費用額（ほぼ人件費）だけを診療科等へ配賦（収入請求）すると，自部門（例：看護部）が他部門（例：管理部）に費用を払うための収益がないことになってしまう。そのため，看護部では福利厚生費等含む総人件費を1.2倍した額を各診療科への派遣看

護師数(実質的に保有病床数)に応じて配賦(収入請求)している。

　この部門間取引にもとづく収益・費用配賦計算の下では，すべての部門が他部門と取引して収入を得ているため，診療科だけでなく中央診療各部門や看護部，さらに管理部までが，収益と費用を認識する部門となっている。ただし，診療科や一部の中央診療部門は独自の収益拡大策を有しているため積極的に利益センターとして管理できるが，看護部や管理部は収益額が他部門からの依頼に完全に依存しているため，費用側の管理可能性は多少あるものの，本格的な利益センターとして管理するのは適切でない。そのため，看護部や管理部は，実態としてはコストセンターとしての認識・管理に近いという。

3．重要業績指標としての負担すべき一稼働病床1日当たり費用

　テナント式では，各診療科が一稼働病床1日当たりに負担すべき費用(逆にいえば最低限稼ぐ必要のある収益額であり，「粗利診療単価目標」と呼称されている)を重要業績指標として運用している。この「粗利診療単価目標」は，各診療科が病棟を1ヵ月運用するのに必要な経費を稼働病床数(各科保有病床数×病床稼働率)と月間日数で割った値である。

　「粗利診療単価目標」を算出するプロセスでは，当診療科が負担すべき各種の費用が積算される。そのうち，まず自診療科の人件費や減価償却費・経費などの諸費用の多くは，基本的に保有病床数に連動するため，病床稼働率に無関係な固定費である。また他部門からのサービスに対しては，他部門の変動費(および利益)相当分は他部門にサービス料として支払うとともに，他部門の固定費は原則として各診療科の保有病床数で配賦される。つまり，自診療科の固定費および他部門固定費の負担額のほとんどは，自診療科の保有病床数に応じて増減する仕組みとなっている。そのため，これらの固定費は，病床稼働率に無関係に固定的に負担する必要がある。それゆえ，病床稼働率が落ちると，負担すべき一稼働病床1日当たり固定費としての「粗利診療単価目標」は高くなってしまう仕組みとなっている。

こうして原則として保有病床数に応じて他部門から配賦された当診療科が負担すべき固定費および自診療科固定費をもとに算出される，一稼働病床1日当たり固定費としての「粗利診療単価目標」を，次節で説明する「粗利診療単価」（診療報酬から変動費を控除した貢献利益に相当）が超えれば，目標差額としての1日当たり利益が算定される計算方式となっている。そのためテナント式では，現場に病床稼働率の向上を目指した自律的な経営を促すことになる。

　なお，部門別の詳細な経営状況の分析のためよりも，戦略上の重要事項に現場部門職員の注意を向けさせるための仕組み（稼働率および採算性向上という経営方針への現場の方向づけの仕組み）として構築していることもあり，「粗利診療単価目標」の算定プロセスには看護部費用を1.2倍にするなど大雑把な部分があり，計算精度はやや落ちる。そのためテナント式の設計者は，目標差額としての1日当たり利益の精度には若干の問題があると認識しており，診療科等からの精度を巡る批判を回避するためにも，目標差額による目標達成度をある程度の範囲で丸めて評価している。すなわち，目標差額が目標額の上下5％以内を三ツ星とし，目標額を5％〜15％超えた場合を四ツ星，15％以上超えた場合を五ツ星，逆に目標額を5％〜15％下回った場合を二ツ星，15％以上下回った場合を一ツ星として，提示している。情報の精度よりも現場へのメッセージを重視したこのあたりにも，トップ経営層による経営分析のための利用ではなく，トップ経営層による現場部門への働きかけのための利用に焦点があるテナント式の性格が強く出ている。

4．貢献利益による固定費回収計算方式

　前節において，テナント式では，「粗利診療単価目標」を「粗利診療単価」が超えれば目標差額としての1日当たり利益が算定される仕組みとなっていると述べた。ここに「粗利診療単価」とは，当診療科の総診療報酬（売上高）から，他部門に指示して実施してもらった診療サービスへのサービス料を他部門に支払い，当診療科で消費した材料費等の変動費を控除し，算出された

貢献利益額を当診療科の患者日数で割った金額であり，当診療科における一患者（＝一稼働病床）1日当たり貢献利益額である。したがって，「粗利診療単価目標」を「粗利診療単価」が超えれば目標差額としての1日当たり利益が算定されるとは，一稼働病床1日当たり貢献利益が一稼働病床1日当たり当診療科負担固定費を回収しきって利益が出るということを意味している。

　各DPC別にもこの計算方式が展開されており，その場合で説明するならば，「粗利診療単価」とは，当DPCの診療報酬合計から当DPC変動費（他部門へのサービス料と自部門消費材料費等）を控除した当DPCの貢献利益額（「DPC粗利合計」と呼称）を，当DPCの患者数で割り，さらに当DPCの平均在院日数で割った値であり，DPC別の一患者（＝一稼働病床）1日当たり貢献利益である。つまり，テナント式の利益計算構造は，一稼働病床1日当たりベースで，DPC貢献利益から当診療科負担固定費を控除して当DPCの利益を算定する方式である。各診療科で診る各種DPCの貢献利益を合計すれば，各診療科全体としての貢献利益総額（各科の全DPC種類の「DPC粗利合計」の総和）が算定され，当診療科負担固定費総額を控除すれば，当診療科の利益総額が算出できる。なお同様の利益計算は，各種DPCに分類される各患者レベルでも展開でき，また入院期間における日別にも展開可能となっている。

　各診療科レベルであれ，各種DPCレベルやさらには各患者レベルであれ，一稼働病床1日当たりベースで貢献利益・負担固定費・利益を明示化しているところが重要であり，このことにより，現場の職員に実感が伴う管理ツールとなっている。また，一稼働病床1日当たりベースで認識するため，病床稼働率に注意を向けさせ，稼働率の向上を強く動機づける仕組みとなっている。

　なお，テナント式は単なる部門（責任センター）単位の損益管理システムではなく，上述のように同時に部門損益の中身をDPC（サービス）別・日（プロセス）別さらには患者別・日別に分析していくことのできる手法となっている。つまり責任センターマネジメントとしての現場自律性促進損益管理シ

ステムでありながら，各種医療サービスの提供プロセスマネジメントへと展開できる管理手法であり，このことにより各現場での各種DPCごとの採算改善などのより詳細で具体的な自律的行動をもたらしやすくなっている。次節で述べるように，実際，佐賀大学附属病院では，当初は各診療科における病床稼働率の向上に焦点があったが，高い稼働率が達成および維持されると，今度は採算の悪いDPC種類の採算を改善する取り組みへと繋がっていった。

5．テナント式損益管理の効果

　診療科等別の損益状況の会議での公開により，病床稼働率が低く採算性の悪い診療科と病床稼働率が高く採算性のよい診療科が明確になり，診療科別保有病床の既得権益化がいかに非効率であるかが明白になった。その結果，科別保有病床の既得権益が崩れ，保有病床数が前月実績にもとづき柔軟に変更されるようになった。より具体的には，前月の稼働病床数を基本に当月の各科の保有病床数が決まる仕組みとなった。そのため現在では，診療科間の病床配分が毎月適正化され，病院全体としての病床数の最適配分が実現されており，ある診療科では病床が足りない一方で別の診療科では病床が余っているという状況は解消された。また各診療科に病床稼働率の向上を働きかける仕組みであるため，病床稼働率はどの診療科でもかなり高い状態が維持されている。

　そのため，現在では，病床稼働率の向上よりも，病床回転率の向上と，採算性のよいDPC種類の患者の積極的な受け入れや採算性のよくないDPCの採算改善策の探索を動機づけている。それゆえに，最近では，医療情報部のテナント式開発者に対して，多くの診療科から自科のDPC別採算分析・改善検討のコンサルティング依頼がなされるようになっている。

　その各診療科内のDPC別の損益構造分析に際しては，各患者ベースでの構造も分析し，同じDPCであっても患者によって損益が異なる場合のその原因の分析などを通じて，各DPCの実態を詳細に分析している。また院内でのカンファレンスに際しては，患者ベースでの医師同士の議論もなされなが

ら，改善策が検討されている。患者ベースのデータもあることで，過去半年くらいの症例であれば現場医師たちはその個別症例のことを大抵覚えているため，具体的に損益実態の背景（診療実態）を把握することができ，議論しやすく，改善策を考えやすいという。こうした議論・検討を通じて，DPC単位での医療サービスプロセスの費用対成果を考慮した設計活動，つまり価値企画（荒井 2011）がなされている。

こうしたテナント式損益管理の導入・展開により，導入後2年が経過した2010年度には，精神科を除くすべての診療科が黒字転換し，また以前より黒字の診療科はさらに採算性がよくなり，全国の国立大学病院の中で一番利益率の高い病院となった。

各診療科はこのテナント式損益管理に真剣に取り組んでいるが，その背景には，いくつかの要因がある。1つには，DPC別包括払い制度において損益管理が重視される環境の下，損益面でも他の診療科にあまり引けを取りたくない（自科ばかり毎期目標未到達なのは不名誉）というライバル意識や，講師クラスである診療科長にとって損益面での自診療科の評価の低さも人事評価制度上気になるということがある。また，テナント式管理は損益管理システムではあるものの，DPCごとの損益構造やDPC内の個別患者ごとの損益構造は，医療の質や安全性にかかわる行為を経済的に写像したものであり[24]，実は質や安全性についても多くを語っており，それゆえDPC別患者別損益構造分析は採算性だけでなく質や安全性についての考察でもある。そのことが，医師たちの間でも認識されるようになっていることもある。さらに，各診療科とも自診療科の医師数を増やしたいという希望は常にあるが，診療科損益を向上させないと増員を認めてもらえないという背景もある。

---

[24] 元来，各DPC種類（の患者）から入院経過とともに発生している各種の収益（出来高換算収益など）やそれに対応する費用は，当DPC種類（患者）への各種の医療行為に伴い発生しているものであり，入院期間中の各時点で発生している収益・費用は，質や安全性に影響をもたらす医療行為等の活動量データを貨幣的にあらわしただけに過ぎない。したがって，部門ごとに，また月ごとに，集約した結果としての損益情報だけを提示するのではなく，DPC種類（さらには患者）ごとに，その入院期間の各時点で発生している収益および費用を提示できる損益管理システムは，質や安全性を含めた医療提供プロセスの実態を理解し改善する上での貴重な情報を提供する。

つまり，自科の名誉や自らの昇進，医療専門職としての医療の質向上への意欲，自科の充実という動機を背景に，病床稼働率の向上と採算性の向上という経営層の方針に現場職員を合意させることに成功し，現場の自律的な経営管理を促すことができ，結果として組織全体の目標を実現したといえる。

地域連携バランスト・スコアカード
―計数情報による組織内外の社会的合意形成と合意事項遂行管理―

現在，2014年に成立した「医療介護総合確保推進法」により，2016年半ば頃（法律上は2018年3月）までに，各都道府県は，原則として二次医療圏（全国で約350圏）を対象に，「地域医療構想」を策定することを求められている。地域医療構想は，構想区域における病床の機能分化と連携をさらに進めるために，団塊の世代の全員が後期高齢者となる2025年における医療需要と必要病床数を医療機能（高度急性期・急性期・回復期・慢性期）ごとに推計した上で[25]，策定することとされている。また，医療機能の分化・連携を進めるための施設・設備や各種専門職等の確保・育成など，目指すべき医療提供体制を実現するための施策の策定に際しては，「地域医療構想調整会議」で議論・調整することとされている（厚生労働省 2015a）。そして各都道府県が策定する際に参照とするために作成した「地域医療構想策定ガイドライン」（厚生労働省 2015b）では，「地域の実情に応じた課題抽出や実現に向けた施策を住民を含めた幅広い関係者で検討し，合意をしていくための過程を想定し，……中略……地域医療構想の策定プロセスを取りまとめた（pp.1-2）」と記述されている。つまり，計数情報にもとづいて，地域住民含む医療機関内外の利害関係者の合意を形成して，地域医療構想を策定および遂行することが想定されている[26]。

そして地域医療構想における合意事項（内容）をしっかりと遂行するため

---

25) 対象医療圏における現存の各種病床数や各種設備・人員配置状況と，将来における推計患者数，必要となる各種病床数，各種設備・人員配置数などの計数情報である。
26) ただし，住民は「地域医療構想調整会議」そのものではなく，その下での専門部会等での参加が想定されている（厚生労働省 2015b, p.42）。

に，指標とその目標値を設定し，実行状況を評価し，必要であれば施策や構想自体を修正していくPDCAサイクルの仕組みを機能させることを提示している（厚生労働省 2015b, pp.45-47）。しかしながら，そこで提示されている構想実現のための合意事項の遂行管理手法は，そもそもあまり具体的ではない。また，そこでの提示から示唆される手法は，財務（費用）・患者（利用者）・成果（質）・提供プロセス・提供体制（各職種人員・機器設備）など，遂行管理のための多様な側面を体系的に網羅し，多様な側面の各種目標間の因果関係（相互関係）もしっかりと考慮するもの（すなわち地域連携BSC統合版）では必ずしもない。ましてや，主要疾患領域別の地域連携BSC（疾患別統合版）を策定の上で[27]，構想区域内で実際に各疾患の患者への医療サービスの提供を担う各種事業者・各種施設ごとの地域連携BSC（疾患別各施設事業版）として，より具体的に展開していくことまでは示唆されていない。

　こうした地域医療圏を対象とした構想実現のための経営管理手法は，すでにイギリスにおいては実際の事例（Somerset医療圏における地域連携BSCなど）として存在している（荒井 2005, pp.198-201）。日本においても地域連携BSCのような経営管理手法を導入し，それを主要疾患領域別に各種事業者・施設別に展開していくことにより，住民含む利害関係者間のより明確かつ具体的な合意形成を実現し，またより総合的かつ明確・具体的に合意事項の遂行管理を実施することが可能となると考えられる。

　もっとも，日本でも，「医療計画」において，いわゆる5疾病5事業ごとに指標とその目標値を設定しPDCA管理することが求められてきたため，その策定および運用方法次第では地域連携BSCとなり得る余地は今までもあった（荒井 2005, pp.201-202）。しかしながら，現実には，主要疾患ごとにその提供にかかる各種側面を体系的に管理し，またサービス提供主体別に

---

[27] ただし，地域医療構想の策定に際しては，既存の医療計画において記載されている五疾病（がん，脳卒中，急性心筋梗塞，糖尿病，精神疾患），五事業（救急医療，災害時医療，へき地医療，周産期医療，小児医療）等の内容も踏まえることとされており（厚生労働省 2015b, p.2），主要疾患ごとや重点事業ごとに考慮することは期待されている。

展開して，総合的かつ明確・具体的に遂行管理する仕組み（地域連携BSC）とはなってきていない。それどころか，最近になっても医療計画のPDCA管理が推奨されているように（厚生労働省 2014)[28]，現状では単純なPDCA管理さえも十分にしっかりとはなされていない状況である。また，従来の医療計画は，基本的には都道府県単位（三次医療圏[29]）の計画であり[30]，一般的な多くの疾患患者に対する一連の医療が完結する圏域である二次医療圏ごとの，しっかりとした計数情報を活用した，地域医療のビジョンと戦略にもとづいたものではなかった。

しかし今後は，各都道府県の担当者による実際の運用方法次第では，地域連携BSC（統合版，疾患別統合版，疾患別各施設事業版）として展開することが，これまでよりも可能な状況になってきた。現在進行中である，充実した計数情報[31]にもとづく二次医療圏を対象とした地域医療構想の策定とその遂行においては，その実践方法次第では，地域連携BSCのように策定・運用されていくことが，かつて以上に期待できるからである。

---

28) 厚生労働省（2014）は，医療計画の実効性を向上させるためにPDCA管理を推奨する報告書である。ただしその具体的な方法は，BSCのように多様な側面を体系的に捉えつつ各側面の目標間の因果関係を熟慮してPDCA管理するものではない。
29) 高度医療を必要とする重篤あるいは稀少な疾患の患者の医療が完結する単位であり，一般的な多くの疾患患者に対する医療が完結する単位としては広域すぎる。また医療提供主体同士が顔のみえる関係となっていて密に連携を進めやすいかという観点からも，三次医療圏は広域すぎると考えられる。
30) 従来の医療計画でも，都道府県内の二次医療圏別にも共通の指標で現状を把握し，医療提供体制の比較管理をすることも狙いとしており，二次医療圏ごとの管理をまったく目指していないわけではない（厚生労働省 2012, p.3, p.35）。しかし二次医療圏ごとのビジョンとその実現のための戦略を策定し，その戦略を遂行するための戦略目標を設定し，その戦略目標を測定するための指標を二次医療圏ごとに個別に設定してPDCA管理するもの（二次医療圏を対象とした地域連携BSC）ではない。
31) 2014年度より，各医療機関からの病床機能報告制度が開始され，地域医療の構想の策定と遂行という地域医療提供システムのマネジメントをしていく上での計数情報が格段に充実することとなった。

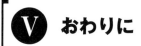 **おわりに**

　本書のテーマである公共部門における管理会計などの計数的マネジメントによる組織内での合意形成や地域住民含む組織内外の社会的合意形成という観点からすると，医療という公共部門においては，管理会計により組織内での合意形成についてはある程度実現しつつあるといえる。

　一方，組織内外の社会的合意形成については，地域医療提供システムを対象とした戦略遂行管理手法としての地域連携BSCという管理会計手法によるその実現の可能性は示唆されるものの，現状の日本においては，まだ実現はしていない。しかしながら，現在，地域医療構想の策定が求められており，今後，地域連携BSCとして展開されていく可能性は十分にある。そのため筆者は，以下の諸点について，今後注視していきたいと考えている。

①地域医療構想が地域医療構想策定ガイドラインで想定している形で各構想区域においてどの程度実現されていくのか

②地域医療構想が主要疾患別に多様な側面を総合的に管理するもの（主要疾患別地域連携BSC統合版）として，どの程度展開されるのか

③主要疾患別地域連携BSC（統合版）が，合意事項を明確・具体的に遂行管理するために，各提供主体である事業者・施設別にどのような形でどの程度展開されるのか

　こうした点について調査研究し，地域住民を含む医療機関内外の利害関係者間の明確かつ具体的な合意形成とその合意事項の遂行管理を適切に行う上での問題点を整理し，対策を考えていくことを今後の研究課題としたい。

参考文献

荒井耕（2005）『医療バランスト・スコアカード：英米の展開と日本の挑戦』中央経済社（日本原価計算研究学会・学会賞）。

荒井耕（2007）『医療原価計算：先駆的な英米医療界からの示唆』中央経済社（日本会計研究学会・太田黒澤賞）。

荒井耕（2009）『病院原価計算：医療制度適応への経営改革』中央経済社（日本管理会計学会・文献賞）．
荒井耕（2011）『医療サービス価値企画：診療プロトコル開発による費用対成果の追求』中央経済社．
荒井耕（2012）「医療管理会計学入門1 医療界における管理会計の全体像と必要性の高まり」『病院』71（4），pp.308-311.
荒井耕（2013a）『病院管理会計：持続的経営による地域医療への貢献』中央経済社（日本公認会計士協会・学術賞-MCS賞）．
荒井耕（2013b）「経済教室　医療効率化への課題⑦　病院の部門業績管理を」日本経済新聞（朝刊）2013年11月20日．
荒井耕（2015）「DPC関連病院における事業計画の組織業績への効果と影響」『一橋商学論叢』10(1), pp.2-17.
荒井耕（2016a）「医療法人におけるバランスト・スコアカードの実態：質問票調査に基づく定量的把握」『原価計算研究』40（1）．
荒井耕（2016b）「効果を高める医療法人のBSC実践」『企業会計』68(6), pp.129-133.
荒井耕（2016c）「DPC対象病院における予算管理の実態：質問票調査に基づく現状把握」『一橋商学論叢』11(1).
荒井耕・阪口博政（2015）「DPC関連病院における管理会計の効果と影響：原価計算及び収益予算の有効性評価」『会計検査研究』52, pp.71-83.
荒井耕・尻無濱芳崇・岡田幸彦（2014）「医療法人における責任センター別損益業績管理による財務業績改善に関する検証:非営利組織での管理会計の有効性評価」『会計プログレス』15, pp.14-25.
厚生労働省（2012）「医療計画について」(http://www.mhlw.go.jp/seisakunitsuite/bunya/kenkou_iryou/iryou/iryou_keikaku/dl/tsuuchi_iryou_keikaku.pdf) アクセス日2016年1月10日．
厚生労働省（2014）「PDCAサイクルを通じた医療計画の実効性の向上のための研究会報告書」(http://www.mhlw.go.jp/file/05-Shingikai-10801000-Iseikyoku-Soumuka/0000043204.pdf) アクセス日2016年1月10日．
厚生労働省（2015a）「地域医療構想について」(http://www.mhlw.go.jp/stf/seisakunitsuite/bunya/0000080850.html) アクセス日2016年1月10日．
厚生労働省（2015b）「地域医療構想策定ガイドライン」(http://www.mhlw.go.jp/file/06-Seisakujouhou-10800000-Iseikyoku/0000088510.pdf) アクセス日2016年1月10日．

第6章

習志野市の事例研究

I　はじめに

　習志野市では，2000年3月に自治省（現在の総務省）より「地方公共団体の総合的な財務分析に関する調査研究会報告書」が公表されて以来，決算統計[1]の数値を組替えて作成する総務省モデルにもとづき，普通会計[2]バランスシートを2001年度より公表してきた。

　そのような中，2006年制定の行政改革推進法[3]において，地方においても国と同様に資産・債務改革に積極的に取り組むこととされたことを受け，総務省は，地方公共団体における財務書類の整備促進に取り組んできた。本市においても，2007年6月に「地方公会計改革研究プロジェクト（以下，プロジェクトという）」を立ち上げ，本市が進むべき地方公会計の方向性として，固定資産台帳を整備し，複式簿記・発生主義の考えを取り入れた財務書類の作成方法として基準モデルに決定するとともに，プロジェクトから選抜した職員による「習志野市公会計改革タスクフォース（以下，タスクフォースという）」を組織し，財務書類を作成した。

　地方公共団体における財務書類の作成方式は，現在，「基準モデル」のほか，既存の決算統計情報を活用した「総務省方式改訂モデル」や，東京都や大阪府等の「独自モデル」など複数のモデルがあり，団体間の比較ができないという理由もあり，総務省は，2014年5月に「固定資産台帳の整備」と「複式簿記・発生主義の導入」を柱とした財務書類の作成基準である「統一的な基準」を示し，2015年1月には，統一的な基準による財務書類等を2015年度か

---

1) 決算統計は，「地方自治法等の規定に基づく地方公共団体の報告に関する総理令」（1953年）にもとづいて，毎年各自治体で作成されるもので，これを集計したものが最終的には「地方財政白書」として公表される。
2) 普通会計とは，一般会計と特別会計のうち公営事業会計（上水道・下水道等の公営企業会計および国民健康保険事業特別会計等）以外の会計（住宅資金等貸付事業特別会計等）を統合して1つの会計としてまとめたものである。
3) 小泉政権は2005年12月に「行政改革の重要方針」を閣議決定し，その内容を行政改革推進法として法律化。正式名称「簡素で効率的な政府を実現するための行政改革の推進に関する法律」

ら2017年度までの3年間ですべての地方公共団体において作成し，予算編成等に積極的に活用するよう要請を行った。

統一的な基準によって作成される財務書類等によって団体間の比較可能性が確保され[4]，公会計の情報がよりいっそう，計数情報としてマネジメントに活用できる環境が整ったと感じる。

本章では習志野市の公会計改革に2007年度から現在まで携わった筆者の経験の中から，計数的マネジメントによる合意形成に関連する内容を紹介する。なお，本文中の意見等は筆者の個人的な見解である。

体制整備と人材育成について

1．プロジェクトの設置

〔プロジェクト設置要領：2007年6月18日施行〕
期　　間：2007年7月から2009年3月
目　　的：習志野市が進むべき地方公会計の方向性の検討
メンバー：公募職員10名
活動実績：財務書類の作成を基準モデルとする方向性を決定
　　　　　① 13回の全体会議
　　　　　② 10回以上のグループ会議
　　　　　③ 研修会への参加，先進自治体への視察

このプロジェクトの特徴は，メンバーが公募であることである。通常であれば，プロジェクトの関連する部署である財政課，管財課などが中心となりメンバーを選抜するが，本市では，新しい公会計改革のプロジェクトの作業を進めていくためには，ある程度，専門的な知識があり，かつ，これまでの

4）統一的な基準による地方公会計の整備促進の柱の1つとして「比較可能性の確保」が位置づけられた。

公会計制度から脱却できる柔軟な発想，積極的な姿勢が必要であるとの判断があった。その結果，30代前後の若手職員が集まった。

　メンバーの中で，当時，筆者が最年長ということもあり，プロジェクトの委員長をつとめることとなった。プロジェクトのメンバーはそれぞれに「公会計改革の取り組みに参加したい」，「研究したい」との意欲のある職員が応募した。このことは公会計改革を行う上での人材育成にも大いに寄与したと感じている。

　「合意形成」は誰に対してなのかを考えてみると，最終的には住民に対しての合意形成が重要であるのは当然であるが，その前段で，首長であり，幹部職員であり，多くの職員に対しての庁内の合意形成が必要である。この部分はとても大事なことであるが，多くの地方公共団体では，説明する担当職員が積極的に取り組んでこなかったようである。この要因として，担当職員は定期的な人事異動もあり，多大な労力がかかる改革に対して積極的でないことがあげられる。

　総務省「今後の新地方公会計の推進に関する実務研究会」委員である小室将雄氏が「先進団体といわれるところでは，必ず牽引役となる職員がいて公会計改革を推進してきたという共通点が見られます。」とも述べている[5]。

　筆者は，財務書類の作成が目的ではなく，財務書類から得られる公会計情報を庁内の職員，住民，議員などへ説明し，理解してもらうことが必要であると意識していた。この前提がなくては，痛みの伴う施設統廃合などを住民に対して納得してもらう「合意形成」は得られないと感じている。

---

[5]「熊本県宇城市や千葉県習志野市など先進団体といわれるところでは，必ず牽引役となる職員がいて公会計改革を推進してきたという共通点が見られます。しかし，1人でできることには限界があり，多くの場合，職員が異動したら後が続きません。そのため財務書類の整備と並行して，公会計の意義を理解し活用ができる『会計リテラシー』の高い人材を幅広く育成していくことも大切です」（小室 2015）

2．タスクフォースの設置

〔タスクフォース設置要領：2008年7月1日施行〕
期　　間：2008年7月から9月
目　　的：各部局が管理するすべての固定資産等を洗い出し，現在価額（開始時簿価）を記載した資産台帳を整備し，財務書類4表の基礎データとなる開始バランスシートを作成する。
メンバー：兼務職員3名
活動実績：開始バランスシートを作成・財務書類作成要領等の作成

このタスクフォースは固定資産台帳を効率的，合理的に処理するため，筆者を含むプロジェクトのメンバーが3名選出され，期間限定で設置された。

要領の特徴的なこととして，第5条に協力体制という次の条文を盛り込んだことである。

「第5条　各部局は，タスクフォースからの作業への協力要請に対しては，全面的に協力するものとする。」

あわせて，各部局の担当者を対象とした全庁説明会において，副市長自ら，実際に作業をする職員に協力を求めたことである[6]。その一部を紹介する。

「本日は，日々の業務が忙しい中，固定資産台帳の整備に向けた説明会にお集まりいただきありがとうございます。私が，事務レベルの説明会にお邪魔するのは稀なことです。それほど，今回の公会計改革の中で，固定資産台帳の整備は重要であると考えています。……（省略）……皆様方には，タスクフォース職員との協力体制により作業を進めていただきたいと思います。何分，通常の作業にプラスとなる作業であり，皆様方の負担になることは十分承知しておりますが，公会計改革の重要性を認識していただき，作業を進めていただきたいと思います。」

このことは，全庁協力で作業を進めるための庁内の合意形成を得て，公会

---

6) 全文は（宮澤 2013b, pp4,100）に掲載してある。

計改革の必要性を理解してもらうことに有効であった。

3．経営改革推進室の設置

〔習志野市経営改革推進室設置要領：2008年4月1日施行〕
期　　　間：2008年4月から2012年3月
目　　　的：習志野市が抱える全庁横断的な課題についての調査・検討・実施。
メンバー：室長を含め3名（2010年度からは4名）
主な業務：自治体経営の調査研究・行政改革の推進・集中改革プランおよび経営改革プランの遂行・事業仕分けの実施・行政と民間の役割分担のあり方の調査研究・定員適正化・地方公会計改革の研究および検討・庁舎建設手法・公共施設老朽化対策など

　プロジェクトおよびタスクフォースという組織で公会計改革を推し進めてきたが，経営改革を推進するための市の課題は公会計改革だけではない。このような多くの課題を解決するために経営改革推進室が設置された。

　この経営改革推進室は課の中にある室のイメージではなく，市長・副市長の直属の組織であり，設置要領には「各部局の長は，経営改革推進室の趣旨を十分理解し，積極的に経営改革推進室に協力するとともに，所属職員にその旨周知徹底を図るものとする。」との条文が設けられた。執務場所も市長室の隣の個室が用意された。公会計改革も経営改革推進室の所掌事務となり，4年間実施した。この時期の実施内容は合意形成を念頭に置いた事業展開でもあった。

4．資産管理室の設置

　経営改革室で全庁横断的な課題について調査した結果，公共施設の老朽化問題が大きな課題であることが公会計改革により作成した財務書類から判明

した。この課題は既存の施設の更新費用が捻出できないことが計数的に明らかになったものであり，住民に対しては痛みを伴う施設の統廃合等の合意形成を得る必要があるということである。

　このような課題を解決するために「資産管理室」を2012年度の機構改革により設置した。どこの地方公共団体も職員を削減し，行政改革を推進している中で，とくに定員適正化の業務を担当している経営改革推進室が自ら要望をして組織の新設や定員の増員をすることはできなかった。

　ここで「選択と集中」および「スクラップ＆ビルド」の考えのもと，経営改革推進室を解散し，資産管理室の新設を行った。

　この資産管理室は，「資産管理課」と「施設再生課」を束ねる組織とした。この「資産管理課」は従来ある管財部門の財産管理課を所管する課を母体として，資産のマネジメントを推進する所管の課として位置づけた。もう1つの「施設再生課」は全庁から技術職員を集約したことが特徴である。従来は学校施設・市営住宅・子育て施設など，それぞれの施設を所管する課において技術職員を配置していた。今後は，すべての施設の建て替えが難しい中，それぞれの所管で施設の計画を立てるのではなく，資産管理室で集中管理するために，技術職員を集約したのである。これにより，公有資産管理・公共施設の建築と保存にかかる総合調整を図り，公共施設再生の取り組みを推進するための体制が強化された。

5．財務書類作成の所管としての会計課

　経営改革推進室が解散した2012年度は，公会計改革の業務は財政課内で対応することになり，筆者が公会計改革の特命業務の担当者となった。

　2013年度には，公会計改革の担当者の育成や組織として業務を行う必要があるとの筆者の要望が理解され，会計課へ公会計業務が移管されると同時に，会計課に「出納・公会計係」を創設することができた[7]。このことは，公会計改革を継続的に推し進める体制整備と人材育成の第一歩となった。

---

7) 2015年度には「会計推進係」となり，日々仕訳の導入に向けての体制整備を強化した。

合意形成の道のり

1. 職員に対しての合意形成（職員の自主的な勉強会）

(2010年9月9日（木）17時30分〜19時30分　40名参加)

　公会計改革を推進するためには，職員に簿記を含めた複式簿記・発生主義の知識が必要である。そのため，人事課主催の研修会などをとおして研修を実施してきたが，数時間の研修を受講して理解できるものではなく，また，参加したくても業務時間中は参加できないとの意見もあった。このことから，時間外に簿記の勉強を中心とした自主的な勉強会を実施した。最初の講義には40名もの職員が参加した。

　勉強会を通じて多くの職員が公会計改革の必要性に興味をもってくれたことで，業務として各担当課に依頼した公会計改革の調査にも好意的に協力を得られた。最終的に勉強会のメンバーはメール会員も含めて70人以上になった。まさしく，公会計改革を応援するサポーターのようなものである。

　まず職員に対して，公会計改革が必要であるとの合意形成を得るのには非常に役立った取り組みであったと実感した。

2．住民に対しての合意形成

(1) 住民対象の財政講座の実施

日　時：2009年5月24日（日）
場　所：菊田公民館
参加者：住民2名（職員3名）

　ここで住民に対して合意形成のための周知を行った事例を紹介する。「みんなで考えよう！　わが都市（まち）の財政状況～わかりやすい財政講座～」のキャッチフレーズのもと，多くの住民に財政問題についての基本的な情報を提供し，現在の本市の財政状況を説明する企画であった。
会場は本市のすべての公民館（7か所）で，平日働いている住民の方に来てもらいたいとの思いで日曜日に実施した。開催初日の模様が上記写真である。広報紙やホームページ，公民館でのチラシ配布などで開催を周知し，地元ケーブルテレビの取材撮影も行った。結果は，来場した住民が2人であり，今後の住民合意のための周知活動が困難を極めることを実感した。よく「説明責任」ということが求められるが，説明すべき住民に説明を聞いてもらう第一歩がいかに大変なことか。さらに，聞いていただいた内容を理解し，納得してもらわねばならないのである。

○2009年度　7件実施　32名参加
　テーマ「わかりやすい財政講座」
○2010年度　2件実施　46名参加
　テーマ「財政状況と経営改革プラン」
○2011年度　2件実施　29名参加
　テーマ「公共施設再生と財政状況」

以上の3年間の総括として，財務報告書や公共施設マネジメント白書から必要な情報を活用して説明をしたこともあり，参加者のアンケート結果からは，8割の方から「必要な情報が得られた」，「ある程度得られた」と好意的な意見であった。また，課題としては，60歳以上の参加者が8割を占めており，若い住民の参加が少ないということであった。

(2)　住民と協働の勉強会
「公共施設マネジメント勉強会」
日　時：2009年9月15日（火）
場　所：習志野市教育委員会
出席者：経営改革懇話会委員8名
　　　　東洋大学院生7名
　　　　事務局他　6名

　この事例は，とにかく住民の方と協働で勉強会の実施をしたいということで実現した。市長の私的諮問機関である経営改革懇話会の委員である公募住民の方の協力を得た上で，講師は，当時の経営改革懇話会の会長であった東洋大学の根本祐二教授に「公共施設マネジメント白書の見方・使い方＋実際に使いましょう」との講義をしていただいた。その後は東洋大学の院生・副市長を含む事務局・コンサルタントの職員が参加したグループでのディスカッションや発表を行った。この勉強会は，前提条件の基礎情報から，①建築後30年間を経過している市立小学校を同規模で建替えする場合の総予算は？　②市庁舎を建て替える場合の住民1人当たりの費用はいくらか？　③○○公民館の利用件数1件当たりの費用および収入は？　④○○図書館の1冊の貸出数あたりの費用は？　などを具体的な数字をもとにした演習をすることにより，公共施設そのもののコストを考えるきっかけとなった。

このような住民との協働の勉強会をさまざまな場面で実現することができれば，計数的なマネジメントによる合意形成ができるのではないかと感じた。

(3) 行政問題学習会の実施

日　時：2011年2月19日（土）
場　所：習志野市民会館
参加者：289名（アンケート回答146名）

多くの住民に聞いてもらいたいとのことで実施した学習会を紹介する。この学習会は市の主催ではなく，習志野市連合町会連絡協議会という町会組織を束ねる上位団体であり，毎年行っている学習会の中に組み込んでもらって実現した。

行政問題に興味があって参加した方は少なかったかもしれないが，とにかく，多くの住民に聞いてもらい，説明をしなければという思いでの実施であった。300人近い参加者を集めることは大変なことである。ここで今後，住民と話し合いをしていかなければならない「施設の統廃合」などのアンケート調査を行い，146名の回答を得た。

> アンケートの質問内容
> 　限られた財源の中で，公共施設の改築・更新を行うためには，施設の統廃合は避けて通れないと考えています。賛成・反対を含め，皆様の考えをお聞かせください。
> （回答）賛成76％　反対3％

学習会での話を聞いたあとでの質問であったことから，施設の統廃合についての質問についても，反対という住民の方が3％であった。このことは総

論の段階ではあるが,十分な説明を行えば,住民に対しておおむね合意形成を得られるのではないかと感じた。

(4) 市主催のシンポジウムの実施

「みんなで担う公共施設再生」～公共施設の老朽化対策と市庁舎建替え～

日　時：2011年11月2日（水）
場　所：習志野市民会館
参加者：197名
　アンケート回答111名

前述した行政問題学習会から半年後に市の主催によるシンポジウムを開催した。公共施設の再生という重要な問題を多くの住民に伝えていく必要がある。そのために会場に来てもらえるような魅力あるシンポジウムにする必要があった。

シンポジウムの冒頭に東洋大学教授の根本祐二氏が「公共施設老朽化問題への決断」として講演を行った。続いてパネルディスカッションとして「公共施設再生に向けた取り組み」,「市庁舎のこれから」という内容で行った。なお,パネリストとして総務省の職員,本市の社会福祉協議会会長,連合町会の会長,市内の大学教授等の協力を得て実施した。

シンポジウムの参加者は約200名であった。Ⅲ 2.(1)の公民館での財政講座の初回の参加者が2名と比べれば100倍の集客となった。

ここでⅡ 2.(3)と同様のアンケートの結果は下記のとおりである。

アンケートの結果
賛成80.2%　反対0.9%

とくに，施設の統廃合に反対という住民の方は0.9％ということになり，1％以下になった。このことは，なおいっそう，総論は賛成であることが確信をもてることとなった。

主な住民の意見は次のとおりであった。

〈主な賛成意見〉
・建物の多機能化，地域の再編は避けて通れないことと理解している。
・習志野市の財務状況を考えるとやむを得ない。
・既得権の問題があり，簡単には進まないと思うが，統廃合を進めなければ，財政破綻となる。
・少子高齢化に伴い，日本の生産人口は減少の一途をたどる。習志野市も同様であり，限られた財源の中で，当然の考えである。
・100年先を考えて，安心安全で機能的・地域の活性化を含めた人が集まる統廃合をした施設を検討すべきである。
・改築・更新は，今後の地震対策を含めると，まったなしである。
・住民の安全安心，市税の効率的運用を考えれば，統廃合に賛成である。

〈主な反対意見〉
・行政サービスをする範囲を明確にし，住民との合意の上で施設配置を見直すべきである。
・高齢化が進むので，小型のサービス拠点は増やす必要がある。

〈賛成・反対以外の主な意見〉
・施設の見直しという点では検討が必要と思うが，いきなり統廃合の検討には懸念がある。
・統廃合の避けられない最大の理由が財源不足なら，その財源不足改善策を行政は明確にし，その改善によってどの程度の統廃合の削減が可能か明確にすべきである。
・あまりにも専門的なので，理解しにくい。

など，さまざまな貴重な意見をいただいた。

(5) 住民向け決算報告会の実施

(2011年11月1日（火）開催時の様子)

開催実績
　2010年度決算報告会；2011年11月1日（火）参加者68名
　2011年度決算報告会；2013年3月30日（土）参加者20名
　2012年度決算報告会；2014年3月29日（土）参加者29名
　2013年度決算報告会：2015年3月28日（土）参加者22名
　2014年度決算報告会：2016年3月26日（土）参加者28名

　この説明会は，発生主義・複式簿記で作成をした連結決算の報告を財務報告書の作成に協力を得た公認会計士から住民に説明してもらうとの趣旨で企画された。財務報告書の内容は計数的なマネジメントを行う上で，多くの住民の方にも理解してほしいとの思いがある。ここの部分での理解がないと合意形成にはいたらないと感じている。民間の株式会社であれば決算の内容を株主に説明するのは当然である。このことから，市の財務報告書は株主である住民に対して説明する機会をもつべきものとの考えで実施した。初年度はあとに説明するバランスシート探検隊事業に組み込んで，高校生や大学生に参加してもらったので約70名の参加があった。その後は20名強の参加ではあるがこのような報告会を大きな会場で行うことができるように継続して実施していくことが必要である。

3．議員に対しての合意形成（公共施設調査特別委員会の設置）

　公共施設の老朽化に伴う建て替えを含めた施設のあり方を調査・検討することを目的として2011年6月29日に市議会に公共施設調査特別委員会が設置された。

委員数；17人（すべての会派が参加）
調査研究事項；公共施設全般について
委員会開催実績；2011年　6回実施
　　　　　　　；2012年　7回実施
　　　　　　　；2013年　7回実施
　　　　　　　；2014年　3回実施

　設置以来，3年2ヵ月の間23回開催され，調査・検討状況を踏まえて，中間報告や2014年3月に策定された「公共施設再生計画」の策定にあたっての提言なども行われた。

　2014年9月1日の市議会本会議にて，これまでの経過および結果について委員長報告が行われ，この報告をもって結論とし，調査・検討を終了することが議決された。

　このように議会で，住民の代表者である市議会議員に理解を深めてもらうことは，合意形成には重要である。

○ 委員会からの提言および報告
　2012年8月；公共施設調査特別委員会中間報告書
　2013年2月；新庁舎建設基本構想にあたっての提言
　2014年3月；習志野市公共施設再生計画策定にあたっての提言
　2014年9月；公共施設調査特別委員会報告書

Ⅳ 習志野市の取り組み事例

1．習志野市バランスシート探検隊

（2011年11月1日）　　　（2013年12月17日）　　　（2015年10月22日）

　本市では予算や決算などの財政状況を広報紙やホームページで定期的に公表している。2008年度決算からは，公会計制度改革により通常の官庁会計による決算だけではなく，企業会計の考え方を導入した貸借対照表（バランスシート），行政コスト計算書，資金収支計算書，純資産変動計算書の4つの財務書類を作成し，公表している。官庁会計は単式簿記・現金主義のため，一般的な企業で作成されている財務書類と違うことが財政状況を理解しづらいものとしている一因でもある。企業会計の考え方を導入した財務書類を作成したからといって，財政用語は難しいというイメージは拭えず，住民に理解してもらうのはなかなか難しいと感じている。

　そのような中，財務書類の中で最も重要と筆者が感じているバランスシートの中身を理解してもらいたいとのことでバランスシート探検隊事業を企画した。この事業は2011年度に，市職員だけでなく，千葉大学との官学協働事業として会計のゼミ生である千葉大学の学生や高校生と一緒にバランスシートを「高校生にも分かる」視点で読み解く，全国でも初めての取り組みとして実施され，その後2013年度，2015年度にも実施した。

　探検隊はまず，バランスシートとはどのようなものなのかということから勉強を始めた。大学生とともに，高校生にわかりやすく説明するためのレク

チャーノートを作成し，大学生が高校生に説明した。バランスシートを構成する資産や負債，純資産という言葉は説明をすれば理解できたが，バランスシートからわかる純資産比率や老朽化比率となると，やはり高校生には，「何となくわかるかな？」というような感触であった。高校生，そしてあらゆる住民の方に理解してもらうには，もっとわかりやすい言葉で説明しなければならないということを実感した。

　その後，グループごとに「資産」の中から詳しく調べたい市の施設を選び，施設見学を実施した。バランスシート上ではただの数字上の情報でしかなかった資産に触れたことにより，多くの隊員から「バランスシートを身近に感じることができた」，「バランスシートが資産の積み重ねであることを実感した」といった感想が聞かれた。このことから，この施設見学はバランスシートを理解してもらうためのいいきっかけとなったと考えている。

　また，施設を見学する際に，その施設がどのような役割を果たしているのかを事前に学習し，さらに施設職員の説明を受けたことにより，「施設の資産価値や実際の利用状態が確認でき，より理解が深まった」との感想も聞かれた。消防施設の見学ではバランスシート上の耐用年数を超えても利用できている防火水槽が多く存在することを知り，バランスシート上の価値とは違う価値を見いだすこともできた。まさしく「百聞は一見に如かず」で，バランスシート上の数値だけでその資産の価値を判断してはいけないということを改めて感じた。

　本市の所有する公共施設の今後の更新費用を考えると，既存の施設についても取捨選択をして更新をしていかなければならない厳しい財政状況であるが，取捨選択にあたっては，資産の価値や費用対効果だけではなく「世代間負担の割合」という視点から地方債（負債）の利用方法の検討やライフサイクルコストについても，十分研究した上で進めていかなければならないと改めて実感した。

　"バランスシート探検隊事業"という取り組みはセグメント情報を住民と一緒に考えていくためのモデル事業となった。この事業のようにバランスシ

ートを住民の目線で読み解いていく取り組みが多くの自治体で取り入れられ，住民の方々がバランスシート，そして市の財務状況に少しでも興味をもち，理解するための手立てになればと思う。

ここで，探検隊事業で作成したレクチャーノート[8]から一部を紹介する。

下の表は、固定資産台帳からつくった表じゃ。下水道施設資産は約1,531億円もあるんじゃ。今ある下水道施設と同じものを作り直すとしたら、これだけのお金が必要になるんじゃよ。
さらに、今後100%の普及率を目指すにはもっとお金がかかるんじゃよ。

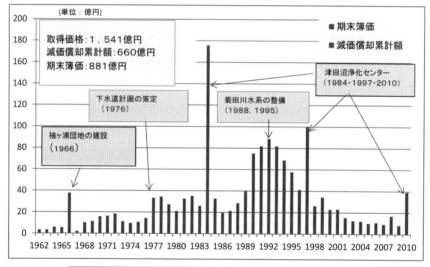

下水道って重要な資産だし、ちゃんと計画を立てて更新していかないといけないのね。

これは，下水道事業全体の事業費をマクロ的に分析したものである。すなわち下水道事業には多額の更新費用がかかることを説明する資料となった。

次に埋立地に開設した小学校の事例を紹介する。

---

8) 習志野市の財務報告書2010（2012年3月発行）のpp.92-146に習志野市バランスシート探検隊レクチャーノートとして掲載した。

習志野市の事例研究 第6章

> 袖ケ浦団地の入居を受けて、1967年（昭和42年）に袖ケ浦西小学校が開校したんじゃが、急激な児童数の増加を受けて、2年後の1969年（昭和44年）に袖ケ浦西小学校から分離独立する形で袖ケ浦東小学校が開校したんじゃ。

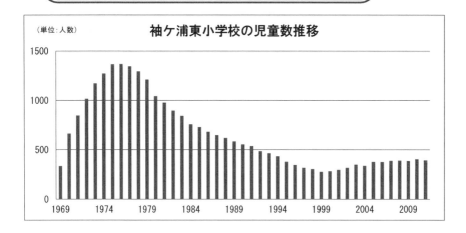

（単位：円）

名称	取得年	耐用年数	取得価額 （再調達価額）	減価償却 累計額	期末簿価	延床面積
校舎①	1969年	47	494,400,000	429,732,480	64,667,520	3,646㎡
校舎②	1971年	47	180,030,000	152,665,440	27,364,560	1,033㎡
校舎③	1974年	47	97,271,600	74,237,652	23,033,948	857㎡
体育館	1975年	47	195,067,000	144,739,700	50,327,300	814㎡

※平成22年度固定資産台帳から抜粋

老朽化比率

校舎①	86.9%
校舎②	84.8%
校舎③	76.3%
体育館	74.2%

> 学校が開校した1969年（昭和44年）から児童数が増加するたびに校舎を建築したことがわかるじゃろ。1975年（昭和50年）にやっと体育館ができて現在に至っておるんじゃ。
> 建築後40年経過しておるので、老朽化比率もかなり高くなっておる。

これは，身近な小学校を例にとり，固定資産台帳の数字と児童数を対比することによりミクロ的に説明したものである。まず，児童数は東京湾の埋め立てにより開発された大規模団地の造成などの特殊事情により増加の一途をたどった。しかし，それは校舎や体育館がすべて完成した時から児童数は減少していったという状況を住民の方に理解してもらった上で，この小学校をどうするかを考えていく資料になった。

　この将来の資産更新必要額の表は，固定資産台帳から作成したマクロ的な計数を利用した代表的なものである。この更新額はあくまで，固定資産の耐

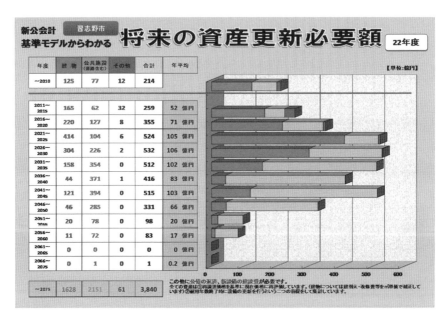

上の図は固定資産台帳の老朽化比率を参考に算出した将来の更新費用を表したグラフじゃ。

2020年頃に建物の更新がピークに、2040年頃にインフラ資産の更新がピークを迎えるのね。

用年数経過後に同じ資産金額で建設したという前提条件なので，実際の更新必要額はこの何倍も必要であることは注意が必要である。

そうはいっても，将来の資産更新必要額については，莫大な金額を要することが説明できるので，さまざまな場面で施設統廃合を考える資料として，まさしく計数的なマネジメント情報として利用した。

また，バランスシート探検隊事業を単発で終わらせず，次につなげるために，住民が通う生涯学習大学「市民カレッジ」[9]の講義に組み入れた。市民カレッジでの講義では，バランスシート探検隊員の大学生が事案の内容を報告したり，市長も参加したパネルディスカションを行うなど，住民への周知に取り組んだ事例である。

「習志野市市民カレッジ合同講義：みんなで健康チェック！　習志野市のバランスシート」

日　時：2012年8月4日（土）
場　所：習志野市民会館
出席者：市民カレッジ生約250名

　市長からのコメントを紹介する。
「バランスシート探検隊の皆さんが作ったレクチャーノートからの指摘や，今日のパネルディスカションでも問題が指摘された公共施設などの老朽化問題が，まさに習志野市が直面している課題です。この問題に関して，私は，今年の4月に機構改革を行い『資産管理室』という部署を設置し，公共施設

---

9) 市民カレッジの学長は市長である。

の再生などの課題に対して住民のニーズを満たす資源配分を中長期的な視点で取り組むよう指示したところです。今後も，財務報告書の作成にあたっては，たゆまぬ改善を続け，行財政運営の透明性の向上に努めるとともに，住民の皆様にわかりやすい資産と負債などの財務情報を提供し，住民の皆様との一層の情報共有をしていきたいと思っています。」

このバランスシート探検隊事業について，2011年10月の定例記者会見で「アピールポイント」を次のように説明し，新聞等で取り上げられた。

【アピールポイント】
① 斬新なネーミング「バランスシート探検隊」
② 主な事業場面で標語を作成した。
　　結団式「～頂上目指して出発進行～」
　　協働学習「～財務書類にはヒントがいっぱい！～」
　　施設視察「～目で見て感じて体験しよう！」
　　全体を通じての標語は
　　「みんなで健康チェック！　習志野市の財務状況」
③ 千葉大学との協働事業→大学のゼミの授業の枠内で実施
④ 公募高校生の参加
⑤ 市職員の自主的勉強会から発展した事業
⑥ 映像による紹介
・市のテレビ広報番組「なるほど習志野」に15分番組を作成
・You Tubeで放映
⑦ 課を超えて，既存の事業費で対応
・映像等制作事業費……広報課
・連結財務書類作成事業……経営改革推進室
⑧ 事業成果について市民カレッジ講座への組み入れ

第2回目の探検隊事業を紹介する。2007年8月にアメリカミネソタ州で，供用開始から約40年経過した橋梁が崩落したことや，わが国においても，2012年12月に開通から35年が経過した山梨県の中央自動車道笹子トンネルの崩落事故が発生した。これらの事故を受け，全国的にもインフラ資産の老朽化が注目されるなか，本市が抱えるインフラ資産の現状についても住民にわかりやすく伝えることが必要であると考え，2013年度に橋梁をテーマとして探検隊事業を実施した。今回も官学協働事業として千葉大学の大塚成男教授の指導のもと，千葉大学の学生と，橋梁の維持管理業務を担当する道路交通課職員を探検隊メンバーに加えて，「橋の老朽化の現状」について研究をした。

　道路交通課が維持管理する橋梁は23橋あるが，20年後には建設後50年を経過する橋梁が半数を超える。これらの老朽化した橋梁を架け替えれば，固定資産上の資産価値は確実に上がるが，当然相応のコストが必要となる。そこで道路交通課では，これまでの事後保全型の維持管理手法から，維持管理の平準化や工事費の縮減が図れる予防保全型の維持管理手法へとシフトをしていくことを目指し，2012年度に橋梁長寿命化修繕計画を策定した。

　今回のバランスシート探検隊の活動では，道路交通課で管理している橋梁台帳や，この橋梁長寿命化修繕計画に着眼し，新公会計制度で作成された固定資産台帳から得られる減価償却や退職給付費用などの人件費も含めた総コストがどのくらいかかるのか，橋梁がバランスシート上，どのような意味をもつのかなどを検証した。今回の活動を通じて，住民生活の安定のため，将来にわたり継続してインフラ資産を使用していくためには，適正な修繕が必要不可欠であること，修繕にはお金がかかること，また自治体が保有している資産の多くは，今後も修繕費や建て替え費用などを生みだす側面があることがわかった。

　今回のバランスシート探検隊事業における新たな取り組みは，レクチャーノートに漫画を取り入れたことである。この内容は，「習志野市の財務報告

書〜平成26年3月発行〜」[10]および「習志野市の財務平成26年版」[11]に掲載した。その内容の一部を紹介する。

　第3回目の探検隊事業を紹介する。2015年4月に公益財団法人から本市に習志野文化ホールの建物などが寄附され，市の財産となったことを受けて，規模の違う市民会館や菊田公民館との比較の観点も取り入れて，習志野文化ホールのバランスシートについて，検証と分析を行った。

　施設を保有していくことは，将来にわたりコストが発生することを意味するが，コストの削減は，住民サービスの低下を招くことになる。施設の今後を考えていくためには，財務情報の分析は必要不可欠である。

　このように本市ではバランスシート探検隊事業を3回実施した。この事業は住民合意を得るための手法として有効であると感じている。今後は公共施設等総合管理計画においてもバランスシート探検隊事業の取り組みの活動を活用するなど，住民への情報提供に努める予定である。

10）財務報告書のpp.132-139に習志野市〝橋探検隊〟として，千葉大学の佐藤静香さんと三浦歩子さんに作成してもらった。
11）習志野市の財務のpp.27-31に概要版を掲載した。

2．習志野家の家計簿チェック座談会

（日時：2012年12月19日（水）　場所：習志野市庁舎分室にて）

　この企画は市の財政状態を家計簿に置き換えてみようという企画である。このように家計簿に置き換えて，財務報告書やホームページに掲載している自治体はあるが，この事業の特徴は家計簿の置き換え作業を地元のファイナンシャルプランナー5名が資産や負債を盛り込んだ独自の家計簿として作成し，過去の状況や他市の状況などから家計簿をチェックしてもらうことを企画とした点である。さらに，公募の住民や公会計の専門家を交えての座談会で，その内容に加えて，習志野市のライフデザインやライフプランについて話し合いをした。さらにその座談会を公開とし，住民に聞いてもらうものであった。

　この事業を全面的にサポートしていただいたコーディネーターの城西国際大学の神余崇子氏の寄稿文[12] から一部を紹介する。
「各家庭が理想とする生活を実現させることがFP[13] の役割です。もちろん，そうは言っても学校の数が多いのでは？　老朽化にはどう対応？　という疑問がでます。そこは，公共サービスに対する要求の発想の転換が必要です。大規模設備は他市と共同利用してもよいでしょう。1つの施設を様々な用途

12）習志野市の財務報告書2011のpp.163-166に「『習志野市の家計簿をチェック！』座談会を終えて」ということで寄稿をいただいた。
13）FPとは，広く一般的に使用されているファイナンシャルプランナーの略称である。

に使ってもよいでしょう。手法はどうあれ，重要なのは住民が公共サービスを選択する，選択していると実感できることです。そのことが受益の満足となり，納税の納得に繋がるのです。住民一人一人が習志野家の一員であり，市に『どうするのか』と疑問を持った次には，家族の一員として『どうしよう』『どうすればいいのか』思考することが重要です。今回の取り組みを通して参加者の意識が変化していくのを垣間見ました。座談会の後ではFPの皆さんは「私はどうしたい」という意見を出されていました。主体性が生まれたのです。もちろんそれだけで全てが変化するわけではありませんが，住民のコンセンサスはこういった地道な活動から生みださせるのかもしれません。その環境づくりを提供するのは行政の役割でしょう。」

　このような企画は定期的に改善を繰り返しながら実施するよう神余氏から提言をいただいており，計数的なマネジメントによる合意形成の１つのモデルであると感じている。今後，統一的な基準による財務書類が全国で作成されときに再度チャレンジしたい企画である。

3．公共施設の再生計画について

　財務書類の活用策の１つとして，公共施設の再生計画につなげていく取り組みを紹介する。

　本市が最初に作成した2008年度の財務報告書の分析結果から，「財政状況が厳しいなどの理由により新たな資産の更新を控えていたため，資産の老朽化が進んでいる」という，将来の資産更新問題が明らかになった。具体的には固定資産台帳から算定した資産更新必要額として，今から50年間に3,785億円（年平均76億円）の巨額な資金が必要であることがわかった。分析をしていただいた淺田隆治公認会計士[14]から，「もはや，このままの状態で，資産の更新を行うことは不可能であり，また，少子化の時代を迎えるわけですからその必要もありません。いまや，将来の資産については，何をどう引き

14）習志野市財務報告書2008（平成22年３月発行）のpp.48-54「習志野市単体経営指標を用いた分析」より。

継ぐか『選択と集中』の時代に入ったといえるのです。合理的かつ住民の納得のいく『選択と集中』を行うには，正しい資料に基づいた適正な計画が必要であり，新公会計制度の何よりの成果は，その基礎データを提供し得たことです。」との意見をいただいた。

　本市では，公会計改革の取り組みと並行して「公共施設マネジメント白書」の作成に取り組んだ。本来であれば「固定資産台帳の整備」→「財務報告書の作成」→「公共施設マネジメント白書の作成」→「公共施設等総合管理計画の作成」という過程を踏むことが望ましいが，公共施設の老朽化問題に対する危機感から，財務報告書の作成と公共施設マネジメント白書の作成は別々に取りかかった経緯がある。

　本市では，施設の老朽化問題を「公共施設の再生計画」と位置づけ，学識経験者による議論を経て，公共施設再生の方向性をまとめた提言がなされた。この提言を受け，2012年5月に「習志野市公共施設再生基本方針」をとりまとめ，「公共施設の再生計画」の基本的な考え方を示した。

　また，合意形成に向けて，「わかりやすく丁寧に」を心がけて，シンポジウム，財政問題学習会，町会単位での説明会などを積み重ね，住民のみなさんと問題意識を共有する努力を続けた。

　こうして，「施設の統廃合」などの公共施設の再生計画の総論部分については，住民の方からも賛成意見を得ることができた。

　具体的な施設の再生計画について，「大久保地区公共施設プロジェクト」の事例を紹介する。この事例は市内のほぼ中央にある京成大久保駅の半径1km以内の7つの施設を駅前の中央公園へ集約し複合施設として建て替える計画である。

出所：習志野市大久保地区公共施設再生基本構想（素案），平成26年3月，習志野市

　この計画は，従来の老朽化した施設を統廃合するという考え方ではなく，京成大久保駅から半径1kmを1つのコミュニティとして考えた再生計画である。この場合，廃止の候補である「藤崎図書館」は1992年に建設されたもので，対象施設の中では一番新しく，耐震性などからも問題がない施設である。この図書館の利用者の中には，「なぜ使える図書館を廃止するのか？」とプロジェクトに反対する方もいる。議会に「藤崎図書館の存続を求める請願」があった。結果は賛成少数で不採択となった。

　このように各論に入った場面では，住民の合意形成はなかなか難しいと感

じている。計画に反対する方の集会では，たとえば，公民館などの社会教育の専門家をパネリストに招き公民館の重要性を説明し，だから公民館は廃止すべきではないとか，小学校の統廃合が行われたら通学時間が長くなり，子どもの交通事故の危険性も増すなどの意見が出された。個別の住民の要望は理解できるものの，すべての住民の要望をかなえるには多額の財源が必要になる。将来世代に負担を押しつけることなく，身の丈にあったまちづくりを住民の合意を得ながら進めていく必要を改めて感じている。

おわりに

　当市での合意形成について紹介した。今までの取り組みの中で感じたのは体制整備と人材育成の大切さである。とくに公会計情報がマネジメントに必要だと職員が理解することが重要だと思う。この公会計情報は経営改革の羅針盤ともいわれるように重要な情報が詰まっている。当市もこの重要な情報を分析し，活用していくために努力しているところである。

　もう1つは，このような公会計情報を伝えていく難しさである。当市において試行錯誤しながら行っている取り組みを紹介した。たとえば，職員が頑張れば固定資産台帳の整備はできるが，多くの住民に公会計情報を伝え，理解してもらうのはその何倍も大変なことである。

　今後は，公会計情報を活用し，公共施設等の総合計画などに生かしていくことが求められている。その際，施設の統廃合について各論になった場合，この図書館の廃止は困るという反対運動や議会への請願なども起きてくることは当市の事例からも想定される。対策としては，しっかりした体制整備の中で，しっかり説明できる人材を育て，しっかりとした公会計情報を提供することである。あわせて，早い時期から住民に説明をする機会をつくり，地道に合意形成を得るための周知活動をしていかなければならないと考える。

参考文献

小室将雄（2015）「公会計を『活用』するためにいま，なすべきこと―3年間を財務書類作成だけに終わらせない」『新風』98。

習志野市「習志野市財務報告書」2016年4月5日更新，2016年4月19日アクセス。
https://www.city.narashino.lg.jp/joho/zaiseikaikei/zaimuhoukokusho.html

宮澤正泰（2013b）「千葉県習志野市（公会計改革プロジェクトの組織づくり）」『早わかり公会計の手引き』追録10号，pp4,069-4,100。

第7章

公共部門の評価と計数的マネジメント

はじめに

　1990年代後半以降，日本の公共部門において「評価」が急速に普及している。現在，すべての中央省庁[1]が法律にもとづき評価を実施しており，地方自治体でも，都道府県や都市自治体（市や特別区）のほとんどが評価制度を導入・運用している。行政機関本体だけでなく，独立行政法人（国・地方）や外郭団体といった関連組織においても，評価が実施されるようになっている。このように，評価は公共部門における標準的機能としてすっかり定着した感がある。

　評価とは，評価対象の状態を把握・分析し，その結果を用いて組織内外の合意形成を目指す行為である。評価対象の状態を把握・分析する際には，量的データすなわち計数情報を利用するのが基本である（ただし，質的データも併用する場合が多い）。このことから評価と計数的マネジメントは，類似性の高い概念であるといえる。

　本章では，国内の公共部門における評価の現状を概観する。国内の行政組織の間に評価がどの程度普及しているのか，行政組織は評価をどのように実施しているのか，実施されている評価の特徴はどのようなものか，さらに公共部門の評価はどのような課題を抱えているのかといった点が主な論点となる。

　その上で，評価と計数的マネジメントの関係について考察する。先述したように，評価と計数的マネジメントはよく似た概念である。しかし，実務的な観点からは，両者を安易に同一視することは適切ではないように思われる。むしろ両者の特性の違いをわきまえた上で，必要性に応じて評価と計数的マネジメントを使い分けていくことが望ましい。本章では評価と計数的マネジ

---

1) 現在の国の行政機構を踏まえると「中央府省」と表記すべきであるが，行政機関の構成や名称は時期により変動があるため，国の行政機関を包括的に意味する場合，「中央省庁」または「省庁」という表記で統一することにする。

メントが対象とする領域や果たす機能の違いに着目して解説を行う。

もちろん，評価と計数的マネジメントはまったく無関係というわけでない。むしろ評価にとっては，評価の質や有用性を高める上で，計数的マネジメントは有意義な示唆を与えてくれるものであることも述べたい。

本章は，本書のこれまでの章のように計数的マネジメントに焦点を当てて，その手法や事例を紹介するものではなく，あくまで公共部門の評価の立場から，計数的マネジメントの特徴や意義を論じるものである。その意味で，本書において本章は補論的な位置づけである。

最後に，本章で使用する用語について補足しておく。「評価」に類する用語として「政策評価」や「行政評価」がよく使われるが，本章では，基本的にこれらの用語を用いない。「政策評価」や「行政評価」という言葉は，用語の定義が統一されておらず，論者によってさまざまな意味で用いられており，紛らわしい面があるからである。ただし，固有名詞としてこれらの用語が使われている場合は，その限りではない[2]。本章では，一般的な評価を指す用語としては，「公共部門の評価」または単に「評価」と呼ぶことにする。

公共部門の評価

1．公共部門における評価の普及

(1) 地方自治体における評価

日本の公共部門において，評価を組織的に導入して実施し，評価の普及や発展を牽引してきたのは，主に地方自治体である。その先がけは，三重県が1996（平成8）年に導入した事務事業評価システムである。その後，多くの自治体が三重県に倣い，同様の評価制度を導入することをめざした。

当初は，都道府県や指定都市をはじめとする規模の大きい自治体が先行し

---

[2] たとえば，中央省庁が導入している評価制度の名称は「政策評価制度」なので，本章においても，国の評価制度に言及する場合は「政策評価制度」と表現する。

て評価制度を導入し，その後，中堅・小規模の自治体（主に市のレベル）へと評価の実践が広がっていった。特に1990年代末頃から2000年代初めにかけての数年間は，多数の自治体によって評価の導入を目指す取り組みが活発におこなわれ，その状況は「行政評価ブーム」と形容された。

自治体の間に評価が急速に普及した結果，「ブーム」と呼ばれた状況は沈静化し，近年は評価の導入自体はほぼ一段落している。図表7-1は，総務省が国内の全自治体を対象として調査した結果であり，これによれば，2013（平成25）年10月時点で評価制度を導入済みの自治体数の割合は，都道府県が100％（47団体），市・特別区が84.7％（688団体），町・村が34.9％（325団体）となっている[3]。

町・村という小規模団体においては，評価制度の普及度は3割強程度に留まっているものの，広域自治体（都道府県）や都市自治体（市・特別区）においては，ほとんどの団体が評価制度を導入している。このことから，都道府県・市・特別区といった区分の団体においては，評価制度が「標準装備」に近い状態になっている。

自治体においては，特に都道府県や市・特別区において評価制度が普及しているだけでなく，その関連機関や団体にも評価は及んでいる。たとえば，地方公社や第三セクター等の外郭団体については，行政改革の一環として評価を実施している自治体が多い。また地方独立行政法人（大学，病院，試験研究機関等）は，設立主体である自治体の長が設定する中期目標にもとづいて業務を遂行し，定期的に自治体の評価を受けることになっている。

自治体が保有する「公の施設」については，2003（平成15）年9月に指定管理者制度が創設された。この制度にもとづき，公の施設の指定管理者を指定した自治体では，契約期間中や契約終了時に指定管理者による公の施設の管理運営状況を評価するのが一般的である。

公立図書館，美術館，博物館等の文化施設は，設立主体の自治体がこれらを対象として独自に評価を行う場合があるほか，施設自身が自主的に評価を

---

[3] 総務省（2014）。

図表7-1　自治体における評価の導入状況

	導入済・試行中		導入済		試行中		検討中		過去に実施していたが廃止		該当なし		合計	
	団体数	構成比	団体数	構成比	団体数	構成比	団体数	構成比	団体数	構成比	団体数	構成比	団体数	構成比
都道府県	47	100	47	100	0	0	0	0	0	0	0	0	47	100
市・特別区合計	723	89.0	688	84.7	35	4.3	47	5.8	28	3.4	14	1.7	812	100
政令指定都市	19	95	19	95	0	0	0	0	1	5	0	0	20	100
中核市	41	97.6	41	97.6	0	0	1	2.4	0	0	0	0	42	100
特例市	40	100	40	100	0	0	0	0	0	0	0	0	40	100
市区(上記以外)	623	87.7	588	82.8	35	4.9	46	6.5	27	3.8	14	2.0	710	100
町村	382	41.1	325	34.9	57	6.1	412	44.3	24	2.6	112	12.0	930	100

(注)　構成比の単位は%。
出所：総務省（2014）「地方公共団体における行政評価の取組状況（平成25年10月1日現在）」。

実施し，その結果を業務の改善に生かしたり，一般に公表したりしている例もある。

　この他，自治体自身が評価を実施するものではないが，福祉サービス（介護サービス事業者や保育所など）については，国の指針にもとづいて都道府県が第三者評価機関を認証することとなっており，福祉サービスの評価に間接的に関与する体制となっている。

(2) 中央省庁における評価

　一方，中央省庁では，行政改革会議（首相の諮問機関）が1997（平成9）年末に提出した最終報告の中に，「評価機能の充実」が盛り込まれたことを契機に，評価制度の導入に関する具体的な検討が始まった。その後，2001（平成13）年1月に，中央省庁等の再編に合わせて政策評価制度が導入された。

　ただし，この時点では，評価の取り組みに関するガイドラインや各省庁内における評価の実施体制が整備されるに留まった。その後，「行政機関が行う政策の評価に関する法律」（通称「政策評価法」）が2001（平成13）年6月に公布され，翌年4月に施行されたことにより，中央省庁における評価が本格的に開始された。

国の政策評価制度では,「行政機関[4]」は,各機関が実施する政策を対象として評価を実施し,その結果を政策に反映し,評価に関する情報を公表することが義務づけられている。また総務省は,評価専担組織として位置づけられており,中央省庁における評価の推進に関する業務のほか,複数の省庁にまたがる政策の評価や各省庁の評価の実施状況の調査などを担当している。

　国の行政機関に含まれない実施庁（省庁の内部組織扱い）は,政策の企画立案には携わらず政策の実施機能のみを担うものであることから,実施した政策の実績を評価することになっている。独立行政法人は,主務大臣が定める中期目標にもとづいて中期計画・年度計画を策定し,その業績は,毎年度および中期計画期間の終了時において,第三者機関によって評価を受けることになっている。

　ところで,政策評価法には,施行後3年を経過した時点で見直しを検討する規定が盛り込まれていたことから,2005（平成17）年に制度の見直しが検討された。結果的には,制度の基本構造にかかわるような大きな変更はなされず,重要政策に関する評価の徹底,評価結果の予算要求等への反映,評価の質の向上等の方向性が強化されたに留まっている。この見直し以外にも,政策評価制度には幾度か運用面の変更が加えられて現在に至っている。

　政策評価制度とは別の取り組みとして,2009（平成21）年から2011（平成23）年にかけて「事業仕分け」が実施された。事業仕分けとは,公開の場で行政外部の有識者（仕分け人）が,行政機関の事業等の必要性等を検討するものであり,評価に類似した取り組みである。当時,民主党を中心とする連立政権の意向にもとづき,国の行う事業等を対象として事業仕分けが大々的に実施され,国民の注目を集めた。さらに2010（平成22）年度からは,事業仕分けの省庁版である行政事業レビューが開始された。その後,政権交代とともに事業仕分けは国の取り組みとしては終了したが,行政事業レビューは

---

[4] 国の行政機関とは,内閣府,宮内庁,公正取引委員会,国家公安委員会,警察庁,金融庁,消費者庁,復興庁,公害等調整委員会,原子力規制委員会,各省（総務省,法務省,外務省,財務省,文部科学省,厚生労働省,農林水産省,経済産業省,国土交通省,環境省,防衛省）のことである（2015年10月1日現在の中央省庁構成にもとづく）。

継続して各省庁において実施されている。

2．評価の普及促進要因

1990年代後半から2000年代初めにかけて，日本の公共部門において評価が急速に普及・浸透したのには，さまざまな要因が影響している。評価の普及を促進した要因は，公共部門において採用される評価手法のタイプや各組織における評価の実施方法に影響を与えている。以下では，本章の趣旨に照らして特に重要と思われる3つの要因を解説する。

① 財政悪化と行政改革の必要性

1970年代に2度の石油危機を経て，国，地方をあげて行政改革に着手したのは1980年代初めのことである。さらに1990年代初めにバブル経済が崩壊後は，国，地方ともに財政悪化が顕著となり，財政緊縮や財政再建が行政部門の共通の課題となった。

特に地方自治体は，1990年代後半から地方分権改革が本格的に始動したことから，地方行政の「受け皿」として，財政面の基盤強化が求められることになった。財政悪化に直面した自治体は，事務事業の見直し，組織・機構の見直し，定員・給与の適正化等の手段によって，財政状況の改善をめざした。だが，これらの対策はすでに1980年代から多くの自治体が取り組んできたものであったため，バブル経済の崩壊による財政悪化が顕著となった1990年代後半には，こうした従来型手法による行政改革に手詰まり感が生じていた。

こうした中，1996（平成8）年に三重県が事務事業評価システムを導入し，自治体関係者の注目を集めた。事務事業評価システムは，日本の公共部門における評価の先駆的な取り組みとしてみなされているが，見方を変えれば，従来自治体が取り組んできた「事務事業の見直し」に「評価」の装いを施したものと解釈することもできる。

事務事業評価システムの登場が他の自治体に与えたインパクトは絶大であり，それは後の「行政評価ブーム」に至る一連の流れの起点となった。自治

体において,長年取り組んできた行政改革手法の有効性が限界に近づいていたときに,「事務事業評価システム」という新しい手法が登場し,自治体がこれに飛びついたのは当然のなりゆきであった。

② アカウンタビリティ向上の要請

「アカウンタビリティ」という概念は,さまざまな領域において,幅広い意味で用いられている。行政機関における「アカウンタビリティ」とは,「行政機関(あるいは行政職員)が説明を負うべき対象(上位機関,長や上司,議会,国民等)に対して,自己の行った活動を明らかにし,その理解を求めたり結果に対して責任を取ったりする責務のこと[5]」を意味する。

行政のアカウンタビリティの果たし方として,従来は上位機関[6]や議会に対して,求められたことを果たしていることを示せばよかった。一方,今日では,行政の守備範囲が飛躍的に拡大した結果,上位機関や議会が行政機関の活動をすべてチェックすることが困難になっている。このため,行政は上位機関や議会に対してだけアカウンタビリティを果たせばよいのではなく,一般の市民に対して,行政活動の現状や結果を広く説明し,理解を求める必要性が生じている。田中(2014)は,このような意味の拡張されたアカウンタビリティを「漠としたアカウンタビリティ」と呼んでいる。

アカウンタビリティ概念の拡張は,行政活動の変容に伴って進展してきたものであるが,その傾向が顕著になったのは1990年代以降である。1990年代に官僚の不祥事が次々に社会問題となり,さらに,バブル崩壊後の不良債権問題に対して,政府が有効な対策を打ち出すことができなかったことなどから,国民の行政府に対する信頼感が大きく損なわれることになった。

こうした状況において,行政側はアカウンタビリティ向上の必要性を強く認識することとなった。「評価」は行政のアカウンタビリティ向上のための

---

5) 田中(2014)。
6) 上位機関とは,市町村に対する都道府県,あるいは市町村や都道府県に対する中央省庁のことを意味する。

仕組みの1つ[7]として認識されたことから，評価を制度的に導入・実施することが，行政のアカウンタビリティを向上させることにつながるものと期待された。

現代において行政機関は，政治機関の指示をいちいち仰がずに，能動的に行動することが期待されるようになっている。その結果として，行政機関が責任を果たす対象も特定の政治機関ではなく，不特定の国民や住民に対して，自己の行った行政活動の経過や結果を全般的に説明し，理解を求めることが必要となっている。

行政機関がこのような「漠としたアカウンタビリティ」を果たすための体系的手段は，今のところあまり多くは存在しない。数少ない手段の1つが評価の実施である。評価を実施することにより，行政活動の経過や結果を明らかにすることができると期待されるので，行政機関が現代的な意味でのアカウンタビリティを果たす上で，評価は有用な手段の1つと考えられるのである。

③ NPM（New Public Management）の影響

NPM（New Public Management，新公共経営）は，すでに日本の公共部門に広く浸透している。NPMとは，1980年代に英国をはじめとするアングロサクソン系の国を中心に広がった行政改革に共通する思潮や手法を総称する概念である。日本にNPMが本格的に伝えられたのは1990年代後半頃であり，公共部門に評価が普及し始めた時期とほぼ一致している。

NPMにおいては，「小さい政府」を志向し，規制緩和や民営化を進めることにより，政府による政策的介入をできるだけ縮小しようとする点に特徴がある。またNPM型の行政改革においては，公共サービスの供給に競争原理を導入したり，企業の経営理念・手法を公共部門に応用したりすることに積

---

[7] 評価の他に行政のアカウンタビリティ向上を図るための仕組みとして，1990年代に「行政手続法」（1993年），「情報公開法」（1999年），パブリックコメント（意見公募手続）制度（1999年）が相次いで制定ないし導入された。

極的に取り組む。

　さらにNPMでは，公共サービスの統制・管理において，事後的な結果を重視することから，公共部門における事後的な評価活動の必要性が強調される。評価を実施する際に，投入した行政資源（従事職員数，労働時間，予算額等）の分量（インプット量）ではなく，それを使って実施した活動の分量（アウトプット量）や結果の大きさ（アウトカム量）を重視する点がNPMの特徴である。

　NPMが日本に紹介された1990年代後半は，国，地方とも，バブル経済の崩壊による税収の減少や景気対策のための公債の発行により，財政悪化が深刻化していた。こうした状況下で，国，地方の行政機関が既存の公共サービスを見直し，財政改善につなげるための手法としてNPMに注目し，それが推奨する評価の導入に向かうことを後押しすることになった。

3．公共部門の評価の実態

(1)　評価の特徴

　国，地方を問わず，国内の公共部門に普及している評価には，以下にあげるような特徴が認められる。

①　「制度」にもとづく実施と画一性

　日本においては，行政機関（国，地方を問わず）が「評価を導入（あるいは実施）する」というとき，それはほとんどの場合，その機関において「評価制度」を創設し，その制度にもとづいて全組織的に評価を実施することを意味する[8]。

　政府レベルでは，中央省庁全体として共通の政策評価制度を導入しており，各省庁においても，政策評価制度の枠内で，個別の評価制度が導入されている。地方レベルでは，すべての自治体に共通する評価制度は存在せず，自治

---

8) 評価は，評価制度にもとづかず，ある特定の評価対象について単発的に実施することも可能である。むしろ本来の評価は，単発的に実施されるのが基本である。

体がそれぞれ個別に評価制度を構築して導入している。

　日本において，評価制度にもとづいて評価を導入・実施することが基本となった理由の1つは，この分野の先がけである三重県の事務事業評価システムが，制度として全庁的に導入されたものであったことである。また，地方自治体においては，事務事業の見直しのために評価を導入することを決めたところが多く，多数の事務事業を見直すためには，全庁をあげて継続的に評価を実施していくことが必要になることから，評価を個別の事務事業ごとに単発的に実施するのではなく，評価制度を導入し，一気にすべての事務事業を評価対象として対応していく方が都合が良かったという事情もある。

　行政組織において，評価制度を基盤として評価を実施する場合，庁内の多くの職員が評価に携わり，しかも多数の施策や事務事業が評価対象とされることになる。その上に，評価の実施期間，実施手順，実施方法等が統一されているために，毎年，同時期に同様の手順・手法によって評価を実施することになる。評価者の能力や評価対象の特性によって評価方法を変えることもほとんどない。

　つまり，評価制度にもとづいて評価を実施するということは，その行政組織において，評価が画一的に実施されることにつながる。評価の実施が画一的であることは，分野・対象を問わず評価が着実に実施されることにつながり，評価対象の性格や評価者の能力等にかかわらず，評価に一定の質を確保しやすいという利点がある。一方で，評価対象の性格に応じて評価手法を変えるという柔軟な対応が難しくなる。さらに，評価対象の重要度にかかわらず一律に評価を実施することになるため，あまり重要ではない施策や事務事業の評価のために，多数の人員の労力が割かれることになり，組織全体として評価に投入する行政資源に無駄が生じやすいという面もある。

② 業績測定の重用

　中央省庁，自治体とも，評価を実施する際に中心的に用いられているのは業績測定という評価手法である。業績測定とは，評価対象の関心のある側面

について,評価指標(performance indicator)を設定し,その実績値を計測することにより,簡便に評価を実施する手法である[9]。少なくとも形式上は,評価指標を設定してその実績値を測定すればよいだけなので,評価を実施するために高度な専門的な知識や能力が必要なわけではない。このため,行政組織が評価を実施する場合には,この手法が重用される傾向が強い。

業績測定が重用されるもう1つの理由は,NPMの普及である。NPMにおいては,組織の業績を事後的に把握するために業績測定の実施が重視されている。1990年代後半から,こうしたNPMの考え方や事例が盛んに紹介されるようになったことが,業績測定を利用した評価制度の普及に一役買うことになった。多くの自治体が手本とした三重県の事務事業評価システムも,NPMの思潮を強く受けたものであったため,多くの自治体が三重県の取り組みを参考にしたことが,業績測定の利用を促進することになった。

③ アウトカム(成果)重視

業績測定を重用することに加えて,アウトカム(成果)を重視して評価を実施することも,国,地方に共通する特徴である。NPMは,組織の業績を評価する際にアウトカムにもとづくことを重視する。従来,行政においては予算配分に対する関心が高く,インプット(投入)重視の思考が根強く続いていた。これに対して,アウトカムの重要性を強調するNPMの考え方は,行政関係者にとって新鮮なものであった。

行政実務の現場に「アウトカム」という概念が普及したことは画期的であったし,有意義なことでもあった。一方,アウトカム重視の姿勢は,「副作用」を伴うことになった。評価対象となっているあらゆる施策や事務事業について,アウトカム指標の設定が求められたため,本来はアウトカム指標の設定が困難な施策や事務事業であっても,無理矢理「アウトカム指標のようなもの」が捻り出され,行政組織が公表する評価シート上に奇妙なアウトカム指標が並ぶという事態が生じた。

---

9) Hatry (2006)。

さらに，アウトカム指標を重視する姿勢が高じた結果，「アウトカム指標さえ設定していればよい」という極端な思考につながった。事実，使用する評価シートにアウトカム指標の記載欄しか設けていないような行政組織も存在する。こうした組織においては，評価を実施する際に，アウトカム指標以外の計数は軽視されることになりがちであり，施策や事務事業を評価する際に，アウトカム指標の実績値だけを確認して，その結果のみで判断を下すという安易な姿勢につながりやすい。

④　**多様な手法の併用**

　国，地方の評価制度において，評価手法として業績測定が重用され，しかも使用する指標もアウトカム指標が特別に重視されてきたことは，これまで述べたとおりである。その一方，中央省庁，自治体ともに，業績測定だけに頼るのではなく，他の評価手法（特に定性評価）を積極的に併用する点も共通している。

　国，地方を問わず多くの行政組織に共通しているのは，評価対象である施策や事務事業に対して「必要性」「緊急性」「有効性」「効率性」「行政関与の妥当性」といった評価項目を設けている点である。このうち有効性や効率性という評価項目については，評価指標の実績値や施策・事務事業に関する計数情報を参考にして判断する場合もあるが，その他の項目（必要性，緊急性，行政関与の妥当性）については，参考となる情報が数値で提供されるわけではないため，基本的には評価者による主観的な判断に頼っている。

　必要性，緊急性，行政関与の妥当性といった評価項目は，評価においてきわめて重要な位置づけを占めている。（主観的にであれ）これらの項目において「高い」（つまり，必要性が高い，緊急性が高い，行政関与の妥当性が高い）という判断が示されれば，その施策や事務事業を実施することに対して肯定的結論につながることになる。

　一方，業績測定が中心的な手法となっているために，アウトカム指標を中心にして実績値は測定されるものの，アウトカム指標の実績値だけをもって

施策や事務事業が「有効である」または「有効ではなない」と結論づけることは困難である。アウトカム指標には，行政外部のさまざまな要因が影響を与えている可能性が高いからである。

　以上から，中央省庁や自治体の評価においては，業績測定以外の評価手法，特に評価者の主観的判断に依存する定性的評価手法も併用されており，しかも評価結果を導く上では，むしろこうした定性的評価の結果が重要な役割を果たしている。多くの評価制度は業績測定を中心に据え，「客観的に数値」をもって評価を行うことを標榜しているものの，実態としては，業績測定やそのために設定されている評価指標は「飾り」程度にしか利用されていない場合も少なくない。

⑤　マネジメント志向

　国，地方の評価制度は，基本的にはマネジメント志向の強い制度となっており，制度の運用もマネジメントへの利用を強く意識したものになっている[10]。ここで「マネジメント志向」と表現しているのは，実態をできるだけ正確に把握することをめざすのではなく，実態をそこそこの精度で把握して，結果を行政内部の合意形成に利用することを重視しているということである。日本の公共部門に大きな影響を与えたNPMは，まさにそのような考えや姿勢にもとづいている。また，NPMで重視される業績測定も，マネジメントへの利用を主眼に置いて開発され，発展してきた手法である。このため，業績測定においては，簡便に施策等の業績を把握し，把握結果を行政のマネジメントに利用することを重視している。

　日本の公共部門にNPMの思潮が広く普及し，その影響を強く受けた三重県の事務事業評価システムが業績測定を中心的手法とした仕組みであったことなどから，中央省庁や自治体の評価制度は，マネジメント色の強いものとなることを宿命づけられていたといってもよい。1990年代後半以降，日本の公共部門において，業績測定を中核的手法とするマネジメント志向の強い評

---

10) 山谷（1997）。

価制度が広く普及する中で，政策効果等を厳密に把握しようとするプログラム評価[11]等の他の評価手法は，選択肢として排除されることになった。

(2) 評価の現状

これまでみてきたような経緯で公共部門に評価が普及してきた結果，中央省庁や自治体における評価の現状は以下のような状態になっている。

① 評価の浸透と定着

中央省庁のすべてと多数の自治体において評価制度を導入し，各行政組織が一定期間にわたって評価を実施してきた結果，評価に関する知識や理解が行政部門に浸透することになった。さらに，評価制度を導入した行政組織においては，当初は手探りに近い状態で評価の実施方法を見つけていかなければならなかったが，その後，評価を実施する経験を積んだ結果，評価を実施する活動自体はその組織において定着するようになっている。行政組織が実施する評価は，まだ十分に質が高いとはいえないし，評価結果も有効に利用されているわけではないが，行政組織において評価を実施することが定着し，行政職員が評価の実施に関する経験を積み重ねていることは，評価されるべきであろう。

② 業績情報の充実

自治体においては，事務事業評価制度が広く普及した結果，毎年，多数の事務事業を評価することが一般的になっている。その結果として，多数の評価対象に関する業績情報[12]が生産されている。一方，中央省庁においては事務事業評価制度を採用しているわけではないが，多数の施策や事業を評価対

---

11) プログラム評価にはいくつかの手法が含まれるが，その1つである「インパクト評価」は，政策を実施したことによる真の効果（インパクト）をできるだけ厳密に把握するための手法である。
12) 業績情報（performance information）とは，評価活動に付随して発生する情報の総称であり，評価指標の実績値をはじめ，評価者が記述した評価結果等を含む。

象としている点は自治体の評価の場合と同様であり，各省庁が毎年生み出す業績情報も膨大な量に及ぶ。しかも，評価結果のほとんどすべては，そのままの形式・内容で一般に公表されている。

　このように評価の実施が普及すると，大量の評価書が作成・公表され，利用可能な業績情報が飛躍的に増大することになる。このような業績情報の充実は，行政外部の主体（議員や一般市民など）にとって，行政府の政策に関する情報が充実することにつながる。業績情報を利用することによって，行政組織の活動をチェックすることが可能になるし，業績情報を自分たちの活動に役立てることも可能になる。

　業績情報の充実は，行政組織自身にとっても重要な意味をもっている。従来，行政内部では，縦割り主義もあり，他部門が実施している事業等に関する情報を得ることは必ずしも容易ではなかった。しかし，評価制度の導入後に業績情報が飛躍的に増えることにより，他部門がどのような事業に取り組んでおり，それらがどのような状況であるかが，かなりの程度把握することができるようになった。つまり，単に行政部門の業績情報が増えただけでなく，それを行政内外で共有し，利用することが可能な状態になっている。

③　評価結果の利用は低調

　業績情報が充実したにもかかわらず，それら（特に評価結果）が行政内外であまり利用されていないことが，しばしば指摘されている。

　主な評価対象が施策や事務事業であるため，行政内部の担当部門で，評価結果を利用して所管する施策や事務事業の改善を図ることが期待され，実際にある程度は実施されている。しかし，担当者自身による評価が主体となっているため，施策や事務事業の状態を担当者自身が確認する程度の利用方法に留まっており，施策や事務事業の思い切った改廃にはつながっていない。

　また評価結果を予算編成に利用することをめざす行政組織も多い。しかし，各部門における予算要求の作成や財政担当部門による予算要求の査定の際に，評価はあくまで「参考資料」程度にしか扱われていないのが現状である。

一方，行政外部では，議会・議員や一般市民の評価に対する関心は全般的に低いため，こうした行政外部の主体による評価結果の利用は，行政内部における利用以上に低調である。

　以上でみたように，評価が普及し，利用可能な評価結果が飛躍的に増大したものの，それらは行政組織の内外において，あまり有効には利用されていない状況である。こうした中で，評価制度の運用に長年取り組む組織においては，評価制度の有用性に関して疑念を抱く関係者も増えている。

④　評価に対する熱意の沈静化

　公共部門に評価が普及し始めた当初，行政職員の間に評価の導入に対する抵抗感は根強かったが，その一方で，評価に対する期待感も存在した。特に，評価制度の導入において主導的役割を担った部門の職員は，国内外の先行事例を精力的に研究し，評価制度の導入準備に熱心に取り組んだ。評価の実施を求められた部門の職員の中にも，評価に期待感をもち，真剣に評価に取り組んだ者が少なくなかった。

　評価制度の導入後十数年が経過すると，評価を実施すること自体は組織のルーティンとして定着したものの，前述したように，評価結果があまり利用されていないことから，評価制度の有用性に関して疑念を抱く者が増えてきた。評価に対して真剣に取り組む職員ほど，評価結果がほとんど利用されないことに徒労感を抱くようになった。ひところ行政関係者の間で「評価疲れ」という言葉がよく使われたが，これは，単に評価の作業に多大な労力を投入することによる疲労感を表現しているだけでなく，評価結果がほとんど顧みられないことに対する虚しさも含んでいる。

　いずれにせよ，評価の実施が定着する一方で，「評価結果は使えない」という認識も次第に定着しつつある。以前に比べると，行政関係者の評価や評価制度に対する期待感や熱意が沈静化してしまったというのが現状である。こうした状況にもかかわらず，評価制度を廃止するのは一般に困難であるこ

とから，既存の評価制度を簡略化[13]することにより，評価の実施にかける職員の負担を軽減しようとする組織が多い。

 公共部門の評価と計数的マネジメント

1．評価と計数的マネジメントの関係

(1) 評価と計数的マネジメントの概念上の類似性

Ⅱでは，公共部門における評価の普及状況や現状について述べた。それを受けて以下では，評価と計数的マネジメントの関係について考察する。

評価の厳密な定義[14]は別にして，評価とは評価対象（施策や事業）の状態を把握・分析し，把握した結果を何らかの目的に利用する行為のことである。評価対象の状態を把握・分析する際には，量的データを利用するのが基本である。ここで量的データとは，数量として測定されるデータのことであり，すなわち計数情報である。公共部門の評価で利用する計数情報は，財務情報と非財務情報に大別される。ただし評価対象によっては，必要な情報をすべて量的データとして得ることができない場合もあるため，質的データ[15]を併用する場合も多い。

また評価を実施する場合は，評価対象の状態を把握・分析することで満足するのではなく，その結果を利用して行政内部における意思決定を行ったり，行政外部の主体に説明したりすることが想定されている。マネジメントの意味を広く捉えれば，こうした評価結果の利用方法は行政組織におけるマネジメントとしての側面をもっている。

以上から（公共部門の）評価とは，評価対象の状態を把握・分析する際に

---

13) 評価制度を「簡略化」するという場合，評価対象を減らす，評価項目を減らす（評価シートの記入が必要な欄を減らす）といったことを実施することを意味する。
14) 評価の定義については，田中（2014）pp.76-79を参照のこと。
15) 質的データとは，物事の属性，分類，度合い，性質等に関する情報のことであり，基本的に数値で表すことが馴染まないものである。

計数情報を利用するのを基本とするものであり，しかも評価結果を行政内外のマネジメントに用いることを主な用途としている。評価のこうした特性に注目すれば，評価と計数的マネジメントはきわめて類似性の高い概念と捉えることができる。その意味では，評価は計数的マネジメントの一形態といえなくもない。

(2) **評価と計数的マネジメントの実態面の相違点**

しかし，評価と計数的マネジメントが行政組織において実施されている状況に着目すると，両者の実態面の相違がみえてくる。

まず，現在国内の公共部門で一般的に実施されている評価は，行政組織が政策的な意図をもって実施した施策等の有効性や効率性を判断することをめざすものである。しかも近年普及したNPMの影響等により，施策等の活動の「成果（アウトカム）」を事後的に「大まかに」把握することに評価の主眼が置かれている。

一方，これまで本書で計数的マネジメントとして取り上げてきたのは，日常的な業務活動を適切に管理運営するために，財務情報や事務量等を把握する行為である。日常的な業務活動の多くは，定型化されたルーティン的な業務であり，しかも行政内部で繰り返し実施される活動である。このため（行政内部のシステムが許す範囲内で）分析に必要なデータを収集することは容易であり，しかも努力次第で業務にかかわるかなり詳細なデータを得ることができる。また逆に，計数的マネジメントは日常的な業務活動の管理運営に直接的に利用することを目的とするので，その実務的な使用に耐えるような精緻な計数情報の把握が求められるという面もある。

このように評価と計数的マネジメントの実態面に注目すれば，評価は施策等の実施結果（主にアウトカム）を大まかに把握するものとなっているのに対し，計数的マネジメントは日常的業務活動の実施過程を精緻に把握・分析するものであるという対比が可能となる。このような見方にもとづけば，評価と計数的マネジメントは，それぞれが対象とする領域や果たす機能が異な

ることになる。

　にもかかわらず，評価と計数的マネジメントが「よく似ている」という理由から，計数的マネジメントに積極的に取り組む行政組織においては，評価に対しても同様の姿勢で臨もうとする可能性がある。それはすなわち，評価においてもできるだけ精緻な計数の把握を目指し，しかも把握した結果を行政内外のマネジメントに直接的に利用することをめざすことにつながる。

　こうした姿勢が誤りであるとまでは言い切れないものの，評価の現状に照らすと，こうした姿勢で評価に取り組むことは，有意義な結果につながるとは考えにくい。そこで以下では，評価と計数的マネジメントの特性の違いに留意した上で，評価にとっての計数的マネジメントの意義を考察し，評価を実施する際の留意点を述べることにしたい。

2．公共部門の評価における留意点
　―計数的マネジメントとの関係に着目して―

(1) 評価にとっての計数的マネジメントの意義

　これまでの議論を踏まえると，評価と計数的マネジメントはきわめて似た概念ではあるが，行政組織のマネジメントにおいてそれぞれがカバーする領域や果たす機能が異なっている。計数的マネジメントが主として行政組織内部で日常的に繰り返される業務活動を適切に管理するためのものであるのに対し，評価は行政組織が数ヵ月から1年程度の期間をかけて実施する施策等の実施結果を把握することに主眼を置いている。

　計数的マネジメントと評価の違いを端的に示すと，分析の視点は前者が「ミクロ（微視）的」であるのに対して後者は「マクロ（巨視）的」，分析の時間的視野は前者が「短期的」で後者が「中長期的」，分析の精度は前者が「細かく」後者が「粗い」といった対比になる。

　このように評価と計数的マネジメントは異なる特性をもつが，両者はまったく無関係というわけでもない。特に評価にとって計数的マネジメントは，以下にあげる2点において，評価の質や機能を高める上で補完的な役割を果

たしてくれる可能性がある。

　第1に，計数的マネジメントにおいて収集される計数情報は，評価を実施する際に基礎的な情報として利用価値があるという点である。

　現行の評価においては，施策等の実施結果（特にアウトカム）に焦点が当てられているため，日常的な業務活動に関する計数情報はそれ程強く求められているわけではない。とはいえ，評価においては施策等のアウトカムだけでなく，効率性[16]も重要な評価の観点である。効率性を判定するためには，施策の実施のために投入した行政資源の分量（インプット量）に対するアウトプット量やアウトカム量の比率を計算する必要がある。計数的マネジメントを着実に実施している行政組織であれば，そのためのデータをすでに集めているか，そうでなくても，必要に応じて容易に集めることができる可能性が高い。

　計数的マネジメントに積極的に取り組んでいる行政組織が少ないからなのか，あるいは計数的マネジメントに取り組んでいても，そこで集めた計数情報を評価に利用しようという発想がないからなのか，評価を実施する際に，効率性を計算して判断を行う行政組織が多いとはいえない。評価に取り組む多くの行政組織では，アウトカム指標の実績値の単純な増減によって判定を行ったり，効率性に関して配慮するとしても，施策等の事業費とアウトカムの対比だけで結論を導く場合が少なくない[17]。

　計数的マネジメントに取り組んでいる行政組織であれば，そこで集めた信頼性の高い計数情報を評価を実施する際に利用することができ，単純なアウトカム指標の実績値の増減だけでなく，効率性の指標を計算して評価結果を導くことにつながる。なお，ここでは効率性の観点を強調したが，計数的マネジメントは行政内部の業務活動の全般に関する基礎的なデータを収集することにつながるため，施策等を評価する場合には，そのようなミクロ的なデ

---

[16] 公共部門の評価において効率性が重視されるのは，公共部門の組織は公金をはじめとする公的資源を用いて活動を実施しているため，公的資源の節約と有効利用が求められており，効率性はそれを測るための指標だからである。

[17] 極端な例になると，アウトカム量の増減は別にして，事業費が前年度より減少しただけで「効率性が向上した」と判定している場合もある。

ータを参照した上で，施策に関する評価結果を導くことができるようになる。

　第2に，現行の評価ではアウトカムの観点が偏重されているが，計数的マネジメントの考え方や成果を導入することにより，アウトカム偏重の評価の弱点を補強することにつながるという点である。

　公共部門の評価においては業績測定が重用されているため，施策等を評価する際の観点が，事後的な結果だけに偏っており，しかも近年の流行により，評価指標としては成果指標（アウトカム指標）が重視される傾向が強い。こうした評価のアプローチにおいては，施策の成果と目される評価指標を中心にその実績値を追跡し，成果指標の実績値だけをもって施策の良し悪しを判断する姿勢に陥りがちである。

　実は，施策等を評価する際には，施策の「活動の質の良し悪し」と施策の「活動の結果の良し悪し」という2つの観点があり，両者を区別することはきわめて重要である。なぜならば，活動の質が悪かったために良い結果につながらなかったことと，活動の質が良かったにもかかわらず良い結果につながらなかったことは，最終的な帰結が同じであっても，行政組織のとるべき対応について，まったく異なる示唆を与えるからである。前者の場合であれば，活動の質を改善することが行政組織の課題となるし，後者の場合には，活動自体の有効性が疑われるので，別の活動を検討することが課題となる。

　このように評価においては2つの観点が重要であるにもかかわらず，現行の評価においては，業績測定が重用されているために，「活動の結果の良し悪し」のみが注目され，「活動の質の良し悪し」が十分に顧みられていない。もちろん，「結果の良し悪し」の観点も重要であるが，マネジメントへの利用という意味では，結果の良し悪しだけに注目する評価では，施策の管理に有用な知見を得ることが難しい。しかも現状では，「結果の良し悪し」に関する評価結果自体もあまり質が高くないことから，評価結果のマネジメント面の利用価値は一層低いものとならざるを得ない。

　これに対して，計数的マネジメントは「活動の質の良し悪し」を明らかにしてくれるものである。計数的マネジメントと評価には視点の違いがある（前

者が「ミクロ的」であるのに対し後者は「マクロ的」）としても，施策を実施するためには，行政組織内部のミクロ的な業務活動が基礎となっているので，計数的マネジメントによって得られる知見を利用することにより，施策の実施プロセスの質が良いか悪いかを明らかにすることができる。つまり，計数的マネジメントを利用することにより，施策の実施プロセスに関する財務面（コスト等）や労務面（事務量等）などに関するデータを得ることができるので，施策を実施した結果だけでなく，内部プロセスの質も加味して評価を行うことができるようになると期待できるのである。

　以上では主に評価の質や機能を向上させるという視点から，計数的マネジメントの意義を論じた。逆に，計数的マネジメントを有効に展開していく上で，評価は何か有意義な役割を果たす可能性があるだろうか。現時点でこの点は明らかではないが，無論，評価において確立されている手法や手続きを計数的マネジメントにおいて応用できる可能性はあるかもしれない。ただし，その方法を明らかにするためには，踏み込んだ調査や研究が必要となろう。むしろ現行の評価の状況を踏まえると，行政実務の現場において，評価を直接利用することは難しいと思われる。現在，行政組織で実施されている評価は，行政活動の全体像を大まかに把握する上では有意義であるが，個別の行政活動を適切に管理運営するためのものとしては，あまりにも精度が粗く，計数的マネジメントにおける使用に耐えるような精緻な計数情報を得ることは困難だと考えられるからである。

(2) まとめ

　以上では，公共部門における評価の実態を示した上で，評価と計数的マネジメントの関係について考察した。一見して評価と計数的マネジメントはよく似た概念であるが，実態面に注目すると，両者は適用されている領域や果たしている機能に違いがあることがわかる。

　ただし，両者はまったく無関係なわけではなく，特に評価の立場からみると，計数的マネジメントは現行の評価の弱点を補完してくれる可能性がある。

したがって，行政組織における当面の対応としては，評価と計数的マネジメントの特性の違いを理解した上で，両者を併用しながら，それぞれを適切に実施していくことが望ましい。

その際に特に留意すべきなのは，現行の評価はかなり粗い内容のものであることから，計数的マネジメントにおいて求められるような精度や細心さを評価に要求するのではなく，現行の評価に見合った「ほどほどの」精度や利用方法を求めていくということであろう。その意味では，約四半世紀前の西尾勝による以下の指摘は今もなお有効である。

分析評価とその成果の正しい活用方法とは，一方で，必要以上労多く精度の高い分析評価を要求せず，他方で，その成果をその制度に見合う程度以上の用途に使わないこと，これにつきるであろう[18]。

本章では，公共部門の評価と計数的マネジメントの関係を検討し，実態面では両者の特性には違いがあるものの，計数的マネジメントが現行の評価の質や機能を高める上で補完的な役割を果たし得ることを指摘した。評価と計数的マネジメントを安易に同一視せず，しかし，それぞれの実施・利用方法をわきまえて両者を併用することにより，行政組織におけるミクロ面とマクロ面のマネジメントの質の向上につながることが期待される。

参考文献

総務省（2014）「地方公共団体における行政評価の取組状況等に関する調査（平成25年10月1日現在）」。
田中啓（2014）『自治体評価の戦略―有効に機能させるための16の原則』東洋経済新報社。
西尾勝（1990）『行政学の基礎概念』東京大学出版会。
山谷清志（1997）『政策評価の理論とその展開　政府のアカウンタビリティ』晃洋書房。
Hatry, H.P. (2006) *Performance Measurement: Getting Results*, second edition, Washington, D.C., The Urban Institute.
Rossi, P.H., M.W.Lipsey and H.E.Freeman (2004) *Evaluation: A Systematic Approach*. seventh edition, Thousand Oaks: CA, Sage Publications.

18）西尾（1990）p.292。

終章

合意形成をめざして

最後に，終章として，これまでの議論を簡潔に振りかえり，本書の内容を要約し，まとめを行いたい。

序章では，本研究会の問題意識を，公共部門において，組織内の合意形成や社会的な合意形成に向けて，会計等の計数情報を用いたマネジメント（本書では計数的マネジメントという）をいかに活用していくべきかということにあるとした。その背景として，人口が減少しそれほど成長が望めない経済においては，公共部門の資源配分もいわゆる負担の配分が中心となることから，そこでの合意形成のための意思決定プロセスには大きな負荷がかかる。したがって，合意形成のための道具立てを考えていくことが，今後重要となることがあげられると指摘した。

第1章では，一般的な行政分野における計数的マネジメントについて論じた。そこでは，職員の人手や手間が労働を通じて，事務という活動になり，それが人件費という資源を費消するという関係が成立する。ワーク・ライフ・バランスの要請の中で，この事務量をどうマネジメントしていくかという事務量マネジメントは，今後の重要な課題となる。そこでは，事務フロー等を意識した改善活動を行い，事務量を効率的に活用する一方で，行政組織の組織戦略に従い，事務量を効果的に活用することが求められる。そして，それを実効的なものとするためには，組織の価値観を踏まえた組織内の合意形成を図る必要があることを述べた。

第2章では，事務量マネジメントに関連して，国の地方支分部局Aについて，匿名での事例研究を行った。Aは国の行政機関Bに属するが，Bでは，これまでも，その事務を事務系統ごとに多数の事務区分に分け，個々の区分への投下事務量を把握してきた。また，事務改善提案制度なども有してきた。しかし，現状ではそれらがバラバラに取り組まれており，増大する一方の行政需要やワーク・ライフ・バランスの要請などへの対応に苦労していた。そこで，Aでは，事務量分析を中心にして，事務改善提案や組織戦略などを連携させた取り組みを行った。本章では2年間にわたる取り組みの状況や成果などを整理するとともに，組織の価値観などを通じた職員の主観への配慮が

合意形成をめざして　**終章**

必要であることなどについて考察した。

第3章では，地方公共団体における事務量マネジメントの事例研究を行った。事務量マネジメントは一般的に普及したとはいえないが，課題認識や意思決定に一定の貢献をしてきた。そこでの管理の方法には，業務への負荷を年1回の調査で把握する年報管理の方法と，日々に記録を行う日報管理の方法とがある。そこで，前者の例として千葉県市川市を，後者の例として岩手県北上市を取り上げた。そして，たとえば後者では，職員の理解や意識の醸成が課題となることなどについて考察を行った。

第4章では，計数的マネジメントの実践状況について，社会福祉分野と社会資本分野とを対比しつつ整理した。社会福祉分野では，伝統的に，医療機関の経営において計数的マネジメントが実践されてきた。最近では，医療機関以外でも，いわゆる費用対効果分析が部分的に検討され始め，また，地域医療でも，さまざまな計数的マネジメントが検討されるにいたっていることを述べた。また，社会資本分野では，社会福祉分野に先行する形で，高まる公共事業批判のもと，1990年代後半からいわゆる費用対効果分析が実践されてきた。その後，財務会計（公会計）の整備や，施設老朽化を契機とするアセット・マネジメントの進展を受け，地方公共団体では，公共施設などに関する地域社会での合意形成において，計数的マネジメントを役立てようとする動きがでてきたことを述べた。

第5章では，医療分野における計数的マネジメントを通じた合意形成について論じた。まず，組織内の合意形成については，医療機関で現在実践されているBSCなどの管理会計により，それがある程度実現していることを明らかにした。そして，国立大学法人佐賀大学医学部附属病院の事例を取り上げ，経営方針に関する組織内合意形成を通じて成果向上を図るテナント式損益管理を紹介した。また，地域住民を含む社会的な合意形成については，「地域連携BSC」が現在進行中の地域医療構想において活用される可能性について言及した。

第6章では，習志野市における合意形成に向けた取り組みを事例として述

べた。ポイントは体制整備と人材育成であった。まず職員に公会計情報を理解してもらい，次に，公会計情報を住民に周知し，合意形成のためさまざまな事業を行った。そして，老朽化した公共施設について，住民の合意形成に向けて，「わかりやすく丁寧」を心がけ，説明会を重ね，住民と問題意識を共有するよう努めてきた。しっかりした公会計情報をもとに，早くから住民に説明するなど，合意形成のための地道な周知活動が何よりも必要であることを述べた。

　第7章では，補論として，評価と計数的マネジメントとの関係について言及した。評価と計数的マネジメントの両者はよく似ているものの，適用領域や機能が異なることから，利用方法をわきまえて併用することが望ましい。その一方，計数的マネジメントは，効率性に関する基礎的情報の提供やアウトカム偏重の是正といった評価の弱点を補完する可能性もあることを述べた。

　本書の要約は，以上のとおりである。人口減少のもと，成長がそれほど望めない経済においては，公共部門の資源配分がいわゆる負担の配分とならざるを得ない中，そこでの合意形成には今後，さらに多くの困難が予想される。このような中で，本書で述べてきたように，経済学，経営学，行政学，財務会計（公会計），管理会計などのさまざまな分野を出自とする計数的マネジメントをいかに活用し，困難を伴うこととなる意思決定への負荷をいかに軽減していくべきか。国や地方の政治家および行政官，さまざまな分野の研究者，そして，会計プロフェッションなどが主な担い手となって成し遂げなければならない。わが国の新たな挑戦が始まっているのである。

【著者紹介】（執筆順。役職名は2016年3月時点）

樫谷　隆夫　〔はじめに・序章・終章〕
　　研究会座長・樫谷公認会計士事務所公認会計士／税理士

大西　淳也　〔序章・第1章・第2章・第4章〕
　　財務省財務総合政策研究所副所長

松尾　貴巳　〔序章・第1章・第3章・第4章〕
　　神戸大学社会科学系教育研究府（兼）経営学研究科教授

藤野　雅史　〔序章・第1章・第4章〕
　　日本大学経済学部准教授

荒井　耕　〔第5章〕
　　一橋大学大学院商学研究科教授

宮澤　正泰　〔第6章〕
　　習志野市会計管理者

田中　啓　〔第7章〕
　　静岡文化芸術大学文化政策学部教授

平成28年6月25日　初版発行　　　　　　　　略称：公共マネジ

公共部門のマネジメント
―合意形成をめざして―

編著者　樫　谷　隆　夫
編　者　財務省財務総合政策研究所

発行者　中　島　治　久

発行所　**同文舘出版株式会社**

東京都千代田区神田神保町1-41　　　〒101-0051
電話　営業(03)3294-1801　　　編集(03)3294-1803
振替 00100-8-42935　　　　http://www.dobunkan.co.jp

財務省財務総合政策研究所　　　　　　製版：一企画
Printed in Japan 2016　　　　　　　印刷・製本：萩原印刷
ISBN978-4-495-20481-5

[JCOPY] 〈出版者著作権管理機構 委託出版物〉
本書の無断複製は著作権法上での例外を除き禁じられています。複製される場合は，そのつど事前に，出版者著作権管理機構（電話 03-3513-6969，FAX 03-3513-6979, e-mail: info@jcopy.or.jp）の許諾を得てください。